幻覺

白瑪格桑仁波切◎著

第六世佐欽法王吉扎・向秋多吉

第七世佐欽法王旦增・龍多尼瑪

白瑪格桑法王和第五世穆日仁波切在大昭寺覺沃佛像前刷金

第五世穆日仁波切旦增・卡恰多吉

蓮師皈依境

普賢王如來的化身擁丹貢布上師

白瑪格桑法王（中間）、第六世佐欽法王（左二）、第三世先盤塔耶活佛（右二）、擁丹貢布上師（右一）

佐欽大威德修行洞
（佐欽熙日森五明佛學院第五代法台大堪布巴珠仁波切於此洞中著成傳世經典《普賢上師言教》）

佐欽聖跡——蓮師光明宮

佐欽聖湖

佐欽寺、佐欽熙日森五明佛學院、佐欽白瑪唐大圓滿閉關中心

佐欽白瑪唐大圓滿閉關中心

佐欽熙日森五明佛學院

長壽谷中伊喜措嘉空行母神變為鷹時留在石頭上的鷹爪印

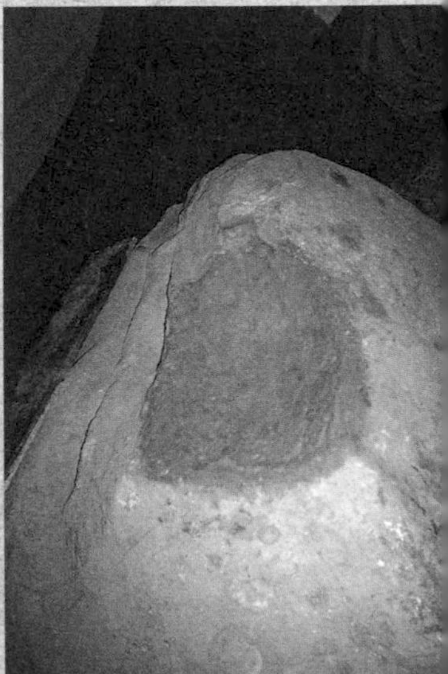

熙日森哈大師留在佐欽石頭上的坐印

第五世佐欽法王留在石頭上的腳印

佐欽天然顯現的釋迦牟尼佛像

佐欽白瑪唐山上大成就者留在石頭上的腳印

佐欽閉關聖地長壽谷

佐欽聖跡——天然顯現的文字

佐欽聖跡——蓮師斬魔蛇後，魔蛇化石

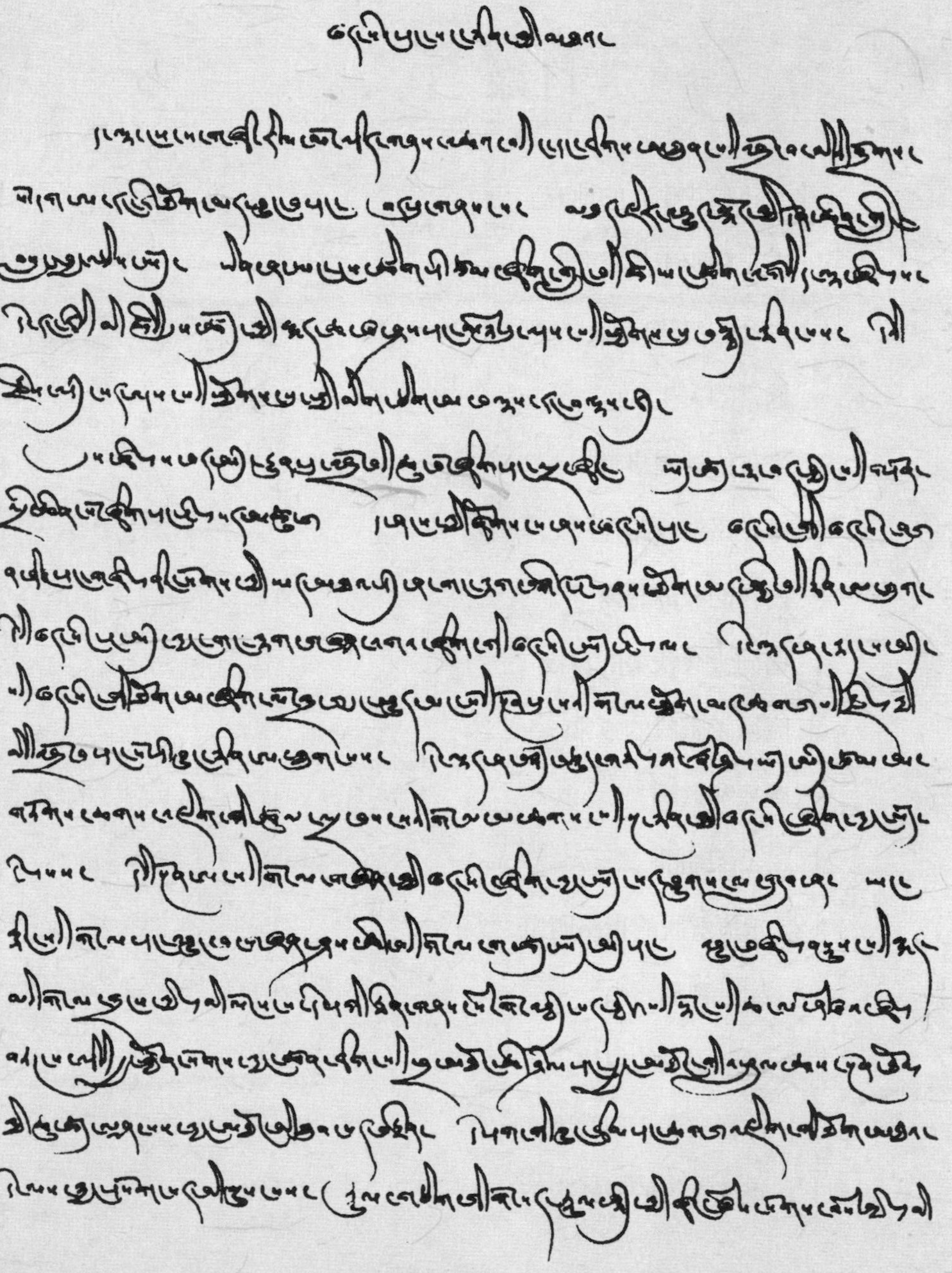

白瑪格桑仁波切《生死的幻覺》藏文手稿

目錄

【序】我和我生長的地方 4

1 昨天和明天的盡頭 23

2 生命的奧祕 43

3 無常的人生 59

4 未來的神聖事業 77

5 微妙正道的路徑 95

6 內在的寂靜甘露 111

7 邁向恆久快樂的步伐 125

8 魔術遊戲般的無常 133

9 虛妄和欺騙 145

10 三苦囹圄 153

11 永恆解脫的指路明燈 165

12 如意寶藏 175

13 緣起因果的規律 181

14 往極樂淨土四勝因 187

15 正確永恆的微妙皈依 195

16 微妙心寶 207

17 清淨的明月 219

18 無量福源 227

19 殊勝身供施 235

20 取得如意妙果的捷徑：上師相應法 239

21 臨終的和合往生 259

22 死亡徵兆：時間明鏡 279

23 贖死與延年長生 289

24 無常的死亡之路 297

25 除滅二取迷妄頑症 311

26 無念氣輪 317

27 修煉三門的要法 323

28 根除輪迴的污穢種子 333

29 無動寂靜的禪定 339

30 脈、氣和明點的作用 347

31 成熟灌頂的重要性 355

32 大圓滿總綱 361

【結語】面對新世紀的話 369

【序】我和我生長的地方

美麗的扎曲卡

我出生在世界屋脊的雪域高原，我的家鄉位於康巴地區的北部、安多的南部，屬於古代西藏東部六岡中的直雜岡區域，距離瑪雜岡很近。人們稱我的家鄉爲扎曲卡或果洛扎曲卡，意思是「雅礱江的源頭」。

一九四三年六月六日，我出生在扎曲卡一戶人家的黑帳篷裡。當時正在進行二次世界大戰，但由於我們居住的山溝清淨閉塞，所以，牧民們依然悠然自得，根本不知道外面的世界戰亂紛飛。

在我的家鄉，牧民們過的是藏族人的普通遊牧生活，家家放養著犛牛、馬、騾子、綿羊和山羊等家畜。日常食物有牛奶、犛牛肉、羊肉和牧民自己加工的酥油、乳酪、優酪乳、酥酪糕、風乾肉，以及春秋兩季從地裡挖出的人參果（注：高原野生蕨痲塊根，俗稱人參果），還有從農區購買後用犛牛馱運到牧區的青稞和小麥等糧食，這些食物的營養都十分豐富。

牧民們的服裝中，冬裝通常是綿羊皮縫製的皮襖、羊羔皮縫製的皮袍、狐狸皮縫製的狐皮帽、單層或多層牛皮做靴底的牛皮藏靴，以及用氆氌做靴幫的長筒彩靴等。夏裝有比較單薄的羔羊皮袍、羊毛織品縫製的氆氌長袍、羊毛擀成氈子後縫製的氈帽等。最讓我記憶猶新的是，那時候在我的家鄉，男人們喜歡戴一種高頂圓帽，形如倒置的蘑菇，外面套有白布，在圓柱形細帽頂上還裝飾著紅纓子或黑纓子；女人們則喜歡戴圓形羔皮帽，形狀猶如倒扣的盤子，帽檐四周採用兩種顏色的絲緞鑲邊。爲了遮擋雨雪，牧民們還會用氈子做成圓形的大披肩，披肩中間留有一個圓領口，上面鑲著黑布條拼成的吉祥條紋圖案，這種大披肩大多用作騎馬時的雨具。另外還有一種帶著帽子的氈衣，是女人們擠奶時穿的雨衣。

牧民們居住的黑帳篷是用粗犛牛毛織品縫製的。那些中間用木棍支撐、四周用牛毛繩牽引的黑帳篷，外型像烏龜樣子的被稱作帳房，帳房的牛毛織品是橫排拼縫的；外型是四方形的被稱作帳篷，帳篷的牛毛織品是豎排拼縫的；還有一種帳篷，兼具了上述帳房和帳篷的兩個特點。帳篷大小隨家境貧富而有不同，通常由二十根以上牛毛織品拼縫的帳篷，屬於大帳篷。牧民們遷居的時候，這種大帳篷需要用兩頭犛牛馱運。即使是小帳篷，用一頭犛牛也只能勉強馱運。每年的春、夏、秋、冬四季，牧民們共要遷居四次。

家鄉的高山草地，四季風景如畫。每當夏季到來的時候，廣闊無邊的草原上開滿了五彩繽紛的野花，牛、羊、馬群和野犛牛、野驢互相追逐嬉戲，杜鵑鳥悠揚歡快的歌聲悅耳動聽，置身其中，彷彿來到了大自然精心造就的人間天堂。寒冷的冬天，江河湖泊都結上了堅硬的厚冰，在冰天雪地的銀色世界裡，有嬝嬝的青煙從帳篷上升起，那是牧民們正在生火化冰以獲取飲用水。就在這個外人看似艱苦的環境裡，我們牧民卻從來沒有感覺過痛苦和憂傷；相反的，我們眼望藍天淨土、呼吸清新空氣，心中總是充滿著滿足和一種莫名的興奮感。正是這種特有的生活和環境，造就了高原人與眾不同的高大身軀、一身大力氣和與生俱來的善良正直之心。

到了春天，家鄉的高山幽谷中雲霧繚繞，濛濛細雨滋養著大地萬物，成雙結對的白鶴在河邊飛舞嬉戲，一群群黃野鴨在水草地裡鳴唱不停……，這充滿生機和活力的大自然如詩美景，令人心曠神怡、流連忘返。

從小到大，我最喜歡的就是家鄉草地中間那條蜿蜒流淌的小河，還有小時候我常去雅礱江邊尋找的各種各樣的小卵石……，直到今天，那段美夢般的童年生活還時常勾起我美好的回憶。

雅礱江是我們牧民的母親河，也是我特別喜歡的母親河。在此，我想用幾句發自內心深處的肺腑之言來讚美她：

蒼天浮雲在玉龍的號令中化爲甘雨，誰能說這甘雨中沒有雅礱江的水滴？圍繞地球的大海雖然廣闊無邊，但雅礱江卻是它們永不枯竭的源泉！冬季寒冰沒能改變你柔和流動的本性，刺骨寒風阻擋不了你浩浩蕩蕩地奔流！我讚美你不畏艱險、永恆不變的堅毅個性！你張開熱情的手臂迎來的後輩子孫們，體內流動的是你變出的鮮血。由你造就的一代又一代，在赤面獼猴子孫的文化寶庫裡，不斷增添著無數的經典傑作！那些大學士和大成就者們，名揚四海內外，都是你這條母親河創造的日月光輝！牛羊畜群在你的滋養下又肥又壯，奇花異草在你的胸懷裡吐露芬芳。你養育了英勇健美的高原漢子，滋潤了純潔可愛的草原美女！

啊，母親河！你是我們牧民的再生父母！在你的呵護下成長的人群中，傑出人物層出不窮，就像寶石項鍊，個個都在閃耀著燦爛奪目的光輝！那些大師們宣說的每一句佛理妙語，猶如用之不盡的甘露勝寶，那麼珍貴又那麼無與倫比！法脈傳人、登地菩薩、聖尊化身……由你哺育的聖人數不勝數！聖人們用當地的語言文字傳經佈法，誰能說藏文不如梵文？誰又能說藏語的加持力量不如梵語？

啊，母親河！雖然世界上有許多大江大河，但是像你一樣擁有殊勝加持力的河水，在哪裡還有呢？你是世上所有河流中的佼佼者！你是天界流下來的甘露聖河！沒有你，佛教再度興旺於康區的盛事從何而來？深密不共祕訣又在何處傳揚？沒有你，人類文明的園地裡將缺少一束美妙的宗教奇葩！

啊，我的母親河！你從扎央秀母神山中滾滾而來，你的玉液清澈透明。你在養育優秀民族傑出後代的同時，又在努力啓開人類和平與幸福的大門！當你朝向東方大海奔騰而去的時候，我願跟隨你波濤翻滾的節奏，在筆下吟唱對你的深深讚美！

以前，我的家鄉和西藏其他地方一樣沒有任何現代化的交通工具，出門遠行只能依靠馬、騾子和犛牛。牧民們出行或遷居到新的草場時，通常會把所有的東西都馱在騾子和犛牛的背上，馬一般只會當作坐騎。牧民們還有騎一匹馬在前面行走，另外牽一匹馬在後面馱運貨物的習慣，人們稱後面的馬爲跟腳馬。牧民們也喜歡騎犛牛，他們把要騎的犛牛鼻孔穿通之後，掛上樹枝做的環形牛鼻圈，再繫好鼻繩就可以騎了。

在我的家鄉，男人們的騎馬技術都很好。他們通常以馬術、射擊、摔跤、游泳、鬥勇等比賽來彼此較量，以此樹立男子漢大丈夫的形象和威望。我們那個遊牧小部落因爲居住在雅礱江沿岸，所以，部落裡的男人們對游泳也很在行，多數都是游泳高手。每當要游泳過河的時候，他們先把衣服靴帽裝進隨身攜帶的全羊皮袋裡，再把羊皮袋繫在腰上，讓馬在前面游，自己則抓住馬尾巴游過去。有的人在沒有羊皮袋和不抓馬尾巴的情況下，也能游到對岸。有的游泳能手，還可以把一個人夾在胳膊下面游過河去。這些游泳能手，游過一條大河並不需要很長的時間，他們往往很快就可以到達河對岸。

夏天，牧民們擇好吉日之後，部落裡的所有成年男子都會騎上好馬去參加煙供盛會。盛會中首先要誦經薈供，然後再舉行賽馬和體育比賽。煙供會上，喇嘛們都要坐進帳篷裡的供堂，舉行祈供地祇大法會。當法會中念誦起戰神供頌文時，男人們就會騎上各自的馬，高舉火槍，吶喊助威。這個時候，部落首領的手裡舉起的是彩箭旗，其他人則在火槍支架尖頂上掛著勝幡王咒旗，以及結合各自生肖印製的風馬彩旗。煙供會是男人們祈福助威的盛會，人們又稱煙供會為戰神披甲煙供會。在煙供會上，部落首領和長者要對男人們的武器進行統計點數。女人則是不參加煙供會的。

傳承上師

至於另外的節慶盛會，比如寺廟舉行的「姜姆」法會（注：指以跳金剛舞為主的宗教聚會，又稱觀經，亦即把佛教教義透過觀舞來理解）等，部落裡的男女老幼都可以前往觀看。節日盛裝與周圍康巴和安多地區的沒有什麼兩樣，成年男子通常會穿上虎皮或豹皮鑲邊的華貴藏袍，女人們會穿水獺皮鑲邊的華麗藏袍。在我的家鄉，女人們還有許多貴重裝飾品，其中琥珀帶子是由三串琥珀長鏈並排做成的，長度和身高相同，女人們常常掛在身後以示富有。彩花荷包也是女人們喜愛的裝飾品，她們通常把荷包掛在腰盒下面，另外還有紅珊瑚項鍊和在背後長長垂下的大紅腰帶。

在我的家鄉，有許多由帳篷群或土木建築群組成的寺廟。很多人家喜獲麟兒後的第一個願望，就是讓兒子入寺出家，做一名僧侶。出家的僧人，首先要依止各自法脈的傳承上師，依次接受沙彌戒、比丘戒和密宗三昧耶戒。僧人在守戒如護眼珠的前提下，要進行正確的聞、思、修，其中一生堅持修行的大德不計其數。

在家男女都會依止自己敬重的上師來接受近住戒和居士戒，人人都注重除惡揚善。由寺廟主持的極樂淨土修供法會和齋戒法會，僧俗男女都會積極參加。平日在家的時候，婦女們常常會抽出空餘時間，面向西方行大禮拜，嘴裡還高聲誦唱祈願往生極樂文。對我而言，這個誦唱聲比任何流行歌曲都好聽。

在我們那個部落裡，曾經出現眾多學識淵博、修行有成就的高僧大德，在他們的帶動下，部落裡的佛教修行非常興盛，男女老少都對佛教深信不疑。他們不僅對身穿黃、紅色僧衣的僧人備加尊敬，甚至對束有黃色腰帶和黃色靴帶的陌生人也尊敬有加。

在我的家鄉，一塊塊瑪尼石刻堆積如山，其中還有不少美名遠揚、極具加持力的刻經石堆，這在別的佛教國度裡是很難見到的。堆在刻經石堆裡的石板，上面不僅刻有六字真言，還刻有佛語《大藏經》、四續部和內外六續部眾多本尊的心咒等，其中還有少數自然顯現的佛像，和高僧大德顯現神通留下足印的石頭，這些都是具足殊勝加持力的珍品。

那些堆積如山的瑪尼石刻，是善男信女們親手刻好經文後背上去堆積起來的。那一座座刻經石堆裡，包含了人們的智慧和血汗，是先輩們留給我們後代的寶貴遺產，也是世界文化遺跡裡罕見的手工藝術珍品。

家鄉的那座寺廟，創建人是大智吉美林巴的心傳弟子、人稱「康巴四無畏」之一的古龍．吉美．俄查加措，其餘「三無畏」分別是參巴．吉美．加衛尼固、多珠．吉美．成勒沃色和巴瓊．吉美郭恰。扎．穆日仁波切是俄羅斯女修行大師布拉．瓦斯克（Helena Blavatsky）的根本上師，傳說師徒兩人經常顯神通見面，還用神通法力彼此傳遞信件。家鄉的寺廟是心髓法脈的傳修勝地，扎．穆日仁波切是心髓勝法諸傳承上師中非常重要的一位。

作爲大圓滿心髓勝法傳承上師的扎．穆日仁波切，誕生在家鄉的廟宇附近，他和他的轉世活佛們都是家鄉寺廟的住持。白瑪．德欽桑波大師的轉世活佛白瑪諾布，是第四世穆日仁波切，也是我的舅舅。白瑪諾布活佛和我媽媽是兄妹，他們的父親是佐欽．阿卓索曲，我的這位外公是個有學識修養和修行成就的得道高人。

佐欽．白瑪班扎第二世活佛德秋多傑，是我舅舅穆日仁波切的舅舅，和我的外婆是兄妹。他們出生在金沙江以西，今西藏自治區北部的拉日郭。現在的第五世穆日仁波切，即我舅舅白瑪諾布的轉世活佛，也是我的外甥旦增．卡恰多吉。就這樣，從德秋多傑活佛住世直到今天，佐欽．白瑪班扎和扎．穆日兩位仁波切的轉世活佛，以互爲舅甥的親緣關係，一直轉世在我的家族中。

我的舅舅穆日仁波切白瑪諾布，很像他的父親阿卓，他繼承了阿卓家族的聰明和才智，在學識修養上有很高的造詣，同時他也繼承了母親空行母家族的勇敢精神和慈悲愛心。我父親阿卓家族的阿卓．索朗曲培、阿卓．耶郭瑪、阿卓．阿旺諾布、吉扎．向秋多吉等，都具有一天能熟記二十五長條書葉的超人智慧。我的母親來自西藏北部拉日郭的巴拉家族，據說巴拉家族是嶺國大將巴拉．彌絳嘎布的後代，在巴拉家族中也出現過很多得道高僧。穆日仁波切的母親，還曾經在佐欽的蓮花臺上做過幾次還魂回陽術。

我的舅舅白瑪諾布，從小被第五世佐欽法王土登．曲吉多吉認定爲穆日．白瑪．德欽桑波的轉世活佛。佐欽大法師拉貢和石渠江瑪寺的大法師土登曲培，分別擔任了穆日仁波切的傳法上師。穆日仁波切學習顯密經論進步神速，他的聰明才智在當時被傳爲佳話。他從小就挑起了寺廟住持的重擔，雖然法務繁忙，但他會利用一切空餘時間修持佛法。他善於管理政教二業，因此他的政教受到了多康地區僧俗民眾的無比敬重。

穆日仁波切身不高而體胖，法相黑亮莊嚴，周身經常散發戒香的味道。經他傳經佈法培養的徒眾中，有不少是著名的大活佛和大上師。他誦傳《大藏經》的時候，念誦經文的速度快得難以形容，一般人看著經書也追不上他的念誦速度。人們說他能同時念誦六行經文，他是舊密寧瑪派近代史上的傑出上師。一九五九年八月他圓寂的時候，據說在祖籍昌都拉多鄉北方麥尺冬欽山溝裡，人們看見他飛上了天。同一天，拉多鄉欽崩村波嘎家的牧童，看見他降落在該村的瑪則巴占山頂上，欽崩村和波薩村的很多村民也看到了這一奇觀。就這樣，穆日仁波切顯示神通法力飛上天後，猶如消失在空中的彩虹，人們再也沒有找到他的任何蹤跡。我們可以看出他是虹身化爲光身，是此身證得「大頗瓦虹化金剛身」雙運正果的傳奇大成就者。

佐欽法脈

我出生在擁有成群牛羊馬匹的富有之家，我家也是小部落的頭人之家。父親的家族是輩出英雄人物的世家，母親的家族則高僧大德代代相傳，從未間斷。我的父母生下了五個兒女，我是長子，比我小三歲的是我的大妹妹央金拉姆，小我五歲的是可愛的弟弟曲央，他後來出家當了喇嘛，我還有一個最小的小妹妹。一九五九年時局動亂，使我永遠失去了大妹妹、小弟弟和小妹妹。他們是在祖籍拉日郭離開人世的，當時妹妹央金拉姆十三歲，弟弟曲央十一歲，小妹妹才四歲。

現在，在我身邊修學佛法的妹妹頓珠卓瑪，是我的二妹妹。一九五九年我們兄妹失散後的第十五個年頭，我們才得以相聚，她是我唯一健在的親人。發生在我家的悲歡離合經歷，就是諸法無常的莫大示現，對此我深有感觸。妹妹頓珠卓瑪有兩個兒子和一個女兒，大兒子旦增．龍多尼瑪（根據大堪布擁丹貢布上師的預言和大成就者阿江多丹尊者的清靜顯現，被認定爲第六世佐欽法王吉扎．向秋多吉的轉世活佛。於二〇〇三年八月被國務院宗教局批准和頒發了佐欽寺第一序位活佛證書，並於佐欽寺舉行盛大的坐床典禮。曾任佐欽寺寺管委員會主任、佐欽熙日森五明佛學院院長）；二兒子旦增．卡恰多吉，是第五世扎．穆日仁波切（曾任佐欽白瑪唐大圓滿閉關中心住持）；女兒仁珍翁姆是他們的大姐姐。

我出生後不久，蔣揚欽哲．秋吉羅卓和第六世佐欽法王吉扎．向秋多吉等大德們，認定我爲佐欽．白瑪班扎二世德秋多傑的轉世活佛。白瑪班扎大師是蘇欽．曲央讓卓的再現化身。西元十九世紀，大師誕生在佐欽的光察家族。大師生來就聰慧過人，通達顯密經論，是一位得道登地的高僧大德。具足七大教法傳承的欽哲旺波、多珠三世吉美．丹貝尼瑪、阿宗珠巴·卓杜·巴沃多杰、第五世佐欽法王土登·曲吉多吉、米龐·降央朗杰、色嶺八世根桑·德欽多杰、協欽加察·白瑪囊杰、大堪布先嘎、旺波丹嘎、格貢根巴、紐修龍多、支降扎、堪布雲嘎、第一世安章珠巴活佛、第一世索甲仁波切等眾多大德，都曾經依止白瑪班扎爲不共成就上師。同一時代的加色·先盤塔耶、巴珠·吉美·曲吉旺波、多欽哲·益西多杰等大師，曾與白瑪班扎大師一起在佐欽修學佛法，他們之間有著互爲師徒的親密關係。

第一世白瑪班扎大師的轉世活佛德秋多杰，就誕生在西藏自治區北部的拉日郭，被第五世佐欽法王土登·曲吉多吉所認定。佐欽法王土登·曲吉多吉非常重視這位曾是自己上師的轉世活佛，他把德秋多杰接到自己家中，和佐欽貢珠活佛三人住在一起。這位佐欽法王的寢宮，在第六世佐欽法王圓寂後不久被一場大火燒毀。那時候，佐欽寺遭遇了一場大劫難，少數邪魔怨敵還造下了欲殺第六世佐欽法王的罪業。

在我的記憶裡，當我三歲那年，佐欽貢珠活佛來到我家。他一進家門，爐子上的牛奶就冒了出來，這是一種吉祥的徵兆。當時他對我很好，顯出非常疼愛我的樣子，我的心中也突然產生了一種與他難捨難分的感覺，甚至緊緊抓住他的手不放。現在回想起來，這一切應該是我的前一世德秋多杰活佛與佐欽貢珠活佛同住一屋的緣分再現，也有可能是小孩子喜歡對他特別友好的新朋友。

佐欽貢珠活佛離開之後，被尊爲多欽哲再現化身的佐欽博珠活佛來到我家，他以讓我穿僧衣的名由，給了我一套袈裟法衣。在此之前，我與其他的牧區兒童沒有什麼差別，我們都會穿上羊皮做的小皮襖，頭上留著從一出生就沒有剪過的避邪髮。不知是受大人們的影響，還是天生具有佛緣，我喜歡和小夥伴們一起做造佛像、建廟宇、到佐欽學佛的遊戲。當我看見其他的小夥伴殺死地鼠和小鳥時，心裡就感到非常恐懼和悲傷。

七歲時，我到江瑪寺拜師學習藏文，在那裡住了整整兩年。當時，江瑪寺的名氣非常大，那裡有很多由帳篷組成的學僧營，住著許多修學造詣很高的得道高僧大德，僧人們都嚮往到那裡學佛求法。在我的家鄉，有五座寺廟是心髓派主寺佐欽寺的分支寺廟，其中包括江瑪寺。

西藏眾多大德公認爲不共根本上師的土登曲培大師（注：亦被尊稱爲「托嘎如意寶」，出生於扎曲卡，是一位極其偉大的上師），當時就住在江瑪寺。大師是佐欽心髓法脈的傳人，曾經做過穆日仁波切白瑪諾布的上師。大師很疼愛我這個穆日仁波切的小外甥。

我十歲的時候，舊密寧瑪派六大母寺之一的日當·佐欽寺，派來三隊人馬接我回原寺。這三隊人馬個個都穿著華麗，就像是過大節。我們從家鄉到佐欽寺一共走了五天。當時，佐欽的百姓們都說：「這麼多年來，佐欽寺還沒有舉行過這麼大的慶祝活動呢！」

佐欽寺是雪域二十五個密境雪宮的其中一個，是眾多功德的發源地。佐欽聖地，上有雪山之王莊嚴巍峨，晶瑩潔白；中間岩石重疊，猶如鐵城；山下森林茂密，好似孔雀開屏；山腳草地廣闊，野花飄香。美麗的佐欽，鑲嵌著很多高山湖泊，翠山湖光之中眾鳥飛舞，各種野獸漫步其間……。佐欽是具有殊勝加持力和能夠得來大成就的清淨聖地，從前有很多高僧大德都來到佐欽，在佐欽的山岩寶庫和禪林密洞中修行佛法，並對這個地方進行加持。從此，佐欽充滿了神奇的、不可言傳的殊勝加持力。

在佐欽大圓滿寺鄔金禪林附近，有佐欽熙日森五明佛學院、大威德修行密洞、長壽谷、蓮花臺等十三處佛法講修聖地。佐欽寺是舊密寧瑪派的傳播中心，其下有近三百座分支寺廟。藏曆十六勝生周年的水龍年四月十三日那天，我騎在飾有華貴金鑾銀鞍的馬背上，來到佐欽這塊清淨聖地。佐欽寺僧眾排著長隊、奏起法樂歡迎我，他們還用彩箭牽引我騎的馬，僧俗信眾對我都非常熱情。

佐欽寺位於文化勝地甘孜州德格縣境內，是佐欽心髓教法弘揚傳播的源頭。當我到達佐欽寺之後，首先由第六世佐欽法王吉扎·向秋多吉在他的行宮裡盛情款待我，接著我還拜見了無上法王根本上師——本原怙主化現為人的吉美·達真·擁丹貢布大師。

寶髻佛再現之身、得道祖師白瑪仁增轉世的第六世佐欽法王鄔金·吉扎·向秋多吉，當時才十九歲。他白淨的莊嚴法相上，有一雙炯炯有神的眼睛，高高的鼻樑與眾不同，他神祕沉穩，聲音清脆，智慧過人，心胸寬廣。他理性的話語充滿感召力，通情達理、善解人意的言行令人生起無限的敬意，就連無惡不做的大惡人，一見到他也會放下屠刀，立地成佛。他指導政教二業的話語，許多都已被證實為正確無誤的預言。

大師擁丹貢布，當時已經五十多歲。他那張黝黑的臉龐威嚴無比，鬍鬚又黑又亮，潔白的牙齒特別顯眼。他說話的聲音非常宏亮，人們常常用雷鳴聲來形容他的聲音，他的身體和法衣都散發著戒香的味道。他是超凡脫俗的出世大師，得到了無上大成就，心胸寬廣如天，經常在離戲法界中入定遊戲。無論白天還是夜晚，六段時間裡他都一直端坐在座床上修定，雙手結定印（注：指修行者禪定時的手印，不同的禪定修行法門有不同的手印）的身軀不會有任何移動。在擁丹貢布大師的慈悲法眼中，眾生不分高低貴賤，他一律像母親對待自己的孩子一樣愛護。大師最與眾不同之處就是他的威嚴法相，幾乎沒有人敢抬起頭來睜眼看他。

我一見到佐欽法王向秋多吉和擁丹貢布大師，心中立刻生起無比的敬信仰慕之情，還有一種親密的感覺，就像孩子投入了母親的懷抱。

佐欽法王吉扎．向秋多吉既是寶髻佛的化身，又是蓮花生大師和宗喀巴大師的化身，人們尊稱他為「佐欽法王」或「佐欽如意寶」。他的父親是阿卓．阿旺羅布，是一位聲名顯赫的大學者，也是我的舅舅。我和佐欽法王之間的親戚關係，使我們相處得很親密，我們還多年同住一室，經常形影不離。佐欽法王待我很好，經常為我傳授佛法祕訣，還教育我做一個好人，他令我的人生更具意義。

肩負重大使命

我的「白瑪格桑」這個名字，是我小時候舅舅穆日仁波切取的。這個名字意義深廣，字面上的意思為「寶蓮善緣」，這說得很不錯，我就是一個具有很多善緣的幸運兒。當時，我有緣與嘉杰奔多一起依止蔣揚欽哲大師，蔣揚欽哲大師傳給我們很多殊勝的灌頂和深密心法。我們每次去宗薩寺，都要留住三個月以上。我在宗薩寺蔣揚欽哲大師那裡學法的時候，還看見噶陀司徒活佛等眾多高僧大德，他們和我一樣前來學習佛法。在宗薩寺求法，使我失去了與大堪布拉貢見最後一面的機會。堪布拉貢長期在佐欽的大威德修行密洞中修行，是一位超離法相實執、直入本性佛界的大圓滿瑜伽師。舅舅穆日仁波切小時候曾拜這位佐欽大堪布爲不共上師，他們師徒就在大威德修行密洞中修行過一段時間。堪布拉貢在圓寂前，特地給我留下了他平日最喜歡看的那部《龍欽七寶藏》。

我十三歲時，隨佐欽法王到前藏去朝聖，沿途朝拜了衛日八郭等眾多聖山聖地。返回佐欽寺之後，我花了兩年時間拜白瑪才旺堪布爲經師，在佐欽清淨聖地長壽谷學習了《十三部大論》梵文原譯本。我十六歲時，寺廟遭到嚴重破壞，我的上師們陸續涅槃入滅，離我而去。即便如此，我的三昧耶戒始終清淨無染，敬信心從未改變，我的心也從來沒有和上師們分離過！

我十四歲的時候，記得有一天，在佐欽法王吉扎．向秋多吉的寢宮裡，我就坐在法王身邊，他突然停止誦經，用手撫摸著我的頭，認眞地說：「我的主人是你！」這個意外之舉給我留下了很深的印象，可以毫不誇張的說是刻骨銘心。在以後的歲月中，每當我遇到困難的時候，都會想起法王的那句話，慢慢地，那句話成爲我克服一切困難的強大精神力量。還有一次，在法王即將圓寂之前，他抓著我的手，把我帶到佐欽土登尼扎大堪布面前，鄭重的對堪布說：「以後你要把希望寄託在他身上，而不要寄望於我。」說完，法王還流下了眼淚。接著，法王請堪布給我灌長壽頂，並要求堪布按我當時的歲數來決定灌頂次數。後來，我的人生經歷證明了佐欽法王當初說的話，都是完全正確的金剛預言。這個奇蹟般的往事，成爲我平凡人生中不平凡的驚濤駭浪。

當初，我對於佐欽法王的異常言行，感到非常納悶，還尋思這突如其來的一切究竟是爲什麼？法王爲什麼突然這麼看重我？……是啊，像佐欽法王這樣的大活佛，無論如何都不會說出沒有根據的話，不會做出沒有意義的事，毫無疑問是我的思想出了問題。我應該想到是法王看到了我的善根善緣，他是在給我的善緣種子澆灌加持聖水，好讓它以後開花結果。沒有心識的樹木，經過佛陀加持以後，不也發出了傳法之聲嗎？現在，我完全明白了佐欽法王當初所做的一切，並且相信我能夠完成他所未盡的弘法利生事業！我不應該也不會懷疑，法王的不了義言語具有變成了義眞諦的殊勝因緣玄妙。

與佐欽法王永別之後，我遭遇了長期動盪不定的世事變化。在世事巨變中，我始終沒有放棄出家爲僧的修法勝身，我對三寶的皈依堅定不移，每時每刻都在誓願救度眾生於法界佛位。機會終於到來了，一九八〇年，國家落實了寺廟開放和宗教信仰自由的政策。爲了讓佛法再度興盛，我將全部精力投入到弘法利生的事業中，始終沒有忘記自己所肩負的歷史使命。

一九八三年，當我爲了佐欽寺的弘法事業而奔波時，在四川甘孜州的爐霍縣境內遭遇了車禍。當時我的傷勢非常嚴重，在長時間的昏迷中，我甚至感受到死亡次第的本覺光明展現了出來。最終，在上師本尊的加持下，我還是從死亡邊緣返回人間。儘管如此，我仍然付出了沉重的代價：我的左腳粉碎性骨折，左臉多處被劃開了大口子，傷口流血不止，頭部左邊嚴重腦震盪，左眼從此失去視力，頃刻間我成了殘廢之人。

身體殘廢絲毫沒能改變我的心志，爲了完成弘法利生大業，我拖著傷殘的軀體，依靠兩根拐杖遠赴印度。從印度回到佐欽寺後，我也沒有時間安心養傷，整天忙於處理各種繁雜的事務。不過，令我感到欣慰的是：車禍後，肇事者給了我一筆傷殘賠款。於是，我用這筆賠款作爲基金，恢復重建了佐欽熙日森五明佛學院。

重建熙日森五明佛學院

雪域智者之源——佐欽熙日森五明佛學院，在藏區各地都享有盛名。在恢復重建之前，佛學院舊址野草叢生，一片荒涼。我背著背包入住佛學院原址不久，陸續引來了三三兩兩的法友學僧。當佛學院的住僧達到幾百名時，我便開始著手重建工作。熙日森五明佛學院的重建，得到了國家有關部門的關心，還有各地廣大僧俗信眾的支持，累世願心的助力終於使佛學院得以重新修建。今天，各地高僧大德都雲集於佛學院，佛法的講修偉業也開始興盛起來。如今，熙日森五明佛學院已經成爲圓滿傳授藏傳佛教各類法門的重要基地，是舊密寧瑪派顯密勝法的講修中心。在這個末法時代，基本上能夠完成延續佐欽心髓派教法的重任。我的鮮血能有機會成爲這所佛學院的基石，使我的暇滿人身具足意義，對此，我感到非常高興。

佐欽熙日森五明佛學院是在藏曆土龍年恢復重建的，到二〇〇〇年的鐵龍年爲止，已經十二個年頭了。經過十二個春秋的努力，佛學院爲兩百多座寺廟和許多地方培養了兩千多名學員，他們個個都是奉持佛法三藏、具有較高修學造詣的具格僧人。學員中對弘法利生事業有巨大貢獻的學者和活佛有百餘名，他們在國內外廣泛傳經佈法，把眾多的有緣信眾引入到清淨佛道，其中不乏未來大師。

熙日森五明佛學院派往西藏各地新舊佛寺的法僧們，在各寺建立了顯密佛法講修基地和奉行戒律所規定的三事儀軌。在西藏顯密佛法的發源地桑耶寺、舊密寧瑪派弘揚遠播的聖地鄔金敏珠林和土登多杰扎等地，都有來自熙日森佛學院的法僧，在那裡爲廣大僧眾灌頂、傳授《大集經》、《幻化猛靜》、《心要四支法》等經續伏藏心法。這些著眼於長遠弘法目標的舉措，再一次點燃了佛教明燈，爲眾生的福源——佛陀教法長駐於世奠定了基礎。

爲了奉行利生善業，我拿出用鮮血換來的一部分錢，成立了「格桑基金會」。這個基金會的用途是：一、購買被變賣的殊勝佛像珍品，在有條件的各地建造「雪域莊嚴殊勝金蓮花寶殿」，給有緣眾生修善積福、營造清淨福田；二、頒發「格桑獎」給優秀人才，激勵藏族學者、特別是青年學者，弘揚藏傳佛教文化與著書寫作；三、修建孤寡老人養老院和兄弟希望學校。目前，我正在努力把這個基金會辦好，希望用這個基金會回報社會，並參與社會公益事業。

現在，佐欽寺僧俗大眾一致提出要求：希望我擔負起弘揚佐欽寺教法的重任。這個任務非常艱巨，但我又無法回絕，我不僅要對得起佐欽寺僧俗信眾，而且不能辜負眾多入滅和健在大德們的期望。我要牢記先輩聖人的遺訓，爲了將清淨正法傳揚下去，隨時準備奉獻包括生命在內的一切。

以上是我白瑪格桑（法名土登·龍多·丹貝堅贊）的簡要人生經歷。我出生在佛教興盛的果洛扎曲卡，生長在充滿佛教氣氛的環境裡，我對佛教應該說有著比較深的認識和瞭解。爲了讓所有人都能具有慈悲菩提勝心，相互之間親如兄弟姐妹；爲了使人們遠離懷惡之心，脫離相互殺戮的戰場，具足幸福快樂的生活；爲了讓人們正確認識死亡，並透過身心的修煉來迎接往生極樂；爲了讓人們服用治滅貪瞋頑症的遍知良藥，我要在這裡灑下幾滴甘露法雨，並在其中透露幾位大德上師們口耳相傳的深密祕訣，願讀者朋友和後來人能夠從中受益。

願本書能穿越時空隧道，成爲我和未來人之間的心靈對話。

1

昨天和明天的盡頭

昨天和明日

在這裡，我要和生活在地球上的人類同胞，討論與我們密切相關的重要大事——我們從哪裡來？中途駐棲何地？最後會去到哪裡？就在我說完上面幾句話之後，「這裡」二字已經成爲過去，隨著一瞬即逝的人生時光漸漸遠離現在而去。

當我們追憶過去時，首先得回過頭來看一看，讓時光倒流一次，這時我們將會發現，「時間」就像滾滾流動的河水，永不停止等待；「時間」又像呑食一切的大魔，對誰都不講情面、不發慈悲。我們可以從今天早晨追溯到昨天，從昨天追溯到前天，從前天一直追溯到去年，再到前年……。當我們把日子往後退到自己出生那一天時，自己今生今世的昨天便到了盡頭。但是如果再繼續往後，雖然不是自己今生的昨天，可是還有其他人的昨天，這樣，要想把昨天的盡頭找出來，任誰都無法做到。

如果將時光倒流到很多億年前，我們可以找到地球形成後開始有人類的那一天。可是再去追尋人類的來源，以及外器世界和內情眾生的究竟源頭的話，除了查找有無靈魂的存在之外，我們還需要找什麼呢？如果有人要談世間萬物的成、壞變化的話，那麼所有的物質都處在一刻不停的變化之中，所以這根本不能說明什麼問題。

在這個地球還沒有形成之前，從時間方面而言，「昨天」是一直存在的，可是昨天的盡頭卻總是沒有著落，這個昨天也可以說是另外一個已經形成的星球的昨天。不過，除了地球之外，宇宙中還有多少星球呢？由四大——地、水、火、風四個元素構成的星球，能不能統計出準確的數目呢？可以肯定的是，宇宙是無限的，無限宇宙中的星球數量也應該是無限的。容納無數星球的宇宙空間，我們稱爲虛空。現在的科學技術雖然很發達，但要測量虛空的空間大小，目前還根本無從下手。同樣的，要想眞正查明無數星球的成、住、壞、空過程，和這個地球最初形成與最後壞滅的過程，我們也無從著手。

在這裡，人們有必要思考和研究一下佛經中闡述的「一粒微塵中含有諸佛刹土」等不可思議的理論。博大精深的佛家論說，的確能夠幫助我們解答不少難題。佛教祖師釋迦牟尼明確地告訴我們一句眞理聖言：「無間流轉的輪迴沒有開始。」無論人類怎樣頑固，怎樣堅持己見，如果不去想想這句話的深刻意義，那麼任誰都無法避免犯一次大錯誤，因爲事實就是——輪迴的確沒有開始。

接下來我們研究一下「明天」。要想找出明天的盡頭，首先要從明天的明天、即「後天」找起。當我們找到自己死亡的那一天時，自己今生今世的明天便到了盡頭。但是，再往後還有其他人的明天、地球的明天和整個宇宙的明天……，這樣不停地找下去，結果就是明天也沒有盡頭，從中我們還可以發現「輪迴無終末」這個眞理。

我們都是父母生出來的，我們的父母又是他們的父母生出來的，這樣追尋下去的結果，可以找出最初生育人類的那對父母。可是，最初生育人類的那對父母又是從哪裡來的呢？是從另外一個星球來到這個地球上的嗎？是像大自然中某些生物物種那樣濕生或化生而來的嗎？除此之外，他們還能從哪裡來呢？如果那對父母是從另一個星球來到這個地球上的話，那麼就得承認，宇宙中除了地球之外的其他星球上，還有人類存在；可是到目前爲止，古今中外還沒有人看見或知曉其他哪個星球上有人，更無從說起有多少星球上住有物種。

無論有沒有外星人，如果僅以沒有看見爲由，就否定外星人的存在，這個結論很難站得住腳。這樣看來，要找出人類最初的祖先也非常困難，甚至於根本就找不到。這又和尋找昨天和明天的盡頭一樣，沒有著落。

心識

如果我們承認以胎生、卵生、濕生、化生等四種出生方式，出現了人和其他一切有情眾生，那麼其出生根源無非就是地、水、火、風四大元素。但是，在客觀現實中僅僅有四大元素的聚合，並不能產生任何有生命活動的有情。在這裡，我們必須明白的是，任何具有生命活動的有情，都離不開一個實現因果報應和積存習氣的「心識」，要找出這個心識的來源，就無可迴避地需要探索和研究今生今世之外的前生前世。

面對這麼多的不解之謎，我們一時找不到其他有效的辦法來破解，而只能認眞研究距今兩千多年前佛陀宣說的「緣起」、「業生世界」和「法性不可思議」等聖言，從中找出正確答案。因爲有「緣起」規律，所以有了四大與業風和合的名與色之五蘊聚合的身體。照此推想下去，唯物主義無神論者、信奉宗教的有神論者和喜歡從零開始研究的中間份子，最終都將集合在大圓滿法中常說的「本原有寂分離」的十字路口。

物質的本性決定了這個世界具有「最初形成之時」、「中間長住之時」和「最終滅亡之時」。在佛教經典中，稱世界形成之時爲「成劫」，稱世界長住之時爲「住劫」，稱世界滅亡之時爲「滅劫」。「劫」又分爲大劫和小劫，其中又有劫初長時、轉長時期和中劫十八返等長期的起伏變化過程。

根據對古代的石器和化石進行研究分析，人們推斷出一個結論：這個世界經歷了很多億年長期不斷的變化過程，就連山河大地也經歷了無數次的運動變化。這樣看來，持續變化的最終結果，除了壞滅，應該想像不出還能有什麼其他的結果。當這個世界壞滅時，其他的星球並不一定同時都會壞滅。我們居住的這個地球壞滅之後，其他很多星球依然會存在。

如果存在一個除四大之外的「心識」，那麼這個「心識」完全可以往生到其他的星球上，並在那裡投進任何一種有情的身體裡，這是顯而易見的。因此，作爲一個研究人員，一定要弄明白「心識」到底是什麼樣的東西？從何處來？會變成什麼樣子？

佛教法典中常說的「心識六聚」或「心識八聚」，指的是一個心識的六種現象或八種現象，而不是說心有六個或八個。這個明瞭之「心」，其實就是在業風的催促和引導下所產生的各種各樣的念想。如果離開了催促引誘的業風，「心」就會回歸到本原法界；如果再受到業風的催促和引誘，「心」又會接著連續產生眾多念想，並從中體受到苦與樂。如果能用某種方便法門改變「心」受業風催促引誘的狀況，那麼當業風停止之後，佛家常說的解脫全知果位或涅槃離苦得樂的勝果，也就體證了。

「心識」到底是什麼東西？最初來自何處？

其實，「心識」就是無始以來受無明左右而產生的迷妄。除此之外，並沒有什麼獨立產生的新「心識」。假如有新的「心識」產生，那麼我們就可以找到輪迴的開始；因爲根本就沒有新「心識」產生的現象，所以我們找不到輪迴的開始。

以「過去」和「未來」等概念來爲時間下定義時，誰也無法說明過去的時間是從什麼時候開始的。這樣分析研究的結果，人們只能回到佛教密宗大圓滿法中常說的「三時無時之四時大平等性」之中。

我們受無明和愚癡的驅使，經歷了無數次的投胎轉世，在其過程中所體受的苦與樂不計其數。今天，我們又受「業」的驅使來到這個世界上，降生在父母的懷裡。在今生今世造下各種「業」之後，來生又要受這個「業」的驅使，再次投胎轉世……，這一切就像昨夜之夢，虛無飄渺。

生命的意義

這個世上幾十億人整天都忙忙碌碌，爲的是成就各自所追求的事業。他們一直忙碌到死，可是最終誰也沒能做完要做的全部事情，也不可能做完。來到這個世上的人們，各自出生的地方不同，各自的命運與苦樂不同，各自所處的地位和環境也不同，但是相同的是：人們為了得到快樂而忙碌一生，最終全都不得不放棄世間的一切，空手走向死亡。流浪街頭的乞丐和金鑾寶殿中驕橫奢侈的皇帝，在死神面前同樣都被動無力、束手無策。

今天，這個世界上的人們越來越精通科學技術，他們所創造的奇蹟令世界每天都在發生新的變化，而充滿競爭的環境會促使世界在將來發生更大的變化。但是，外在的物質不斷豐富發展的同時，人們卻忽略了使內心得到滿足和喜悅的心靈建設，物質的發展和內心的墮落很不平衡。原本為創造幸福和快樂而造就的物質財富，卻成了給心靈帶來煩惱和傷害的殺手，這種以自私貪婪為出發點的行為，必將給自己和他人造成無法估量的損害。仔細看一看，這世上的苦與樂實在是變化無窮，以致於幾乎沒有人能夠看懂和看透。

在研究探索昨天和明天的盡頭時，時間作為刹時不停的流逝物，無論是經過一個劫的長時間、還是刹那間的短時間，待它匆匆流逝完以後，兩者並沒有任何差別。我們人類認為很漫長的百歲壽命，對於生活在另一世界的有情看來，也許只是彈指之間，或者是刹那間。從我們人類自己的角度看一下人生：無數次重複地吃睡走動之後，就像小孩子做完遊戲或電動機器斷電後停止運轉一樣，我們的心臟最終停止了跳動，再也無法從床上站立起來，生前的一切猶如昨夜之夢，亦如水月泡影。當美好的青春時光在不知不覺中匆匆流逝，人們突然踏進死亡大門時，才知道此前的所作所為一無是處，一生的榮辱成敗此時全都毫無意義。因此，我們不能坐等死神到來時才開始醒悟，而要從現在開始，多爭取點時間，認眞研究怎樣使有限的人生更具意義，這一點非常重要。

現在這個地球上的人口有幾十億之多，此前有幾十億人已經死亡，再此前又有幾十億人已經死亡，再再之前還有幾十億人……，在這個地球上留下足跡的人數不勝數。所有來到這世上的人都是忙碌一生，而走向死亡時，人人都一無所有，最後連名字都沒有人能夠記得住，這眞叫人啼笑皆非。在如此眾多的人群之中，雖然有一批有智慧、有遠見的人，他們研究的課題包羅萬象，但是卻很少有人研究和探索不死的方法、無畏於死亡和死後無須受苦的微妙勝道，這是一件非常奇怪的事情。更讓人遺憾的是，在很多世紀裡，人們爲了達到自私的政治目的或其他不可告人的目的，曾經炮製出眾多所謂的宗教。這些宗教把人們引入邪道而浪費了很多人的生命時光，這是人類自己犯下的大錯誤。尤其讓人痛心的是，人們推崇各種愚昧的思想來束縛自己，用迷信和狹隘的思想給後人造成巨大的損害。如果有人能爲子孫後代著想，恐怕就不會做出如此不負責任的行爲了。

有些邪道成爲反面的經驗教訓以後，反而變成了人們尋求正道的最大推動力，從而給後人留下寶貴的經驗財富。如果過去和現在的人們，能夠以全身心投入於此生事業的精力去對待死後的大事，那麼肯定能夠找到一種對大家都有利的上善之法。那些一生修持深密心法而最終取得光明身成就的大德們，如果把全部精力用於經營這一生的事業上，那麼他們不僅能夠像那些大科學家們一樣卓有成就，而且一定能夠超越他們。只是大德們利用這彷彿借來般的身體，著眼於完成利己利他的恆久大業，他們拋捨了眼前利益，修起了具有永恆利益的善法。

有了來生來世以後，來生之因——煩惱，就會接踵而至、如影隨形。如何尋求斷除煩惱的方法，並找到從煩惱痛苦中永遠解脫的殊勝妙法，是人類所面臨的眾多大事中最大也最主要的事情。找到解脫勝道，要比在火星上建造一座適合人類居住的城市，還要重要幾十億倍，其利益不僅僅在於找到一條新的光明大道，而是像騎著飛行寶馬逃離羅剎國一樣，人們可以從此脫離所有的煩惱和痛苦。

「我執」的故事

從前，佛祖釋迦牟尼在成佛前曾經生爲船長的兒子，名叫森嘎拉。森嘎拉從小就乖巧可愛，才智過人。到了少年時期，經過勤奮學習，文才武略，樣樣精通。這位德貌俱全的孩子，長大成人後多次請求父親讓自己出海尋寶，在終於得到父親的許可後，他高興萬分，立即準備了一艘船和一支五百人的商隊。上船出海的那一天，森嘎拉和五百名商人爲能踏上尋寶之路都激動不已。當時，出海尋寶是非常危險的發財之舉，踏上尋寶船的人都要用生命作賭注以換取財寶。如果尋寶船能夠風平浪靜地出海歸來，船上的人就可以輕而易舉的獲取很多財寶；如果出現船體損壞、遭遇水獸或遇到大風大浪的襲擊，那麼船上的人不僅無法返回家園，還會葬送性命。在充滿艱險的尋寶途中，有一天，森嘎拉正帶領五百名商人在大海中航行，突然從北方吹來了一陣狂風，一下就把他們的船吹到了南方銅色山羅剎國附近。

銅色山羅剎國有兩種勝幢，一種爲應和喜悅之地的勝幢，一種爲應和不滿之地的勝幢，人們可以搖動其中一種勝幢來表達來訪者對羅剎國的態度。森嘎拉和五百名商人搖動應和喜悅之地的勝幢以後，羅剎國的魔女們知道了瞻部洲的商船已經破爛，於是紛紛變爲衣飾華麗的美女，來到岸邊朝落難者游了過去。

當魔女們來到落難船員的身邊時，她們甜言蜜語地稱呼船員們爲「哥哥」，並極其熱情地勸請他們留下來。魔女們承諾用最好的衣食、住房、花園和沐浴水池來服侍他們，還會拿出全部寶石、珍珠、琉璃和右旋白螺送給他們，希望他們能留下做丈夫。魔女們施展出各種妖媚溫柔的美姿，勾引船員們留下來，並請求他們不要再踏足去南方的道路。

禁不住誘惑的船員們全都留了下來，與魔女一起尋歡作樂，並且生下了眾多兒女。時間一天又一天、一年又一年的流逝，森嘎拉對於魔女阻止他們往南走，產生了很大的疑惑，一直想解開這個謎。

有天晚上，森嘎拉趁魔女熟睡後，偷偷溜下床，手持寶劍，悄悄向南方走去。當他來到一個地方時，從遠處傳來了眾多痛苦哀號的聲音，有許多人正在哭訴：「可憐啊可憐！我今生今世再也無法與父母兄妹、妻子兒女、親朋好友見面了，我再也無法回到可愛的瞻部洲人間了，我……」聽到這裡，森嘎拉大吃一驚，一時間竟沒敢挪動腳步。

過了好一會兒，森嘎拉才定下神來，他思慮再三，決定克服恐懼，繼續往南走下去，最後，他來到了一座高大寬廣的鐵城之前。爲了看到鐵城裡的情況，他找遍了鐵城四周，但卻沒有找到門和窗，就連老鼠進出的小洞也沒有。他四處張望，發現鐵城北面有一棵高於鐵城的大樹，於是迅速跑過去，飛快地爬上了樹。

森嘎拉從樹頂上看到鐵城裡，關著很多痛苦淒慘的男人，他們個個哀聲號叫，慘不忍睹。森嘎拉大聲呼喊那些可憐的人，問他們爲什麼被關進鐵城裡？爲何落到如此悲慘的境地？爲什麼這樣不停地哀號？那些人回答說：「我們是來自瞻部洲的商人，乘船出海以後遭到水獸襲擊，結果船破落難。當我們抓住散落的船板在大海中漂浮時，海浪把我們沖到了這個銅色羅剎洲。羅剎洲的魔女們利用美色把我們勾引到她們身邊，和她們組成家庭，生兒育女。可是，當一批新的來自瞻部洲的船員被魔女們找到以後，她們便顯露出原來的凶惡面目，活吃了我們當中的很多人，她們連一滴血和一片指甲都要舔乾淨、吃乾淨，最後把我們這些吃剩下的人暫時關在這個鐵城裡，我們已經成了她們必吃無疑的食物。」

森嘎拉問他們：「那你們知道逃離羅剎國返回瞻部洲的辦法嗎？」

那些人回答：「我們被關進鐵城裡的人都無計可施。當我們想從鐵城下面或上面越牆而逃時，城牆就會奇蹟般地往下或往上增長二倍到三倍。但是，你們還在鐵城外面的人，就可以想辦法逃離此地。在我們上方天空中行走的天人，有時候會大聲告訴人們：『瞻部洲的商人孩子們聽著，這個月十五日你們可以到北方大道去一次，那裡有一匹人稱飛雲馬王的寶馬，常吃天生稻，全身毫無傷病，充滿神奇威力。這匹馬能用人類的語言尋問誰想越過大海，回到瞻部洲。當牠第三次這樣詢問時，你要立即騎在牠的背上，並告訴牠我要越過大海，請把我平安送到瞻部洲。這樣你就可以逃離此地，到達瞻部洲。』這是諸天賜予的辦法，你要聽從照辦。」

聽到這一切，森嘎拉心裡有說不出的高興，他把所有的話都牢牢地記在心裡，然後悄悄地返回住處，趁魔女還沒有醒來，脫掉外衣和鞋子，又上床睡在了魔女身邊。

第二天，森嘎拉很早就起床，偷偷地跑了出來，把所有跟自己一起出海的船員都召集起來，在一處很隱密的花園裡，向大家講述自己昨晚的所見所聞。森嘎拉再三告誡大家說：「無論你們在這裡過得如何開心愉快，我跟你們說的事情，絕對不能透露給魔女，也不能把你們的兒女帶來一起逃跑。」經過商量後，他們決定於當月十五日在北方大道集合。

當十五日到來的那一天，他們都依約來到了北方大道。在那裡，他們看見了正在吃天生稻穀、沒有任何傷病、並且充滿神奇威力的寶馬。那匹寶馬昂頭挺立，用人的語言詢問誰要去彼岸。商人們聽到後猛烈地祈請說：「請把我們平安送到瞻部洲吧！」

寶馬說：「你們一定要除滅對美女、兒女、房舍和財寶的所有貪戀，並且切莫回頭觀看。若有人生出貪戀之心，就會像果子成熟後從樹上落到地上一樣，從我的背上墜落到魔女身邊，並會立即被魔女吃掉。現在，你們當中除滅了貪戀的人，請用手抓住我身上的毛，我馬上送你們平安到達彼岸。」

寶馬說完後就把背對著船員，船員們立即一擁而上，有些人騎在了馬背上，還有些人緊緊抓住了馬毛，於是，寶馬一用力，頓時飛上了高高的藍天。當魔女們看見不祥之幢在搖動時，知道是瞻部洲的商人們正在逃跑，立刻把自己變成比以前更加豔麗的美女，帶著商人們的兒女來到了北方大道。魔女們面向藍天高喊道：「親愛的哥哥們，你們爲什麼這麼絕情啊！請求你們做我們的主人、親人和保護者吧！看一看這裡有你們的兒女、財寶和房舍啊！」她們的喊聲聽起來非常的淒涼和悲慘。

馬背上的商人們聽到魔女的喊聲以後，很多人對自己的妻兒和財產產生了貪戀難捨之心，結果當下就從馬背上墜落而下。當這些人掉在魔女身邊時，魔女們立即顯露出眞實恐怖的面目，把墜落下來的人全都吃得一乾二淨，連滴落在地上的幾滴血都舔得乾乾淨淨。最後，只剩下船長森嘎拉一人平安返回瞻部洲。

永無休止的輪迴作業

誠如上面故事中所講述的，具有我執和我所執的人，永遠不會有從輪迴中解脫的那一天；與此相反的，沒有我執和我所執的人，將能得到永恆的解脫。現在，如果我們能靜下心來仔細思考一下，將會發現這個不知從何處而來的雲遊心識，因爲受到業的牽引而與父母的種子結合在一起。當我們這個有血有肉的身體來到世上之後，一生中受盡了各種各樣的痛苦，卻得不到任何快樂。一切妙欲受用皆是顛倒誘惑，輪迴與上面故事中的羅剎國，還有什麼區別呢？要知道，當一代人從這個世界上消失時，必定會悲慘地落入無常魔女的口中，所有有情眾生也都免不了遭遇這樣的苦難。因此，我們不能對充滿誘惑的輪迴太執著，如果能夠找到從無常的輪迴和痛苦的境地中永遠逃脫的辦法，那麼我們就會像船長森嘎拉一樣，成爲眾生的領路人。毋庸置疑的，這將勝過一切其他的智士仁人。

我們把人生看成漫長的歲月，爲了營造快樂人生，不停地忙碌奔波。在忙碌奔波中，我們把時間分成過去、現在和未來三部分。但是，事實上，時間除了過去和未來兩部分之外，中間並不能分離出一個「現在」。如果不存在時間中的「現在」，那麼以「現在」爲分割點而劃分出的過去和未來，也就不能獨立存在了。所以，時間原本就沒有絕對獨立的本性，從大處看時間是一段漫長的歲月，從小處看時間是無常變化的一剎那。無論往前看還是往後看，在我們所居住的世界裡，不論是山川河流，還是平原大地，都將無法脫離無常變化的壞滅，更不用說我們的這個身體——由血、肉、骨頭等物質組合而成的脆弱之軀，就連小小的寒熱變化打擊都承受不了，又怎麼能夠對它抱有長久不變的願求呢？

很顯然地，我們這個弱小軀體非常容易壞滅。我們可以把自己的照片，從兒童時期、青年時期、中年時期和老年時期放在一起做個比較，從中即可看出人一生的變化有多麼大。每當回憶往事時，一切就好像發生在昨天，人生的歲月匆匆逝去，驀然回首，竟不敢相信自己已經過了那麼多的歲月年華！我們的容貌和身體發生變化之快，猶如上演一部短小的舞臺劇，一個人從小到老的喜怒哀樂，短暫間就從登臺到了落幕。我們的一生也像是一部活生生的短小電影悲劇，要怎樣結束這部短暫的電影悲劇，就要看導演怎麼編排和我們這些演員怎麼表演了。

一個人選擇什麼樣的人生道路？怎樣走完曲曲折折的人生之旅？在人生的十字路口朝什麼方向走？這一切都端賴於這個人的智慧明眼。如果這個人受無明的控制，遇事愚笨，連明天要做什麼都不知道，什麼事都跟隨別人的後塵，那麼這個人就像雙目失明的盲犬，當主人跳入大海時，牠也會跟著跳進去，儘管牠有多麼的不想溺死。

我們人類從兒童時期、青年時期，一直到老年時期，都要經歷生、老、病、死四苦，最後在死亡中結束全部生命時光。今天，我們要是忙於追求今生的短暫快樂、忙於打算長久地生存而積累財富、忙於扶親抗敵等沒完沒了的輪迴作業，就永遠不會有把事情做得很完美的那一天。但是，一個人如果沒有長遠永恆的奮鬥目標和無所畏懼的信心，那麼這個人可以說是愚癡透頂，與動物幾乎沒什麼兩樣。肉牛被牽往屠宰場的途中，還會抓住一切機會吃草飲水，對於即將死亡的命運卻一無所知、渾然不覺。這個世界從形成到現在已經過了很多億年，這期間所有的有情沒有一個免於死亡，可是誰又曾認眞看待過必須面對的死亡呢？

從現在起過了一百年以後，現在在世的人幾乎都會死亡。假如我們能夠擁有無礙的神通，或是某個具有神通的人給我們預言：「你將於某年某月某日某時，遇上某種逆緣而死。」那麼我們就會在充滿恐懼中度過一生，甚至茶飯不思、惶惶不可終日。可是現在，我們這些愚昧無知的人就像被牽往屠宰場的肉牛一樣，雖然知道終有一死，但並不知道死期何時到來，整天安心度日的人們，還在自欺欺人地作長久住於世間的打算，這難道不是非常危險的行爲嗎？

無常總是頃刻而至

在這裡，我可以告訴讀者朋友們一些發生在我身邊的事情：

當風中羽毛般的心識，受業風的吹動落入父母懷中以後，我的父母先後生育了我們五個兄妹。父母在世的那段日子，家族地位顯赫，生活富足。我們兄妹就在開滿鮮花的牧區大草原上，在野鹿和野驢悠閒戲耍的山澗河谷，度過了幸福美滿的金色童年。小時候，我們吃的是各種糖果和營養豐富的牛乳製品，穿的是溫暖的羔羊皮袍。我們小兄妹聚在一起總是有玩不完的遊戲，咯咯地笑不停，那時的一切至今回想起來，就好像曾經生活在天國仙境。但是，輪迴人生的快樂總是短暫的，它猶如山間輕煙、雨後彩虹和昨夜的美夢。當這如夢如幻的美好歲月匆匆過去以後，悲慘的無常現實不期而至，突降到我們面前。

一九五九年八月的某一天，我的弟弟，年僅十一歲、聰明活潑、人見人愛的好弟弟，在遠離家鄉樂園的逃亡途中，突然遭到槍林彈雨的襲擊，永遠地倒下了。那一天，同時死在槍林彈雨中的還有我的伯父、舅舅和姨母。我弟弟和他騎的馬一起倒在了人屍和馬屍堆中，子彈打中小弟弟的那一刻，殷紅的鮮血噴射而出，汩汩地流淌在冰冷的地面上，幼小的生命就這樣瞬間被無常大魔吞食了。

比弟弟大兩歲的妹妹，在我十三歲回到家鄉時見了最後一面，家鄉一別竟成了我們兄妹之間的最後絕別。我至今仍忘不了我那可愛的妹妹，她圓圓的臉又白又光亮，潔白的牙齒就像珍珠項鍊一樣好看。她和牧區的其他女孩子一樣喜愛穿戴羔羊皮袍和羔羊皮帽，臉上總是充滿天眞爛漫的歡笑。她有時候會趕著家裡的上千隻綿羊去山上，時而歡跑、時而停下採野花。她最喜歡的花是生長在高山灌木中的長瓣紅花，手裡總是拿著一束長瓣紅花和小羊羔一起玩耍。

當弟弟和大部分家庭成員先後被無常大魔吞食以後，我的妹妹在承受巨大的痛苦中死於亂世，那時她年僅十三歲，一個花樣少女就這樣從地球上消失了！

年僅四歲的小妹妹是家中最小的家庭成員，在亂世中她成了孤兒，在無依無靠、缺衣無食的困境中，小小的妹妹還未體嘗人生百味就失去了寶貴的生命。這淒慘的一切，瞬間而至，就像夏日的花園裡，一朵美麗芬芳的鮮花、一朵香鬱嬌豔的鮮花、一個含苞待放的花蕾，還有眾多鮮豔奪目的花朵，突然遭到狂風暴雨的襲擊，全都凋謝零落，頃刻間，整個花園已變得破敗不堪。

每當想起家破人亡的痛苦經歷，我的心總會傷感淒涼、悲痛難忍。在這裡，我用淚水化作墨水寫下痛苦的過去，希望讀者朋友們能夠從中領悟人生無常的眞諦。

嗚呼！高高在天的太陽，你用燦爛奪目的光輝照耀蒼穹大地的時候，是否曾照見我那可憐三兄妹像流星一樣從這世間一閃而過？願你用溫暖的光芒帶給他們幸福和快樂！

嗚呼！明亮皎潔的十五圓月，在你運行的廣大天宇，是否曾遇見三個小生命的魂識遊蕩其中？願你用明亮的白光照亮我那寶貝三兄妹心識的路程！

嗚呼！廣闊無邊的大地，在你的胸懷裡，是否還存有我那可憐三兄妹身體裡的鮮血？是否還保存著我那可憐三兄妹嬌嫩的軀體？願你能幫助他們永保天眞和爛漫。雖然我常常充滿深情行走於輪迴屍陀林，但是高原上的狂風暴雨和高山懸崖啊，爲什麼總是待我這麼無情？

嗚呼！死神閻羅王，你是否手下留情，給我那可憐三兄妹一絲一點的自由？俱生魔三個黑色業子如果敗北的話，我的心將會感到最大的滿足！

嗚呼！至尊三寶怙主，你是否把我那緣分極佳的可憐三兄妹引至清淨樂土？俱生神三個白色業子啊，我誠心讚頌你們俯視眞理的慧眼！

東方輕輕飄動的白雲，你是否敞開胸懷伸出美麗的彩虹雲梯，灑下五彩繽紛的花雨，迎接我那可憐三兄妹到佛都天國？美麗的三天子，深情的三兄妹，雖然今生今世我們再也無緣相聚，但我們都有無畏的精神和不變的信心，願我們一起來救度和我們一樣無助可憐的輪迴有情！在無邊的輪迴苦海中，讓我們攜起手來，鼓足勇氣，努力救度受三苦折磨的慈母有情！

我們人死之後，如果能像油盡燈滅、雪化水乾和狼去無蹤跡那樣，不再回來遭受無常苦樂，那是最好不過的結局。但是，我們根本沒有找到能有這種好結局的有力證據和可靠理論，因此，如果不會有上面那種好的結果，而我們現在依然執迷不悟、我行我素，就會嚴重的耽誤實現終極目標。有些人不相信有業因和業果，有些人斷言來生不存在，他們持這種觀點的理由只是因爲「沒有看見」這四個字。這些自以爲是的人抱持這種近乎荒謬的觀點，對人類是沒有幫助的。少數人活著的時候堅持這樣的觀點不變，但是將要死去時卻哭喊著要對其懺悔。有些人活在世上青春年少的時候目中無人、妄自尊大，只有當他們遇上各種惡緣而深受打擊時，才會想到因果報應，認識到輪迴不僅不是少數愚人所說的那樣無因無果，而是有其來源和去向，有來生往世和因果報應的。

當少數人深刻體悟出因果報應不假、來生往世不虛等道理後，他們會用比從前任何時候都寬大很多倍的胸懷來對待無常世事，他們對此生世間法的取捨充滿了智慧和理性，他們的幸福觀和快樂觀從此會發生巨大的變化，他們視爲了小小利益而費心費神、爲了小作業而忙碌一生的人如同蠢豬。豬常常埋頭用牠那硬硬的鼻子刨土覓食，據說牠從來不曾抬頭仰望天空。豬的一生看見天空的機會只有一次，就是屠夫殺豬時把豬四腳朝天地放在地上的那一刻。待豬看見湛藍廣闊的天空時，隨著屠夫的刀子刺進牠的心臟，牠的一生也就此終結了。

我們最初出現迷妄而墮入輪迴世界，是因爲我們具有輪迴之根——無明。我們來到輪迴世間以後，在煩惱的驅使下，一生中積造各種塵業，並且體受各種苦樂。當人生經歷演繹一段時間之後，最終擺在我們面前的只有無常死亡。我們被迫踏上死亡之路後，因爲必須承受此前所造眾多惡業的報應苦果，從而反覆流轉於輪迴世界裡，也許有幸再轉生爲人，也許轉生爲畜生，也許下地獄……面對這無窮無盡的輪迴，所有的人都會心灰意冷、束手無策。因此，我們應該備加珍惜稀有難得且生命時光非常短暫的暇滿人身，不要讓今世擁有的暇滿人身毫無意義地耗費在追求此生的短暫快樂上。我們要充分利用這個暇滿人身修造恆久快樂的大業，要立即尋找使此生快樂、來生極樂的正道，趕快修完恆樂偉業。我們必須具備這樣的決心和雄心。

2

生命的奧祕

壽、命與識

壽、命、識三者當中的「壽」，指的是當身體和生命聚合在一起時，存在於體內命脈中的氣與元氣的結合體。這個像口水一樣的東西，裡面有意識的依所「熱體」，以及「氣」之精華、猶如馬尾毛絲一樣的物體。當馬尾毛絲狀的物體破裂、傾斜或彎曲後，就會產生多種疾病和遭遇各種災禍；如果它沒有破裂、傾斜、彎曲、或者毛絲狀的物體較長的話，就會延年益壽。當以上物體能正常發揮作用時，我們就稱其爲「壽」。

壽、命、識三者中的「命」，指的是當心識在身體之中且五蘊圓滿俱在的時候。在這裡，我們還可以簡單地理解「命」爲壽存在或生命活動尚在的所有時段。

壽、命、識三者中的「識」，指的是主導眼、耳、鼻、舌、身的六聚之主——意識。如果眼、耳、鼻、舌、身五識爲五扇窗戶的話，那麼意識就像關在房中的猴子。雖然猴子只有一隻，但人們可以從五扇窗戶中看到五隻猴子；同樣地，雖然意識只有一個，但是它在向外作用的過程中卻出現了五根五識。

壽、命、識三者具足的身、根、意三物的聚合體，我們稱其爲「活的生命」，也叫「有情生命」。而依靠雙足站立並且能說話、能理解的有情生命，我們稱其爲「人」。如果缺少前面三物（身、根、意）中的任何一物，或者前面諸物不圓滿具足的話，就不能稱其爲「有情生命」。離開命的身體是屍體，離開身體的意識叫做中陰輪迴有情。

所謂的身體，是父母精卵結合之物成熟長大以後，由三十六種污穢物質、或者說由白色皮囊以及鐵等多種物質聚合而成。只要有生命在身體中，身體的成長發育變化便是非常明顯的，這一點無須在此多作說明。在這裡，我們應該仔細研究一下存在於壽命之中的深密「心」或「意識」，說其有，我們無法從有色身體的內外、上下和中間看到它；說其無，我們又無法證明這個能知能曉的「心識」根本不存在。我們還應該分析研究非常深密地存在於心識之中的心性無有念想的本原本體，以及在心性幻化所現的清淨佛土、乃至污穢地獄中，能體受苦樂的「心識」，還有這個心識造業後所經受的業因和業果之奧祕。

假如說身體和心識是同時出現的，那麼此兩者之間的關係就像油燈和燈光，當身體消亡時，心識也會隨之滅亡，這個過程如同燈滅光盡。可能有人會這麼想：既然身體是從父母血肉中分離出來的，那麼心識也只能是從父母心識中分離出來的。這樣想的結果便是一對父母有多個心識，或者是父母的心識分成了幾部分，這就出現了很多錯誤和漏洞。如果說這一切是無因之果，一個心識可以憑空產生多個心識，那就猶如空中蓮花和石女生子，是永遠不可能的。如果說這一切是什麼樣的因造就了什麼樣的果，那麼無色無形的心識之因，只能是前世的同類心識流，除此之外無法找到另一個前因。如果說心識之因不是前一剎那的心識流，那麼一個有情身體的消亡就意味著少了一個心識，也就是說，從此少了一個投胎轉世的心識，這樣有情眾生將會越來越少，最終輪迴中將不再有眾生。

如果我們能夠知道輪迴有情的總數的話，就可以掌握眾生心識的數量，也就可以清楚地瞭解輪迴中是否出現了新的心識。但是，靠我們現在的根識，不僅不能知曉眾生的總數，也無法知道宇宙世界到底有多大。除了我們現在所居住的地球外，其他眾多星球聚集在一起所構成的大世界，還有一根頭髮上擁有的微塵數量的世界等等，這些數不勝數、無窮無盡的世界，不僅無法用我們的眼睛看清楚，而且無法用我們的心意去思量，因此，這一切也就說不清楚、道不明白了。如果我們倒立看人，將會發現人人都倒立著走路，我們若對這樣的視覺信以爲眞的話，那麼還有比這更大的欺騙嗎？所以，一切有爲法都是因緣聚合之物，其究竟眞諦便是法性不可思議。

心識的存在

我們應該分析研究一下自我們從母胎中出生到現在，我們常見的山河大地、土石房屋等所有流動和非流動的物體，以及四大和合之物中具有心識的各種動物，都是從因緣中產生出來的？還是從無因無緣中突然出現的？

答案很顯然的：所有的物質都是因緣聚合後產生出來的。

我們都知道緣苗要從種子中生出來，而且不同的種子會生出不同的果子，這一切最終都脫不出外在緣起現象的範圍。同樣地，所有動物以四種方式出生時，同類之因會生出同類之果，而不會出現人生狗或狗生人等錯亂現象，所有同類出生的有情也無法超出內在緣起的範嚐。

既然外在世界與內在情器都是四大聚合之物，那麼爲什麼還會有外在世界無生命與內在情器有生命的區別呢？

原因在於心識的存在。所謂的近取心識，就是當身體消亡的時候，其不消亡；只有當心識在身體中時，一個活生生的動物才能在世間活動，而且其心裡是明瞭清醒的。但是當心識脫離乘坐的氣流時，就會融入內在的虛空或投進別的身體，那時，變爲屍體的身體就成了無生命的物體，和土、石等物體沒有任何區別。因此，除了身體之外，還存在一個心識或業債的背負者是毋庸置疑的。

身體就像一個即將坍塌的土石堆，心識就像土石堆上即將遠飛的一隻鳥，當因緣聚合發生作用致使土石堆坍塌時，上面的鳥便會飛走。另外，就算土石堆因緣不俱足而暫時不坍塌，鳥也有可能遇緣飛走。從這個比喻說明中我們知道，當身體由於老化或病變而死亡時，心識便會離開身體，去到它處。此外，就算身體還沒有具備因健康原因而死亡的因緣，即使身體既健康又充滿青春活力，但是如果遇上偶然發生的災禍逆緣，心識仍然會去向它處。

心識到底有沒有前因呢？

答案是肯定的。心識的前因就是前一剎那的心識，由前一剎那的心識作爲「近取因」而生出了後一剎那的心識，心識的最初前因便是俱生無明。

當最初前因具備智慧生命之風後，三界眾生在心風的動搖中產生了二取心念，在二取心念中產生了我執與我所執之心，由此貪戀諸法而墮入輪迴迷妄中。有了迷妄後，由貪慾和瞋怒之心造出了煩惱罪業，因此眾生就要經受無邊的痛苦。

所謂的「業」，是指能產生各種後果的前因。誠如佛祖所說「業生萬物世間」，各種業因可以產生各種業果。積累福慧善業可以得來快樂妙果，反之，積累罪惡之業就會招來痛苦後果，我們都曾經親身體會過這種現象。當今世界在很多地方出現了能夠回憶前生前世的人，他們能詳細具體地說出他們的前世是什麼人、在什麼地方……，這一切正在證實生死輪迴的存在。當我們知道的確存在生死輪迴後，就可以正確認識業與果的關係。

前世—後世—前世的八個比喻

關於從前世中產生後世，和後世要從前世中產生的問題，佛祖釋迦牟尼用八個比喻作了說明。

第一個比喻是上師念誦經文後，徒弟學會念經。師徒二人六根俱全、能誦經文、能聽能記，是其中缺一不可的三要素。在這裡，上師是此生的比喻，徒弟是往生的比喻，誦經是心識相續的比喻。

第二個比喻是一盞油燈點燃另外一盞油燈。油、燈芯和燈具是其中不可缺少的三要素，第一盞油燈是此生的比喻，點燃的另外一盞油燈是來生的比喻，第一盞油燈點燃另外一盞油燈的過程中，先有第一盞油燈是非恆常往生的比喻，後一盞油燈要依靠前一盞油燈的點燃才能出現燈光，是由因緣而生的比喻。

第三個比喻是鏡中影像。明鏡、臉和光線是其中缺一不可的三要素，這三要素具足以後，鏡中才會照現臉影。這個比喻說明有了此生才會有往生，以及此生萬物不會轉移到往生萬物中且又眞實存在一個往生。

第四個比喻是從印模中塑造出小佛像。這個比喻說明此生的所作所爲能夠塑造相應的往生。

第五個比喻是火晶點火。火晶、陽光和草木是聚光點火時不可缺少的三要素，這個比喻說明有情眾生將會從不同的世道，投生到另一個不同的世道。

第六個比喻是種子發芽。種子、土地和濕潤是能夠發芽的主要要素，這個比喻說明眾生不會斷滅不生。

第七個比喻是提到酸味就會流口水。酸料、品嚐和提到酸味是能夠流出口水的要素，這個比喻說明經歷過的業緣可以產生往生。

第八個比喻是空谷回音。發出聲音、沒有其他的大聲音和空谷是其中缺一不可的要素，這個比喻說明只要因緣具足和沒有其他的阻礙就會投胎受生，而且非一非異。

這八個比喻全面闡述了從此生到往生的流轉過程，其中從無明、行、識到出生、老死等，以十二因緣的流轉在世間輪迴投生的經過，都作了詳細的比喻說明。

今生今世可以見到由於前世業因不同，而得到的不同結果。由於前世所作的善惡不同，今世人們所經歷的貧富苦樂也不同。往生的去向則要看今世的造業和所作所為，今世多行佈施，往生就會享受榮華富貴；今世多行偷盜搶劫和吝嗇，往生就會貧窮困苦；今世珍護戒律，往生就會容貌俊美；今世踰違戒律，往生就會面貌醜陋……，如此眾多的因果事例不勝枚舉。總而言之，今世是人，往生不一定還能做人；今世窮困，往生不一定依然窮困。

業與業果

也許有人會疑惑：有的人奸滑狡詐而且專做殺生等罪業，但他們的生活卻過得幸福快樂；而有的人正直善良而且多積福業，但他們的日子卻越過越苦，這是為什麼呢？

要知道業與業果的關係深密難測，但是業不會自動消失的特性是不容置疑的。業有很多種類，有現世現報之業、來生受報之業、順後受報之業、能引果報之業、圓滿果報之業、異熟果業、增上果業等多種多樣。多行罪惡之業的人，看起來暫時過得還算快樂，那是因為他們前世福業的果報還沒有結束；一旦福果受完以後，他們便要接受罪業的果報。今生多行善業而受苦的人，是因為他們正在承受前世罪業的果報；當惡果受完以後，他們一定能夠得到善業的果報。鳥飛得很高時，雖然牠看不到自己的影子，但是當鳥落到地面時，影子一定會伴隨出現，因爲影子從來就沒有離開過牠自己。同樣地，我們所造諸業的果不會報應在土地中，也不會報應在石頭上，總有一天一定會報應在我們自己身上，此所謂「善有善報，惡有惡報，不是不報，時候未到」。

當我們知道一個心識能夠相繼投生爲各種有情，並會體受多種苦樂以後，也許有人會想：既然一個心識能投生到各種不同的有情體內，那麼就像投胎轉世中各有情互不相同那樣，心識是不是也有著很大的變異呢？會不會同一個心識分別投生在狗的身體裡和在人的身體裡時，就像彼此之間的行爲有著極大的差異那樣，狗的心識和人的心識也有根本上的不同呢？造業者的心識和體受業報者的心識，是否完全不一樣呢？

在回答這些問題時，我們首先應該知道，不僅人和狗有很大的區別，而且六道輪迴中的有情，彼此之間的思維和見解都有著非常大的差異。當福業和惡業在前世的心識中留下習氣後，根據業的好壞而成就善趣之身或惡趣之身時，其行爲習慣必然會發生相應的變化。當投胎生爲老鼠時，我們便會好偷；當投胎生爲貓時，我們就會好殺。另外，把前世的習氣帶到後世中的人也不是沒有，這裡可以舉一個例子來說明：當一個母親生下分別來自六道輪迴的六個兒子時，他們雖然是一家人，但是根據從前世帶來習氣的不同，這六個兒子在各方面都會有很大的差異：前世爲天的兒子顯得美貌和氣，前世爲阿修羅的兒子顯得粗暴和嫉妒心強，前世爲人的兒子顯得聰明和忍耐力小，前世爲畜生的兒子顯得愚鈍和忍耐力強，前世爲餓鬼的兒子顯得醜陋和慾望大，前世為地獄有情的兒子顯得醜陋並且總是一副苦相。如此諸等同樣是血肉之軀的人群中，由於前世投生之道和習氣的不同，其等流果使後世的人們性格和言行有著極大的差異。

而一個心識分別投生到各種不同的有情體內時，心識是不會發生變化的。因為投生之道和習氣不同，使得各世各代的行為習慣產生了很大的差異。當生為馴獸時就喜歡吃草，當生為猛獸時就喜歡吃肉。

生在中陰世界的有情，前半生的所見所聞都是前世的身體和言行，後半生的所見所聞則是來生的身體和言行。至於引業和滿業等各類業因如何生出業果，以及業因的詳細分類和由此產生的業果，只有佛祖知道，沒有遍知智慧的人是無法全面闡述其詳細情況的。

在造下各種業後並體受各種不同的果報時，心識會不會死去呢？因為心識是無形的，所以不會死去，但心識是會發生變化的。

要知道，最終體證正覺佛果，就是心識得到了昇華，或者是心中除滅了迷妄和障垢，並且功德圓滿。總的來說，輪迴是無始無終的，但是從有情個人的角度而言，迷妄是有邊際的。從上面的正覺佛到下面的小蟻蟲，所有聖尊和眾有情的心中都具有如來佛種，如來藏就像菜籽當中的油分那樣遍及所有有情。

這樣分析和研究之後，我們最終還是要回到佛祖開示的真諦——空性離戲不可思議的本原之中。我們若能堅定地信仰真諦金剛聖言，那麼絕對無誤的真理將會帶給我們不變的信心；我們若能堅信法性不可思議的本性，那麼離戲內在的光明將會在心中展現出來，並且可以在今生今世入登無滅永恆的聖果妙地。

十善與十惡

有關因果法義，佛祖釋迦牟尼在經中作了如下釋說：「造下何等之業因，得來類同異熟果，縱歷百千萬之劫，業亦不會消失無。」又說道：「善業能夠得快樂，惡業會生諸痛苦，如此善業與惡業，所生諸果悉明瞭。」所以，斷除殺生就會長壽無病；斷除偷盜就會富足發財；斷除邪淫就會得到美麗賢妻，家庭和睦；斷除妄語就會得到別人的讚譽，並且美名遠揚；斷除離間語就會得到別人的喜歡，並和周圍的人和睦團結；斷除惡語就會經常聽到善言妙語，從而得到快樂；斷除綺語就會令人相信你說的話，成爲一言九鼎之人；斷除貪慾就會萬事如意；斷除瞋怒就會深得人心，並給人友好安詳之感；斷除邪見就會生生世世具足正見。

以上十善是把有情帶入快樂善道的寶馬良車，與此相反地，如果大行惡業的話，根據力度的不同，會令其墮入地獄、餓鬼或畜生三惡道的某道輪迴之中。

體受業果中的等流果是：殺生就會短命，偷盜就會窮困，邪淫就會敵眾，妄語就會受到別人的誹謗，說離間語就會敵多友少，說惡語就會經常聽到不堪入耳的話，說綺語就會說話無人相信，有貪慾就會事與願違，有瞋怒就會常有恐懼，持邪見就會愚昧無知。

體受業果中的士用果是：前生和後世有行爲相同的現象，比如前世殺生的人，今世也喜歡殺生。

體受業果中的增上果是：業果出現在與造業者有關的其他事情上，比如殺生的人看病吃藥效果不大；偷盜的人不能發財致富；邪淫的人所到之處都不乾淨；打妄語的人身上有臭味；說離間語的人投生於高山峽谷之中；說惡語的人落入沙漠和荊棘叢中；說綺語的人遭遇四季變化不正常的現象；有貪慾的人付出多、得到少，還會好事變成壞事；有瞋怒的人會遇到食物中毒；持邪見的人會遇到耕作無收成。以上增上果有的會出現在今生今世，有的會出現在來生來世。

從上面我們可以看出：惡業就像毒物一樣能夠毒害所有的有情，造惡業的人就像明知是毒藥還要去吃。因此，所有渴望得到快樂的人都應斷滅惡業，力行積累福德的十善業，從而依次登入下士、中士和上士三次第解脫妙道，直至最終登上寂滅涅槃的恆久快樂解脫果位，做到和傳說中的有界仙女一樣。

因果不滅的故事

從前印度有一個地方，國王明耀的弟弟力友生下了一名聰明善良的女兒——有界仙女。

有界仙女長大後，嫁給另一個王國中的瑞受大臣的第七個兒子，成了瑞受大臣的賢德之媳。

有一天，當地國王的皇宮上空飛來一隻鳥，從牠口中掉落了從海島上銜來的稻穗，國王下旨要所有的大臣把穀子播種在地裡，有界仙女也加入了播種的行列。結果，大臣們所種的都沒有收成，唯獨有界仙女所種的稻穀得到了大豐收，患病的皇后吃了豐收的穀子後，病竟完全好了。

有一次，一位懷有敵意的鄰國國王派人送來兩匹一模一樣的母馬，要當地的人辨認哪一匹是母馬，哪一匹是馬駒。當所有臣民都無法做出正確選擇時，只有有界仙女想出了辦法。她把兩匹馬分別拴在兩個地方，給一匹馬餵了草料，而沒有餵另一匹。這時，有界仙女發現母馬會用嘴把草料送到馬駒的嘴邊，讓馬駒也能吃到草料。

另外，有界仙女還把兩條粗細和花色都一樣的蛇分別放在兩塊細布上，根據公蛇盡力爬出布面與母蛇睡在一起的行為，辨認出了公蛇和母蛇。她還把粗細和形狀都一樣的圓木放在水裡，根據頂部上浮和根部下沉的現象，辨認出了圓木的根和頂。結果，兩個彼此懷有敵意的國王成了好朋友，有界仙女的聰明才智也得到國王的肯定和讚賞。

此後不久，有界仙女有了身孕，九個月以後她生下了三十二顆蛋，這些蛋成熟後破殼而出了三十二個俊美可愛的小男孩。當這三十二個小男孩長大成人後，個個都是力大無比的勇士。有一天，佛祖釋迦牟尼來到有界仙女家中，當三十二個兒子聽了佛祖傳法以後，除了最小的兒子以外，其餘三十一個兒子都體證了初果（預流果）。

沒有體證初果的小兒子，有一天騎著大象到另外一個地方去，在一座橋上遇到了另一位大臣的兒子，正坐在馬車上迎面而來。當他們在橋上相遇時，互相都不願意讓對方先走，這時有界仙女的小兒子動了怒氣，伸手把大臣的兒子和馬車一起從橋面推到了河裡。大臣的兒子從河裡爬了出來，垂頭喪氣地回到家中，向父親哭訴自己的遭遇。父親聽到兒子受欺的消息非常生氣，爲了報復，他想出了一個計策。他做了三十二根鑲嵌了寶石的手杖，每根手杖中都藏有一把利劍，然後把三十二根手杖送給了有界仙女的三十二個兒子。

有一次，當那位懷恨在心的大臣在國王身邊時，看到有界仙女的兒子們正拿著自己送的手杖在玩耍，立即報告國王，說有界仙女的兒子們想謀害國王，如果國王不信，可以把他們的手杖打開來看看。當國王打開手杖時，發現了裡面所藏的利劍，於是下令砍下三十二個兒子的頭，把頭全部裝入箱子中，送到有界仙女家中。

當箱子送到有界仙女家中時，有界仙女正在家中供養佛祖和隨行眷眾，得知國王送箱子來，還以爲國王送來的是要供養佛陀的供品。她正要打開箱子時，佛祖擋住了她的手。佛祖要求有界仙女先供齋飯，然後再打開箱子。

佛祖用過齋飯後，宣說了微妙法寶，有界仙女當場證得了不還果。得到不還果的有界仙女在佛祖面前許下了四個承諾：一、所有佛祖身邊患病比丘的全部衣食資具由她供養；二、所有偶然到佛祖身邊求法比丘的衣食資具由她供養；三、所有服侍患病比丘者的衣食資具由她供養；四、所有前去他方比丘的路費由她供養。佛祖釋迦牟尼聽後說道：「善哉！善哉！

你所做的四個承諾功德廣大，堪與供養如來佛相比。」

待佛祖離開家裡以後，有界仙女打開了國王送來的箱子。當她看見裡面裝著自己三十二個兒子的頭時，並沒有因此痛苦或不高興，因爲得證了不還果的有界仙女，已經斷離了貪瞋等煩惱。但是有界仙女的親人們對此卻非常生氣，他們招兵買馬組織力量，準備與國王決一死戰。國王聽到這個消息害怕了，於是來到佛祖身邊避難，但對方的兵力已把祇陀林包圍得水泄不通。當時，阿難請求佛祖把發生這一切的業因宣說出來，佛祖說：「從前這三十二個兒子是非常要好的朋友，他們一起偷了一頭牛，把牛牽到一個孤獨老太婆的家中，在那裡宰殺後平均分配牛肉，老太婆因爲得到其中的一份而心生喜悅。那頭牛知道自己將被宰殺時，在心中詛咒在場的人說：『今天宰殺我的業果將來報應在你們身上時，願你們一定被殺死。』當時的牛就是今天的明耀國王，當時的三十二個偷牛賊就是今天的三十二個兒子，當時的孤獨老太婆就是今天的有界仙女。他們所造之業的異熟果，令三十二個偷牛賊被殺了五百次，令因宰牛而心喜的老太婆做了他們的母親五百次而受盡痛苦。」

佛祖繼續宣說道：「她和他們生爲高貴種姓，具足權力受用，並且能與佛陀見面，都是因爲從前飲光佛降臨世間時，一位具有虔誠信仰的老太婆買來妙香和油燈，來到路口的佛塔前供養。當時，三十二個人正路過佛塔，看見老太婆塗妙香和供油燈有困難，於是走過去幫助她做了供養佛塔的善業。那三十二個人還和老太婆一起在佛塔前發願：『由此功德願我們來生結爲母子，生在高貴種姓和具足受用的家庭，能夠得見佛陀並聽到微妙法音，並且永不分離。』因爲當初這個發願，以致今天全都變成了活生生的現實。」

聽到佛祖這麼一宣說，包圍的眾兵頓時消了怒氣，個個臉上都現出了和善的笑容。在知道今天所發生的一切都是前世的業果以後，國王和眾兵也成了好朋友。

從以上的故事我們可以看出：在佛、法、僧等殊勝福田中積德等善業，或者殺生、看見殺生而心生隨喜等惡業，都會有不可避免的業果要去體受。另外，在臨死之際發願，會具有很大的威力，因此要充分把握這個機會。

以上是因果不滅的簡要說明，希望有緣信眾能夠從中明白因果法義。

3
無常的人生

看透無常，脫離生死輪迴

外在世界有成、住、壞、空的過程。和外在世界一樣，內情眾生也有出生和死亡的過程。在性空法界動起無明業風後形成的有情眾生，具有最初形成、中間短住、最後死亡的明顯規律，這個規律便是有爲無常的現象。世間萬法有聚就會有散，有爲不離生滅，有生必有死。當死亡到來時，外四大會收入到內四大之中，內四大又融入光明之中，而光明將會展現爲離戲空性。

相信業生世界和生死輪迴的觀點之後，我們不能不承認有一個往生世界的存在。試想，如果我們拋棄這個五蘊聚合之身，立刻進入到往生世界，可是卻不知道自己的業力會使我們往生到哪裡，這無疑將使我們感到莫大的恐懼和悲痛。從無始輪迴以來，我們投生到六道有情世界的次數無窮無盡，其間所受用的五蘊聚合之身也不計其數。如果我們把所有投生過的軀體的骨頭都堆積起來，一定會有須彌山那樣高大；若再把淚水都匯合起來的話，也一定可以匯成一個大海。

在無量無數的生死輪迴中，眾生彼此之間曾經建立過的父母子女和敵友遠親關係，無論如何都不可能統計出準確的數目。看一看我們的這個心，是多麼的無知和愚鈍，一直在業力的主宰之下，成了業力的奴隸，並隨業力墮入六道輪迴之中，受盡各種痛苦。我們的這個心自從受到業力控制以後，就像裝進瓶子裡的蜜蜂，不僅無法從輪迴的瓶子中逃脫，相反地，還要視輪迴痛苦爲快樂，難道還有比這個更可悲、更可憐的嗎？

當我談論這個問題時，少數年輕氣盛、富足高貴的人也許會罵我癡人說夢，在他們眼裡，這個輪迴世界非常美好，說它是痛苦的海洋，就等於瘋子在說廢話。不過，我仍要奉勸他們仔細想一想：你當初投生到這個世界時，在娘胎裡會有被髒東西包覆的不適感；然後你受業風的推動，頭腳顚倒之後，受盡擠壓之苦被生了下來；你來到這個世上的第一個感受，就像掉進荊棘叢中一樣刺痛難受；接下來，你還要受盡冷暖無常、行動無力、大小便不能自理、不能保護自己、不能和周圍的人交流溝通等眾多痛苦。

談到這裡，你可以用一句「我不記得了」的話來迴避出生和出生後兩年內所受的苦，當然，人們也以同樣的話來迴避前生前世。但是，只要回憶一下從會說話、會走路到現在的人生經歷，你便不得不承認自己曾經受過被他人支配的苦、學習不能如願的苦、與同伴競爭的苦、打架鬥嘴和忿怒的苦、擔心青春不能永駐的苦、貧窮且衣食不足的苦、遭遇冷暖無常的苦……，其中還有諸事不如意、遭遇困境等人們常見卻習以爲常的各種痛苦。在日常生活中，我們認爲快樂幸福的事情中，也隱含著壞苦和行苦。

我們人很可憐，經常把相對於大痛苦的小苦小難視爲沒有痛苦的快樂，這就像沒有吃過糖的人無法體會甜的滋味一樣。除了大小痛苦之外，沒有體驗過離苦大樂的輪迴中人，不會知道什麼才是眞正的快樂。當我們視輪迴痛苦爲快樂之後，便對輪迴世界產生很深的迷戀，這和蛆蟲視糞坑爲美麗家園沒什麼兩樣。

那些目空一切的年輕人，現在雖然風華正茂、朝氣蓬勃，但隨著時間的推移，他們很快就會失去青春活力，臉上將會出現一道道皺紋，頭上將會長出一根根白髮，四肢將會逐漸乏力。當自己變成模樣難看、沒有氣力的老年人時，他們會產生痛苦和失落感，現在所有的快樂夥伴和親人朋友，到那時將會對他們越來越疏遠。五根器官的老化失靈，將造成眼睛看不清東西、耳朵聽不清聲音等障礙。潔白堅固的牙齒脫落下來之後，將無法細細品嚐食物的美味可口，也不能充分吸收食物中的營養。人老的時候，思維也會癡呆愚鈍，說話和做事基本上與不明事理的兒童沒有什麼太大差異。那時，人們看不慣你癡呆的樣子而與你保持距離，無形中逼你遠離社會和人群。

人們把住在痛苦輪迴中的人生，看成是美好人生，還經常祈禱自己能夠長命百歲。但是，如果沒有成就脫離生老痛苦的不滅金剛身，長命百歲的人生又有多大的意義呢？在痛苦、無知和被動中多住一段時間之後，最終還是要進入痛苦的輪迴中。

人們飽受出生成長的痛苦和年老多病的痛苦以後，還要面對死亡的更大痛苦。死亡怨敵早就和我們開戰了，它正在一分一秒地消滅我們的生命，我們活在世上的時間正在不斷地減少。想想這一切，我們還能無憂無慮的等待下去嗎？

從前體悟輪迴如夢幻魔術般的聖人，用佛法破除迷妄和執著，把生、老、病、死等痛苦化為進入解脫勝道的動力，把一切苦樂都改變成增加功德的祕訣。這些聖人們經常說：「我病無人過問，我死無人哭泣，若能死於山野，瑜伽心願足矣！」他們還說：「眾人所謂死亡之時，正是瑜伽士成就之時。」這就是內生微妙大樂、外變苦樂爲友的大聖人！

在我們現在居住的這個地球範圍內，人類是所有動物當中最高等的。我們可以用智慧降伏老虎、獅子等兇猛的肉食野獸；在沒有翅膀的情況下，我們能夠製造飛機飛上藍天，我們還能潛入水底……，我們具有很多值得驕傲的特長和優點。但是到目前爲止，我們還沒有免除死亡的辦法。在無法避開死亡的情況下，我們也沒有死後不入惡道、往生不受痛苦和獲得永恆解脫的辦法。雖然有少數人知道死後不受痛苦和得到解脫的方法，但卻無意或無暇朝這方面努力，這是多麼的愚蠢啊！

如果我們有來生絕對不存在的十足把握，是最好不過的事情。但是，我們僅僅以「沒有見過」爲由而否定來生的存在，是很荒謬的。在沒有任何令人信服的推理說明和科學證實的情況下，除了相信佛陀的了義眞言外，我們再也找不到其他任何好辦法。所以，我們不得不更加充分信任佛祖是傳達無僞眞諦的無上聖尊。

死亡一天天接近

要放棄今天備加珍愛的這個身體，當然要承受無比巨大的痛苦；僅僅只是身患疾病或身受輕傷，都會有令人無法忍受的痛苦。可是就在此時此刻，死神閻羅王已經用死亡繩索拴住了我們，我們正在逐步向死亡靠近，年月時分在不斷地減少，可以肯定的是，我們的死亡之日不久就要到來了！面對這一切，我們還能無憂無慮地消磨短暫的人生嗎？從出生的那一天開始，我們已經在向死亡靠近。如果一個人能夠活一百歲，那他出生的第二天便成了不能活一百歲的人。

一個人一天的呼吸次數爲二萬一千六百次，做一次呼吸，就少了一次呼吸時間的壽命。我們的活命時間就像高速急流的瀑布，正片刻不停地向死亡峽谷奔去；我們的壽命又像日薄西山，死亡的黑暗正一步一步地向我們逼近。如果我們當中的一人現在是三十歲，而他能夠活到八十歲的話，那麼他還可以在世間住上五十年。他也許會認爲五十年是段漫長的時間，但是五十年當中有一半是夜晚，晚上睡覺時間就等於在半個死亡之中度過了五十年的一半，剩下來的二十五年，白天的日子還要排除吃飯、穿衣和工作等時間，這樣算下來還有多少空閒時間呢？我們的生命歷程就這樣在不知不覺中走到了盡頭。現在，人們一般都要求週休二日，也就是用工作五天和放鬆兩天來度過春、夏、秋、冬，不過對我們而言，再長的壽命都顯得非常短暫。

今天，我們都備加愛護自己的這個身體，以美味佳餚來餵養它，買好衣服給它穿，用華麗的首飾裝扮它，想方設法地服侍它，還要講究衛生和注重行住坐臥等等。爲了身體健康和保住生命，人們發揮了全部智慧，使出了所有精力，甚至有些人爲了保養自己的身體，任意奪取其他有情的生命。這些人把殺生看得無足輕重，但是如果他們自己受到一丁點傷害的話，卻無法忍受；甚至別人說了幾句不順耳的話，或者因一個不友善的眼色，也會令他們生氣。還有少數人為了發洩私憤，竟把無辜的人打入死牢。這些無惡不作的人，雖然自己無法忍受一點點小疼痛，但是對待別人卻沒有絲毫的慈悲心。那些自私自利的人，當死神突然降臨到他們頭上時，他們再也不能用手中的權力、底下的人馬、擁有的財富和以前的勇氣膽量來與死神拚搏，他們只能躺在床上，慢慢地體受死去的痛苦，悲傷的眼淚將會掛滿他們的臉頰，這一切將是無比痛苦的經歷。

如果我們的壽命有一個定數，也不能不說是一件好事；可是壽命卻是無有定數的，這使我們不知道自己是明天死、後天死、現在死、還是今晚就死去？而且，我們也不知道自己將因何緣故而死？面對這麼多未知的事情，我們應該怎麼辦才好呢？也許有人會這麼想：「我死了不算什麼，比我優秀的人一樣都得死，死是不可避免的自然規律。」即便如此，可是自己死亡之後，所珍愛的父母兄妹、妻子兒女將會因自己而陷入痛苦的深淵，我們又怎麼忍心呢？如果是我們的親人先死，當他們在中陰路上遭遇恐怖和痛苦時，我們卻無法保佑、陪伴他們，更無法給他們指明正道，這和在母畜面前殺死仔畜時，母畜除了悲痛之外卻毫無辦法，沒有任何兩樣。

我們這個身體是四大的聚合體，如果出現小小的四大不協調，可怕的疾病就會在我們身上發作，在未死之前，我們就能真實體受到疼痛難忍的地獄之苦。另一方面，為了保持身體的健康，我們想盡一切辦法餵養自己美味的佳餚，但是無法意料的是，當美食變成毒物後，竟然成了毀滅這個身體的殺手。我們這個身體的殺手還有水、火、猛獸、敵人、強盜等等很多很多，可是讓我們的身體健康生存的有利因素卻很少。要知道，有些人還沒有出世就死在母胎之中，有些人還沒有嚐到人生百味就死在幼年時期，有些人在年輕氣盛時無奈地死去，有些人則在年老珠黃、忍受無聊和受盡老苦後死去。

總而言之，大則生死流轉、小則剎那即滅的無常，就像吞食三界的惡魔，沒有一個有爲法能夠逃脫無常大敵的吞食。因此，我們這些渺小而僅靠微弱呼吸來維持生命的人，有可能突然死在飯還沒有吃完、衣服還沒有穿好、工作還沒有做完的那一刻，到時候，我們就像從酥油中抽出一根毛那樣什麼也帶不上，只有在親朋好友的悲傷中，獨自無奈地步入往生世界。

當我們平常備加珍愛的身體變成可怕的屍體後，人人都會避而遠之，就連自己的親友和子女也會將它遠遠地拋棄。他們也許把你的屍體埋在洞穴裡，也許火燒化爲灰燼，無論怎麼做，他們會在你死後的當下立刻把你從活人圈中除掉。當我們進入死人圈以後，活著的親友不管是給我們煙供或是燒紙錢，都無法肯定能給中陰世界的我們帶來什麼保佑和救助。

生活在地球上的人類當中，有些人相信人死之後還會往生，有少數人則根本不相信，有些人還會懷疑往生是否存在，更有些人則根本沒有考慮和研究過往生的問題，他們就像幼稚的孩子一樣盡量避免談及死亡和往生。以上四種人之中，相信往生的那些人，有的不是聽信別人所說，而是經過自己的認眞思考和仔細研究，並且根據正確的教說和論證來認定往生眞實存在，他們把一切疑慮都消滅在內心深處。部分人對聖尊賢師們的往生存在論深信不疑，並將這種說法廣泛傳揚，直至代代傳承不滅。

不相信往生眞實存在的人們，雖然很難具有確實可信的理論依據和正確說法，但是他們之中大多數人認爲：以世界四大宗教爲主的多數教派，都有各自的一套往生存在論。他們認爲其中必有一個是對的，而其他都是錯誤的，這樣反而使他們不知道該相信誰，因而也就不相信任何往生存在論。另外，他們之中絕大多數人一致認爲：宗教是不同時代的少數人爲了達到自己的目的，經由說教來愚弄人們，進而創立各種宗教經典，而這些經典都是憑空捏造、無中生有的。還有部分人除了耳聞目睹的事情之外，一概不承認任何其他事情存在的可能性，當然也就不承認生死輪迴和因果報應。這些人只認眼前利益，而不管後果如何，經常表現出自私自利、爲所欲爲的處世態度。不過，這些人的立場並不堅定，當他們看見世界上無往生論者多的時候，就會跟著吶喊助威；而當看見世界上有往生存在論者多的時候，他們又會懷疑無往生理論的可信度。

懷疑往生是否存在的人很多，他們一直處在猶豫不決的十字路口，不知道該何去何從。這裡，最糟糕的就是不敢面對死亡和因果的人。他們不僅不敢想往生往世，就連「死亡」二字和有關死的問題都不敢說出來。這些患有死亡恐懼症的人們，就好比要過險關懸崖，明知道懸崖很陡峭，但路就在懸崖當中，非走這條路不可，於是他們就閉上眼睛想像道路是多麼的平坦和寬廣。像這樣膽小如鼠、心胸狹窄的人，一旦遇到小小的挫折和痛苦，就會借酒澆愁來痲木自己，或是萎靡不振、難以自拔。這些愚昧幼稚的人，除了自我欺騙之外，大多數都無有作爲。

探討科學的真諦

談到世界觀，現在議論最多的是唯物論與唯心論的區別，以及到底哪一種說法才符合科學的世界觀。

對於這個問題，我們首先要明白其中幾個名詞的正確涵義。在解釋教言和名詞時，往往會由於個人的看法和想法的分歧而出現不同的釋說。在我看來，不論是唯物論還是唯心論，只要是有根有據的正確說法，就應該認定爲科學的世界觀。在說科學時，我們不應該僅僅侷限在物理、化學、天文、地理等狹小的範圍內來認識科學，還應該把研究所有萬法中得出的正確無誤的究竟結論，以及萬物的本質眞理都納入科學理論之中，唯有這樣，才能建立完整的科學理論體系。用一句簡單的話來說，就是我們常說的「科學」，應該是正確無誤的眞理。從這個意義上看今日的科學進步，在這個世界上恐怕很難找到一位在科學造詣方面登峰造極的人。

我們凡人的眼睛無法看見的原子等物質，當今的科學家們不僅發現了它們的存在，而且還利用其巨大的能量創造出一個又一個的科學奇蹟。我們應該明白，當今的科學家們還沒有發現的許多自然界奧祕，將來隨著科學技術的進步，必會逐步揭開其神祕的面紗，到時候，我們世人今天連想都沒有想過的許多科學奇蹟，都將展現在這個世界上，也許連外星人看了都會瞠目結舌。今後，我們人類將會一次又一次地探索出只有外星人才知道的宇宙奧祕，我們還會發現許多肉眼看不見的物質。如果依現今唯物論大師們的說法，把一切看不見的東西都判定爲唯心論，那麼一百年前世界上還沒有飛機時，有人要是談論飛機的話，他也是唯心主義者嗎？如果是這樣的話，今天當飛機在人們眼前飛來飛去時，前面的唯心主義者豈不又變成了唯物主義者嗎？

今天的唯物論大師們，如果要把無形無聲的心識活動假說爲唯心主義，那麼他們可以否認禪定的威力、修心的成就、身體化爲虹光、體知生死前後等神祕奇蹟，但是，他們又如何否定當人們心情好時有說有笑，心情不好時傷感流淚等心理活動現象呢？

我們的身、口、意三門中，意就像國王，身和口就像奴隸，這個簡單的比喻人人都能明白領會。如果把所有看不見的無形之物都說成是無中生有和不符合科學理論，那麼針對無形物質的全盤否定，又如何能夠符合科學的世界觀呢？離萬物的本質相差十萬八千里的謬論，難道就符合科學的世界觀嗎？

一個沒有任何偏見的研究工作者，應該是既沒有受過佛教的恩惠，也沒有受過其他學說的影響，而能夠站在公正的立場，用正確的理論引導人們走向正道。這種人應該以公平正直的眼光看待一切萬法，以公平正直的思路分析和研究諸法。

自從人類進入原始社會以來，就把力量超過自己的大自然和日月星辰當作偉大的神來崇拜，於是具有濃厚迷信色彩的原始宗教就在世間傳揚開來。接下來，各個時代的封建統治集團爲了鞏固自己的地位，以及順應社會和大眾的需要，護持並參與創立了各種宗教學說，一時之間，眾多宗教遍及世界各地，大量五花八門的宗教理論道出了各自的世界觀和倫理學說。但是，當我們用科學的眼光看待各種宗教理論，並用論證的方式進行分析研究時，我們發現其中的很多理論漏洞百出，並不值得人們全心全意地信仰。相反地，如果把所有宗教都說成是統治集團的統治工具和假學說，也未免太過武斷，起碼這種說法不符合客觀事實。無論是什麼樣的宗教理論，如果對其進行仔細的分析和研究，必定能夠從中找到很多正確有用的說法，而且還能找到具有極高價值的各種人間正道和究竟理念。

選擇適合自己的宗教

面對世間眾多的宗教理論，人們自其中選擇一個正確無誤、值得永遠信賴，以及無比殊勝的教法，不僅是當務之急，而且也是關係到往生能否快樂的重要大事。我們在觀察和選擇自己所需要的宗教法寶時，要從現量、比量、深密比量三個方面來著手分析論證，從中判定哪一門宗教理論最具價值、最符合科學眞理，和最能夠令眾生離苦得樂。我們還要了解哪一門宗教的開山祖師是全知聖尊？哪一位祖師所宣說的道法正確無誤？哪一種道法能夠讓眾生證取離苦得樂的正果？除此之外，我們還要了解哪一位祖師傳的是正道？修其道法之後所證取的終極聖果，是僅僅進入善道，還是體證了恆久快樂的解脫正果？修哪一門教法會讓我們弊多利少，並且最終誤入邪道等等。

在觀察和研究以上問題的過程中，除了現前諸法外，如果還能夠全面徹底地分析不現前和最不現前的諸法，我認為才是登峰造極的科學進步。今天被譽為科學家的專家學者們，如果要把自己的研究推向最高峰的話，我認為不會超出以上不現前和最不現前的領域。當我們面臨重大抉擇時，如果不做調查研究，而是把世間統治集團領袖的講話，當作唯一正確的觀點，那麼當兩個領袖的講話出現很大分歧時，我們又該以哪一位領袖的講話為唯一正確的觀點呢？

由此可以看出，我們在辨認善與惡、正與邪的時候，一定要有一個科學的正確結論。我們要在正確的分析研究中找到正確的道路，即使我們沒有找到最殊勝、最符合科學眞理的道法，但只要我們找到一個在當今世界上被人們普遍信仰的宗教，我相信這類宗教的教法中一定不會缺少除惡揚善、因果報應等微妙成分，然後我們便可在其基礎上知道如何去尋找最終的正道。我們還應該明白，即使誤入邪道的失敗經驗，也可以令我們踏上正道，並且永不回頭，就像印度的馬鳴大師一樣。

萬物刹那即滅的毀滅大師是時間，只要時間一到，就連我們現在居住的地球也會毀滅消失。時間的主宰者是死神，在死神面前，就算可以活很多億年的天界眾生也無法逃脫其魔爪，更何況我們這些壽命無常的人類。每個人無論是高貴或低賤、富足或貧窮，都難逃一死，都會被死神吞食。對眾生而言，唯一最可怕的大敵就是死亡，一提到死亡，幾乎所有的有情眾生都會心寒膽戰。

當然，也有例外。我這一生就曾親眼見過兩種活在人世間、對死亡沒有絲毫畏懼、並從內心深處喜歡向死亡靠近的人。一種是染上癌症等無法救治的絕症以後，經常遭受劇烈疼痛的折磨或者身心受到很大摧殘的人，他們懼怕繼續活著，希望用死來了結一切。另一種人是起初因爲懼怕死亡而入修善法，在修煉深密心要祕訣後，自內心深處生出智慧光明，當體證無滅本體佛位並得到勝義恆久快樂時，他們便樂於迎接死亡的到來，就像天鵝飛入蓮花湖中一樣，能從牢獄般的人世間進入蓮池般的快樂淨土，這當然是最值得喜悅和無比快樂的事情。

除了這兩種人以外，其餘的人都非常懼怕死亡，甚至有些人在臨死時捶胸頓足，又哭又喊，淚流滿面。還有一些人雖然不喜歡死亡，但是由於畢生努力修持善法，所以臨死時無怨無悔、平靜安詳，這樣的人我也見過不少。

比如在西藏，有少數並非高僧大德的在家人，他們臨死時能夠做到身體端坐、嘴裡發出「呼」聲以後安詳地死去。更有部分在家修法的居士，成就了虹化光身，死去時只留下毛髮和指甲，身體的血肉骨頭等其餘部分，就像彩虹消失在天空中一樣無影無蹤。大多數西藏人在臨死時，能夠祈禱上師三寶，並且在雙手敬信合十中平靜地死去。少數西藏人在臨死之際，會把「極樂全境圖」和「銅色吉祥山圖」等淨土的唐卡掛在眼前，看著淨土圖，觀想淨土全景，然後在雙手合十的祈禱中安詳地死去。

當然，並非所有的西藏人臨死時都能安詳寧靜，有極少數生前宰殺過家畜和野生動物的殺生之人，在臨死之際，會出現被自己所殺動物追趕的幻覺，他們的心中充滿恐懼，嘴裡哭喊著說：「打死牠們！趕走牠們！快呀！快……」還有少數極度貪戀此生快樂和金銀財寶的人，臨死時因爲心中無法割捨對財物和親人的眷戀，顯得非常痛苦，他們臨終的眼睛緊緊盯住貪戀對象，死不瞑目。

顛倒迷妄的生命遊戲

能夠祈禱上師三寶和忠心敬信上師三寶的虔誠皈依者，當死亡來臨時，心裡並沒有任何痛苦。就像有人護送過險關一樣，他們早已有了迎接死亡的心理準備。西藏人常說：「可以皈信的對象是上師三寶，可以談心的對象是恩重父母。」皈依敬信上師三寶，就不會在今世和往生誤入邪道；與恩重如山的父母談心，就不容易被欺騙和利用。

少數人在死亡的過程中，能夠觀想佛國淨土、在禪定的境界中達到空性和智慧的和合、修煉往生祕訣心法、身體化爲微塵而消失、或者成就虹化光身等等，這是極爲殊勝的。這樣的人在面對死亡時，不僅沒有絲毫的恐懼，還會充滿喜悅，這對家人來說，不失爲一件沒有痛苦和悲傷的好事。快樂安詳和無比奇妙的死亡之法，還能給在場所有的人樹立好的典範，令所有與其結緣的人都得到好處。

那些畢生做盡壞事、罪業深重的人，臨死時如果沒有任何皈依祈禱的對象，將會悲慘地流著眼淚、雙手空空地步入死亡之道。對於這樣的人，就是一百位慈悲的如來佛同時把慈悲光芒映照在他身上，也無法改變他痛苦的命運。因爲罪業是他自己造的，便必須由他自己承受報應，而且他的心中沒有一絲一毫的敬信心，這樣一個充滿邪知愚見的人，死後除了投生於地獄鐵城之中，不會再有別的出路。

在日常生活中，我們看見有人生了孩子後非常高興，勞師動眾地大肆慶祝一番；每當送舊迎新時，人們也要興高采烈地舉行慶祝活動；而當有人死亡時，也要舉行悲傷的哀悼儀式。對於這一切，如果我們能夠仔細想一想，就會發現我們所做的這些都是迷妄顛倒。孩子生下來後不僅從此要向死亡靠近，而且從出生那一天開始就要體受人生的痛苦，有什麼值得高興和慶祝的呢？依此看，孩子剛生下來哭的時候，我們也該跟著大哭一場才是。

再看看我們的一生，壽命是那麼短暫又那麼無常，每當我們短暫的壽命減少一年時，我們應該痛苦惋惜才對，怎麼還要慶祝新年的到來呢？當一個人死去時，他是脫離了令一生痛苦不堪的污穢身體，如果死去的人死後還能夠往生到清淨極樂刹土，那麼死亡對這個人來說，正是快樂時光的開始。對於這樣的美好喜事，我們應該開開心心的幫亡者舉辦一個歡送活動才對，可是那些深陷於迷妄執著泥沼中的人們，還以爲死者是離開了幸福樂園，非得痛哭悲傷一陣不可，這眞是應和了常言所說「地獄眾生以爲地獄美」。輪迴眾生在今生今世的所作所爲，就是這樣一場迷妄和愚癡的生命遊戲。

當我們踏進死亡的門檻時，哭不能解決任何問題，也無法向任何人提出請求免除一死。有情到了壽終命絕時，就是藥師佛來了也不能延長其壽命。「既然眾生都難免一死，我死也無所謂」，如果有人抱持這樣的態度來面對死亡，是沒有任何益處的。如果對往生的因果業報持懷疑態度的話，那就更不利了，因爲這將成爲往生受苦的業因。

一個人在臨死時應該具備六隨念，即憶念師、佛、法、僧、持戒和佈施。佛祖曾經開示：「要作如下之憶念，諸法本性清淨故，要修無相無實心；具足菩提心之故，要修廣大慈悲心；自性無觀光明故，要修無有執著心；心能生出智慧因，莫向別處求佛性。」

除此之外，還要眞實修證佛經中宣說的十一想，即：不貪戀此生之想、發慈悲心於眾生之想、捨去所有仇恨之想、湔戒眾罪懺悔之想、接受清靜眾戒之想、減輕重大罪業之想、不畏往生世界之想、有爲諸法無常之想、所有萬法無我之想、涅槃寂靜之想等。還可以多多觀想極樂淨土全景，爲往生極樂淨土積累福慧二資糧，大發無上大乘菩提勝心，並且把全部善業迴向給進入清淨佛土之因。

4
未來的神聖事業

無論是什麼樣的罪業和煩惱把我們投進輪迴世界裡，當我們投胎獲得現在這個身體之後，暫時還無法把它改造成另一個更好的身體。但是我們始終需明白的是，身體就像水中倒影一樣不會恆久，像魔術師的魔術戲法一樣不眞實，像把陽焰當作河流一樣迷惑人。在知道身體虛幻不實的情況下，眾生依然因爲無法阻擋各自的業果再現而墮入輪迴塵世，對此，一方面看起來有點可笑，另一方面又覺得非常可悲。

看一看今生今世，我們身邊的父母兄妹和親朋好友，從前彼此並不認識，只是因爲一些在中陰世界裡遊蕩的心識，由於某種緣分而聚合，使得人們今世相聚一堂，就像四面八方的賓客偶然同住一家旅店，因此，我們爲什麼還要那麼認眞執著呢？想一想我們今世的親人中，也許有我們前世的仇敵，這難道不可歎可笑嗎？

我們眞心敬愛的父母，我們可親可信的兄弟姐妹，我們深深愛戀的美麗知己，如果他們已經離開人世，如今他們會在六道輪迴中的哪一道中受苦呢？他們的所見所聞和我們現在的所見所聞是否一樣呢？他們雖然要在業力的控制下往生於善趣或惡趣，但是他們在中陰世界裡的覺受，現在是否已經發生了變化呢？他們會不會在我們身邊的某一個地方投生爲蟲子或是其他什麼呢？如果他們確實投生爲我們身邊的爬蟲或蚊子等小生物，那麼即使我們看見了，彼此之間也無法認識和溝通；就算我們能夠認出已經投胎轉世的親人，也沒有能力把他們從蚊蟲的世界裡解救出來。想到這一切，除了傷心流淚外，我們還能做什麼呢？

「霍嶺大戰」的事蹟

西藏著名的英雄史詩《格薩爾王傳》中的〈霍嶺大戰〉，有這麼一段故事：格薩爾王前去北方降魔時，後方嶺國遭到了霍爾國的入侵。嶺國的嘉察夏嘎和丹瑪向查等三十位大將，雖然重重打擊了入侵的敵人，但是經過多年抗擊之後，終因寡不敵眾而敗下陣來，並且在戰鬥中犧牲了囊窮玉道等十三位勇士。眼看著國破家亡和格薩爾王的愛妃桑江珠姆被霍爾國的國王擄走，嘉察夏嘎單槍匹馬率先衝進了霍爾國軍營，殺死了霍爾國的八個王子，消滅了霍爾國的幾十萬精兵。當嘉察夏嘎抓住曾是同胞兄弟的霍爾國王子拉烏勒巴時，拉烏勒巴發誓說他始終忠於嶺國，而且如果他說的是眞話，他流出的將會是白色的血。但嘉察夏嘎沒有相信拉烏勒巴的話。當嘉察夏嘎用刀砍下他的頭時，發現拉烏勒巴頸部流出的確確實實是白色的血！嘉察夏嘎頓時悲痛欲絕，無限的悔恨從心底湧洩而出，難以自抑。

就在嶺國大將嘉察夏嘎悲痛欲絕的當下，天空中下起了太陽雨。仰望蒼天，一隻雄鷹正在天空中盤旋。此時此刻，嘉察夏嘎想起了弟弟格薩爾王，心中的悲痛更是難以自制。在萬念俱灰下，嘉察夏嘎決定戰死疆場。他脫下護身寶衣，摘下護身金剛結，脫掉鎧甲，把它們全都埋在地下，並祈禱這些遺物將來能夠落到兒子紥拉的手裡。然後，這位嶺國大將騎上霍爾國王子的孔雀駿馬，高舉寶劍衝入霍爾國軍營忘死拚殺，最後在追殺霍爾國的勇士辛巴·麥日吱時，死在這位曾是嶺國之子、一直效忠於嶺國的辛巴·麥日吱的矛下。史詩稱嘉察夏嘎的死是嶺國的圓月從此墜落到了地上。

在嶺國被霍爾國侵占後不久，格薩爾王從北方魔國勝利歸來。爲了打敗霍爾國國王古嘎，格薩爾王在衝破九十九道險關中大顯了神通威力和英雄氣概。有一天在途中，他發現了一隻鷂正在霍爾國的領地裡奮力追殺敵國眾鳥，其實這隻鷂就是嶺國大將嘉察夏嘎的投胎轉世。這隻鷂看見格薩爾王頭盔上的彩旗，高興地飛到格薩爾王的身邊，落在大王的神弓上。當時格薩爾王並沒有想到這隻鷂是嘉察夏嘎的化身，而把牠當作是霍爾國放來的鳥。正當格薩爾王把箭扣在弦上要射死這隻鳥時，大王的坐騎突然跳了一下，以致放出去的箭沒有射中目標。那隻鷂在一場虛驚中飛走，緊接著又飛回大王的頭頂上空盤旋。過了一會兒，那隻依依不捨的鷂向格薩爾王唱出了悲歌，大王這才知道那隻鷂原來是嘉察大將的轉世化身。生爲鷂的嘉察大將在悲歌中唱道：

弟弟格薩爾且聽，你去北方降魔時，霍爾王國來發兵，
入侵我等之嶺國，丹瑪大將殺敵勇，數砍霍國勇士頭。
嘉察我率眾將士，勇猛追殺霍爾敵，霍爾來兵四百萬，歸去只剩九萬人。
自有內奸投敵後，引來無數敵國兵，敵軍遍滿我嶺國，
長長茶莊悉遭毀，嶺國勇士遭屠殺，桑江珠姆被擄走。
嘉察無欲苟且活，寧願死後入地獄，砍死敵國九王子，

殺死霍爾無數敵，最後死於辛巴手。
靈魂如羽隨風遊，入於中陰受盡苦，發誓要飲敵王血，
由此生來惡業果，我心一直嚮往鷂，故而投胎生爲鷂。
從前所殺霍爾兵，悉皆投胎生爲鳥，爲解心恨我殺鳥，
清晨追鳥於山頂，下午追鳥於險谷，
倘若殺得一大鳥，視如殺一敵大將，
倘若殺得一小鳥，視如殺一敵國兵，至今妄見未滅除。
弟弟格薩爾且聽，你去北方降魔敵，何故長久無歸期？
……

嘉察大將還告訴格薩爾王：「今天早晨，我在霍爾國雅拉色沃山上的鷂窩裡時，心裡突然有了一種莫名的喜悅。我懷著興奮的心情去追殺由霍爾國士兵變成的鳥群時，看見了弟弟你的盔旗，於是就高興地飛到你的身邊，落在你的神弓上……」

格薩爾王聽完嘉察大將的話，心想：「哥哥嘉察雖然已經投生爲鷂，但是思維仍未發生絲毫變化。弟弟絨察瑪勒死後投生爲其他有情時，彼此相見還不一定能認識，就算我認識他，他也未必認識我。今天既然遇到了哥哥，我得把哥哥的靈魂送往清淨樂土……」

當格薩爾王把自己的想法唱給嘉察聽之後，嘉察告訴格薩爾王，他現在不急於登入樂

土，他要喝了霍爾國國王古嘎的血之後再作打算。後來，格薩爾王征服了霍爾國，他騎在國王古嘎的背上向嘉察發出信號，讓嘉察喝了古嘎的血後，便把嘉察送往清淨樂土。

輪迴永無止盡

上面的史詩告訴我們，現在在我們眼前活動的各種動物，都曾經是我們父母和親人的有情眾生。但是，我們卻把其中的部分有情當作敵人，有些人甚至爲了換取衣食資具而殺死無數無辜的有情眾生……，想到這一切，悲痛的淚水就難以自抑。無論怎麼想，這個輪迴世界就像惡魔造就的牢獄，上面的天、人和阿修羅雖說是三善趣，但還是在牢獄之中，只是相對來說痛苦少一點而已；而下面的地獄、餓鬼和畜生，卻是非常痛苦和悲慘的三惡趣。如果我們有辦法從這個大牢獄中逃脫，那麼現在不僅是應該逃離的時候，而且已經晚了許多。那些有智慧的人，如果只是把全部精力用在創造此生幸福的小事上面，便是把大事拋在腦後，而把小事當成了最具意義的偉業，這麼做，就像小孩子認眞地用沙子堆造城堡。

輪迴作業永無止盡，你什麼時候能放下，什麼時候便是輪迴作業的盡頭。人的一生總是汲汲於從事得到幸福生活的準備工作，我們起早貪黑，忙忙碌碌一輩子，最後連準備工作還沒有做完就壽終命絕了，到了那個時候，我們連再看一眼自己所作所爲的機會都不可能有了。

我們小時候，由於受父母的管教而沒有太多自由自在的時光；到了青年時期，爲了討好心愛的人和創造物質財富而勞心費力，也難以擁有快樂和幸福；到了年邁力衰時，又要受到子孫後代的約束，我們的自由和快樂更是有減無增。人類雖然是三善趣的其中之一，是這個世界上最高等的動物，但是我們都無法避免遭受以上三種痛苦。至於我們經常看到的畜生，和我們的肉眼看不到的地獄眾生等，它們所遭受的痛苦更是不堪忍受。因此如果有人能夠找到無須受很多痛苦，並且能得到恆久快樂的道法，那將是最殊勝的發明和最了不起的創造，是所有利益當中最殊勝的利益。這樣的發明創造不僅有利於人類，而且可以使所有眾生受益，使所有有情歡喜。

但是在現實生活中，眾生一個比一個弱小無力，就算眾生彼此之間具有很大的愛心，可是到頭來誰也救不了誰，就像斷臂母親的孩子掉進了河裡，或者像兩個人一起被水淹沒時，誰也救不了對方。如果在這個世界上，有誰能夠把我們從輪迴的苦海中解救出來，那麼我們應該毫不猶豫地去尋找他、皈依他，這才是唯一正確的選擇。

今天，有一些人只承認唯物論而否定唯心論。我認爲，所謂唯物論，就是指科學的觀點，既然是科學的觀點，就應該是正確無誤的觀點，如果只是把看得見、摸得著的東西說成是唯物的，而把看不見、摸不著的東西說成是唯心的，這種觀點無論如何也不能和科學發生任何聯繫。把凡夫俗子小小肉眼所看不見的東西，武斷地說成是不存在和不可能，怎麼能夠遮擋得住眞理的光芒和事實的天空呢？同樣地，以我們現在的能力和水準來判斷佛說眞言是否屬實，簡直就像伸手去摘滿天的星星，是根本做不到的。

如果說非物質的東西不能發揮其能力和作用，那麼誠如前面講過的，人們心情好的時候有說有笑，心情不好時悲傷流淚，又該如何解釋呢？研究微小物體時需要借助顯微鏡，同樣地，我們要研究潛在的不現前的事物時，也必須有能夠深入潛在事物當中的正確無誤的智慧。

生活在地球上的人類，在最初原始社會時，並不知道這個世界到底有多大，形狀有哪些特點。當時，人們只知道地是平的，天高高地蓋在上面像一口倒扣的鍋，人類就在自己的周圍活動著。除此之外，人們還看見了美麗的自然風光、聽說了精彩的山外世界，至於其他則一無所知。那時，人們認為這個巨大的自然界是比自己更偉大、更非凡的神所創造的，從而出現了很多假設臆造的萬能神和造物主。另外，人們還認為天災人禍也是由比自己更強大的神在發怒降罪，人們猜想這些容易發怒的神就在大山、海洋、天空、日月等看起來巨大神祕的物體當中，這樣，人間又出現了很多山神、海神等神鬼。當人們把最大的神當作眾神之主來崇拜和皈依之後，根據皈依對象和皈依方式的不同，這個世界上就出現了各式各樣的宗教。宗教在人間立足和不斷完善的過程中，出現了以常見和斷見為主的各種世界觀和宗教理論，其中部分觀點和論說至今仍然宣說未滅。

宗教有許多教派，其中有主張利益他人的宗教，也有主張傷害他人的宗教。我們無須維護哪一派或排斥哪一派，我們要做的僅僅是選擇最正確的眞理妙教，把此生和往生都能受益得樂的殊勝教法找出來，然後用公正無偏的心和遠離迷信的智慧仔細研究，最終擇取正確的皈依對象。

在分析研究各種宗教的過程中，我們將會發現部分宗教的創始人自己還未脫離輪迴凡網，他和充滿業力的世間有情沒有兩樣。部分宗教的創始人雖然獲得了少量的共同成就，但是依然沒有完全從煩惱的束縛中解脫。部分宗教的創始人完全是無中生有，除了一個臆造的祖師和隨之而來的胡說之外，我們找不出任何眞憑實據。部分宗教則是創始人爲了達到某種不可告人的目的而炮製出來的，這樣的宗教帶有很濃的欺騙色彩，是愚弄人的宗教。如此眾多的宗教，表面上看起來場面莊嚴，各自宣說自己的教理時都是長篇大論，但是仔細研究之後，你將發現其中有不少理論不符合眞理、前後矛盾、言不符實、漏洞百出，依其理論反而會生出許多煩惱，甚至毀滅身心。

真正的快樂

在篩除了那些教理不正確的宗教以後，我們要像提煉金子一樣，仔細研究剩下的宗教，從中找出正確無誤的教法。具足改造和拯救兩大功德、正確而沒有任何欺騙愚弄成分的佛說教法，是佛祖釋迦牟尼留給我們的眞理妙語。任何渴望在此生和來生獲得快樂的人，都應該皈依眞理導師——釋迦牟尼佛，奉修佛祖宣說的清淨正教——四諦勝法。當我們認識並深信佛說教法是取得無量福德的源泉，以及修持佛說善法是唯一正確的選擇時，人類未來的神聖事業便有了著落。我們能夠擁有以上正確選擇的機會是非常難得的，我們若能誠心祈禱自己選擇的佛說正教，它就會像如意寶珠一樣給我們帶來祥瑞和快樂，所以我們要百般珍惜和愛護，不讓虔誠被污穢邪法玷污。

所有有生命的動物都爲了得到快樂而忙忙碌碌，各種動物的活動雖有千種萬樣，但是眾生追求幸福快樂的目的卻是一致的。少數目光短淺的人，正在爲爭取今天、明天和今年、明年的短暫幸福而奮鬥；具有長遠打算的人，正在爲創造一生的幸福而努力工作；只有具有智慧的人，才能夠著眼於創造此生和往生的幸福，他們不會把全部精力都放在營造短暫幸福上面，而是立志修取恆久快樂。其中擁有大智慧的人還能不顧自己的苦樂境遇，爲了利益他人、普度眾生而盡心盡力。

所謂的快樂，可以分爲身、心兩個方面。所有的有漏快樂都不能脫離行苦的範圍，我們輪迴有情把相對於大痛苦的小苦小難當作快樂，但這種快樂並不是沒有絲毫痛苦的快樂。在得到快樂的過程中，外在身體方面的快樂可以由物質條件來創造，但是要得到內在心靈的快樂，除了殊勝善法之外，不可能找到其他的辦法。要想得到身體和心靈兩方面的暫時與恆久的殊勝微妙快樂，就必須修學佛說善法中能夠得到微妙大樂的方法——禪定。

此生和往生在身、心兩方面的微妙大樂，只有在殊勝善法中求取，除此之外別無他法。殊勝善法是由佛祖釋迦牟尼所宣說，「佛」是釋迦牟尼通過修習正道善法所證得的妙果。

佛陀宣說妙法、利益眾生的故事

為了讓欲登解脫恆樂佛土的入門者知道皈依對象，了解你我將要修證的離苦解脫佛果的殊勝功德，我在這裡講述一個佛陀的利生偉業故事。

從前，佛祖釋迦牟尼在印度王舍城祇竹園中時，外道教主阿耆多次翅舍欽婆羅、迦羅鳩馱迦旃延、尼犍陀若提子、刪闍夜毗羅胝子、末迦梨拘賒梨子和富蘭那迦葉六人商議說：「以前人們都尊敬和供養我們，現在他們都成了沙門喬達摩的忠實信徒。為了挽回尊嚴，我們要和喬達摩比試神通威力，讓他敗在我們手下。」於是，外道六師多次啓奏頻婆娑羅王，請求國王允許他們和釋迦牟尼佛比試神通。

頻婆娑羅王告訴他們，釋迦牟尼佛是全知全見、神通無礙的勝尊，六位大師與釋尊比試神通，將猶如螢火蟲要和太陽比誰最亮、狐狸要和獅子比誰最兇猛，比試的結果必定是六位大師慘敗，到頭來六位大師會更丟面子、更沒有尊嚴。但是，外道六師仍然執迷不悟地一再啓奏國王，請求國王允許他們比試神通。

六天後，佛祖釋迦牟尼在一個吉祥的日子前往異地傳法，施行利生事業。這時，外道六師在有很多國王和幾十萬民眾集會的地方，以無比傲慢的態度高聲宣揚：「喬達摩不敢和我們比試神通，現在逃跑在外，我們請求在場的國王，無論如何都要允許我們與喬達摩比試一下。」

於是，頻婆娑羅王向釋迦牟尼佛提出了與外道六師比試神通的祈求。佛祖接受了國王的祈求，並告訴國王他會擇時比試。到了孟春時候的第一天，明耀王爲佛祖舉行了盛大的薈供。首先，明耀王把洗牙木供奉給佛祖，佛祖用完之後把洗牙木插在了地上。就在佛祖的手離開洗牙木那一剎那，洗牙木變成了一棵枝繁葉茂的大樹，高度和寬度均有八百由旬，樹枝和樹葉皆由七寶構成，大樹的上下周圍都掛滿了鮮花和香果，花果的甘甜美味和芳香使人們得到了極大的快樂和滿足。當微風吹動大樹的枝條和花葉時，從中傳出了美妙動聽的法音。就在人們對此神通產生清淨信心的當下，釋迦牟尼佛宣說了微妙善法。聽了佛祖說法以後，當場出現了很多得證勝果和生入天界的人。

第二天，烏迪亞那王爲佛祖舉行了盛大的薈供。在供養現場，釋迦牟尼佛金身的左右兩邊突然出現了兩座寶山，兩座寶山上又都長出了高大的寶樹，樹上掛滿了花朵和香果，樹葉和樹下的草葉柔嫩香甜，這一切令在場的人和畜生都飽足和快樂。就在這個神通讓眾有情心生喜樂的當下，釋迦牟尼佛宣說了微妙善法，由此出現了很多發菩提勝心和生入善道天界的人。

第三天，辛支達那王爲佛祖舉行了盛大的薈供。當佛陀的洗足水傾倒在地上時，地上頓時出現了七寶水池。水池寬兩百由旬，裡面鋪滿了七寶石子，水液具備八功德，水面上漂浮著如車輪般大小各異、五顏六色的寶蓮，水池中飄來令人歡心悅意的香味，放射出耀眼奪目的光芒。就在這個神通讓人們興奮快樂的當下，釋迦牟尼佛爲在場的有情宣說了善法，由此出現了很多體證正果、生入天界和積累無量福德的人。

第四天，恩紮巴麻王爲佛祖舉行了盛大的薈供。當佛祖釋迦牟尼到達供養現場時，國中寶池裡的水突然倒流至池邊的八大水渠中，池水圍繞寶池流過之後，又流回原來的池子裡。當池水異常流動時，水聲中傳出了殊勝動聽的法音，體知法音本義的人和前述一樣都當場證得了微妙正果。

第五天，賜淨王爲佛祖舉行了盛大的薈供。當釋迦牟尼佛到達供養現場時，從佛祖口中放射出無數道金光，頓時照亮了所有三千大千世界，所有被金光照到的有情都脫離了煩惱，身心之中頓時生出了無限的快樂。此時此刻，釋迦牟尼佛宣說微妙善法之後，體證殊勝正果的人和前面一樣多不勝數。

第六天，裡紮族人集體爲佛祖舉行了盛大的薈供。在供養現場，依靠佛祖的加持威力，信徒眷眾都獲得了神通智慧，在場徒眾大聲讚頌佛陀的無量功德，並且發願要修證正覺佛果。釋迦牟尼佛爲在場的眾有情宣說微妙善法後，很多人和前述一樣體證了殊勝正果。

第七天，釋迦族人集體爲佛祖舉行了盛大的薈供。在供養現場，釋迦牟尼佛用神通威力讓信徒眷眾都變成了具足七政寶的轉輪王，其他國王大臣見此勝景都紛紛施行大禮，以示對轉輪聖王的尊敬。在如此莊嚴奇妙的壇城中，佛祖釋迦牟尼宣說了微妙善法，很多在場的信徒和前述一樣都體證了正果。

第八天，天王帝釋天爲釋迦牟尼佛舉行了盛大的薈供。當佛祖登上獅子寶座，大梵天王和帝釋天從左右兩邊供養釋尊時，釋迦牟尼佛用手輕輕按了一下獅子寶座，這時，從寶座下面傳出了猶如大象狂叫般的巨大聲響，頃刻間從中出現了五個大羅剎。那五個大羅剎衝到外道六師的住處，摧毀了他們的高大寶座。當五個大羅剎用手中的烈火金剛杵刺向外道六師的頭頂時，外道六師失魂落魄地東奔西逃，當場丟盡了面子、失盡了尊嚴。外道六師的信徒們見此敗局之後，很多人當場改邪歸正，皈依了佛祖釋迦牟尼，後來成爲眞正的比丘聖僧並成就了阿羅漢果。接著，佛祖釋迦牟尼從身體的八萬個毛孔中放射出遍滿天宇的光芒，每一道光芒的末端各有一朵盛開的大蓮花，每一朵蓮花上面都有一位化身佛在爲徒眾講經傳法。在場的信徒眷眾看到如此勝妙的奇觀，心中生起了無比的親近敬信之心，聽了佛說善法之後，出現了很多發心得正果的人。

第九天，大梵天王爲佛祖釋迦牟尼舉行了盛大的薈供。在供養現場，佛祖用神通法力把自己的身體變得無比高大，大到釋尊的頭已經抵至梵天世界；接著，從佛祖的身體裡放射出耀眼奪目的光芒。此時此刻，所有見到佛祖勝身和聽到佛祖妙音的人，都對佛祖釋尊產生了更深更大的敬信心，待佛祖宣說微妙善法之後，體證殊勝正果的徒眾不計其數。

第十天，四大天王爲佛祖舉行了盛大的薈供。在供養現場，釋迦牟尼佛顯示出神通威力，把身體變得無比高大，頭抵三界之頂，身中還放射出四道巨大無比的光芒。這時，佛祖爲在場的徒眾宣說了眞諦善法。聽了佛說善法以後，徒眾中出現了無數發心得正果的人。

第十一天，給孤獨施主爲佛祖舉行了盛大的薈供。在供養現場，釋迦牟尼佛進入了大慈禪定中，突然，釋尊在獅子寶座上消失無蹤，接著從一團光體中宣說了微妙善法。在場的信眾聽了佛法以後，出現了無數發心得正果的人。

第十二天，金達施主爲佛祖釋迦牟尼舉行了盛大的薈供。在供養現場，佛祖尊體放射出耀眼奪目的金色光芒，光芒照遍三千大千世界。所有被金光照到的有情，當下斷除了瞋怒噁心，眾有情發心彼此要像父母兄妹一樣和睦相處。待佛祖宣說殊勝妙法後，信眾中出現了無數發心得正果的人。

第十三天，辛支達那王爲佛祖舉行了盛大的薈供。在供養現場，佛祖從臍位放射出兩道巨大的光芒，光芒上端各有一朵盛開的大蓮花，每朵蓮花上面分別坐有一尊化身佛。兩尊化身佛又從各自的臍位分別放射出兩道巨大的光芒，光芒上端又分別坐有一尊化身佛，這樣一個接一個的光芒和化身佛，遍滿了所有大千世界。眾生看見遍滿天宇的化身佛，心中產生了無比殊勝的敬信心。這時，佛祖宣說了微妙善法，徒眾中像前述一樣出現了無數發心得正果的人。

第十四天，又是烏迪亞那王爲佛祖舉行了盛大的薈供。在供養現場，釋迦牟尼佛顯示神通法力，把國王供養的花雨都變成了寶石車，並讓寶石車遍滿所有三千大千世界。待佛祖宣說殊勝妙法後，在場的徒眾像前述一樣出現了無數發心得正果的人。

第十五天，頻婆娑羅王爲佛祖舉行了盛大的薈供。在供養現場，頻婆娑羅王供奉了豐盛的美食佳餚。待佛祖主眷享用完供品後，佛祖用手輕輕拍了一下土地，這時，陷入十八層地獄中的無數有情都看見了佛祖如來，他們向釋尊訴說自己從前所造的罪業和如今所受的痛苦。看到這一切，所有在場的信眾心中都對佛祖產生了無比巨大的信心，並對地獄眾生生起了極大的慈悲憐憫之心。當佛祖宣說眾多微妙善法後，在場徒眾都發了無上菩提勝心，其中部分利根者登上了不退妙地，其餘徒眾中擁有生入天人善道之福業者不計其數。地獄眾生看見了佛祖並聽到佛說善法後，都對佛法產生了清淨敬信之心，並由此勝緣使他們脫離了地獄，投生到天人善道中。

如此殊勝的導師所宣說的善法，是我們內心獲得快樂的唯一源泉，能帶領我們登上快樂妙地，是最殊勝、最微妙的方便法寶。我們要從上師那裡聽取善法祕訣，以聞、思、修三行讓暇滿人身更具意義，要做到無畏於生死，就算天地合在一起也不能有絲毫的恐懼。我們要把所有的猶豫和疑慮在內心深處消滅，以無比寬厚的心胸努力求取殊勝內在的快樂，直至體證無漏微妙大樂，這是我們要做的千萬件事情當中的最大、最殊勝的事業。我們已經到了該做出重大抉擇的時刻，再也不能猶豫和懈怠，以免日後生出莫大的悔恨和極大的痛苦。

細看此生的幸福快樂，都沒有超出痛苦的本性。我們不能再貪戀物品、資具、眷屬和親友等誘惑，我們要像姑娘急於熄滅燃髮之火、膽小鬼急於擺脫懷中之蛇那樣，把握時間學修善法。我們不能把時間從明天推到後天，從明年推到後年，要從現在開始馬上勤修能使自己和他人都得到快樂的方便善法。

佛祖釋迦牟尼在《大悲白蓮華經》中說道：「脫離八無暇而具足暇滿功德非常難得，所以要特別精進修善，不然就會後悔莫及。」佛祖在《清淨戒律經》中還說道：「爲什麼不持續精進修行呢？要知道老、病、死正確確實實地向你們逼近，佛陀的教法也在不斷地向滅亡靠近，往後你們會後悔莫及呀！」

輪迴苦海是無有邊際的，我們既找不到它的開始，也找不到它的結束。在如此怖畏的輪迴世界中，我們有幸能夠獲得像渡海木筏一樣的修法人身，是非常難得的。我們要抓住這個絕好的機會，一定要在今生今世登上解脫彼岸，擺脫讓我們不堪忍受的輪迴痛苦。今後我們很難再得到這樣的暇滿人身，所以就在獲得如此絕好機會的今生今世，我們再也不能沉睡不醒，再也不能在迷妄中虛度一生，這是我勸告和我同樣命運的人們的肺腑之言。

5
微妙正道的路徑

密法的傳揚

人們都知道佛教最初是從印度傳過來的。這個世界最初形成時，浩瀚的大海中綻放出一千零二朵金蓮，由此祥瑞之兆，令今天的賢劫擁有一千零二位傳法佛陀。在賢劫一千零二位佛陀當中，釋迦牟尼佛是第四個來世間傳法的大導師。釋尊的本性雖然在本原已經體證了正覺佛果，但是在化機眾生面前，還是顯示了開悟成佛的聖蹟，以十二功業先後轉了三次大法輪。在婆羅奈斯國的鹿野苑中，佛祖釋迦牟尼為五比丘和八萬天眾宣說了最初四聖諦教法；在王舍城的靈鷲山上，佛祖釋迦牟尼為佛子菩薩眷眾宣說了中時無相妙法；在吠舍厘城和楞伽城等地，佛祖釋迦牟尼為大乘部眷眾宣說了最後微妙分別教法，針對上、中、下三士，把因位法相乘分成三乘次第而作了說明。另外，在天界、人間和龍國等無有固定的各處各地，佛祖釋迦牟尼為有緣眷眾宣說了果位密宗金剛乘的心法，把無數化機有情引入正道和正果的淨地。

佛祖釋迦牟尼涅槃後，以迦葉等七代傳承弘法大師為主的阿羅漢們，透過三次集結，把所有小乘法藏集結成為「經」，並寫下釋說經義的法本以弘揚佛陀教法，從而使小乘教法興盛至今。大乘般若經藏是由佛子文殊和受彌勒菩薩攝益的龍樹、無著等八大論師諸眾發揚光大的。至於密宗金剛乘教法，在佛祖涅槃後的第二十八個年頭，誠如佛陀事先所宣說的預言明示：妙稱天、星面夜叉、安止龍王、慧便羅刹、無垢稱人等聖種五賢，和持密金剛手諸眾，將準時降臨人世間，由密主金剛手為聖種五賢宣說此前佛祖在天界三處所傳的全部續部心法。當密主金剛手親自傳講續部密法時，慧便羅剎把所傳的全部續部法寶用金汁寫在琉璃紙上，然後用聖意七力對其加持和合之後，把法寶加持成如意虛空藏。

當密法這樣傳播弘揚時，其加持威力使紮國王意外地做了七種瑞夢。當紮國王全心全意修煉密法後，七種瑞夢全都變成了活生生的事實。在西方鄔金國裡，化身極喜金剛從金剛薩埵的口述中聽取了所有大瑜伽部心法。在婆羅奈斯國度中，所有事部心法都傳到了那裡。在火焰山上，所有瑜伽部心法都降落到了山頂上。就這樣，密宗的全部內外續部法寶都在人間有了傳承和弘揚。

這裡特別值得一提的是，所有密宗內部本續由文殊師利菩薩在天界傳給了妙稱天，這個傳承法寶傳到帝釋天和十萬眷眾的耳中之後，透過諸天的共同修煉，最後都登上了金剛持的果地。觀世音菩薩在龍國把密宗內部本續傳給了黑頸龍王，這個傳承法寶傳到安止龍王和十萬眷眾的耳中之後，經過諸海龍王的精進修煉，最後都登上了持明妙地。密主金剛手在夜叉國把密宗內部本續傳給了普賢夜叉，這個傳承法寶傳到星面夜叉和十萬眷眾的耳中之後，經過諸夜叉的共同精進修煉，最後都登上了持明妙地。

在雪域西藏，根據佛祖釋迦牟尼在涅槃前留下的「佛法將向北傳去」的預言中所說，佛陀教法確實以不可阻擋的願力向北傳到了西藏，高高的喜馬拉雅山絲毫沒能阻礙佛法向北傳揚。吐蕃贊普拉托托日年贊在位時，佛教第一次傳入了西藏。吐蕃贊普松贊干布在位時，佛教開始在西藏傳揚開來。吐蕃贊普赤松德贊在位時，佛教在西藏全境已經非常興盛。在赤松德贊在位的那段時間裡，他親自派人到印度，從遙遠的南國請來了以世間第二佛陀蓮花生大師和寂護法師爲首的一百零八位大佛學家。這一百零八位化身大譯師把許多佛經法寶全部翻譯成藏文，從此以後，雪域西藏擁有了光彩奪目的佛法明燈。

來西藏傳法譯經的眾多印度大德當中，蓮花生大師是無量光佛心際中的「啥」（ཧྲཱིཿ）字降臨於鄔金國的達那郭夏濱海城之後，在那裡誕生的無量光如來的化身。蓮花生大師不是從凡胎中生下的俗人，而是從無垢寶蓮花的花蕊中化生而出的。蓮花生大師降臨人間後，做了鄔金國國王的王子，後來，他用方便善巧的妙計捨去了國政王權，來到八大屍陀林做了一名持戒修行者。當修行取得成就時，他已經體證了無滅持明勝果。從那之後，蓮花生大師用無敵至尊神通在印度施行了廣大利生事業。在印度的利生事業告一段落後，他應邀來到西藏，降伏了西藏的眾多天魔鬼妖，用殊勝法力加持了西藏所有的修行山地，把眾多心法和珍貴伏藏埋藏在西藏各地，把九名受教心子與二十五名有緣王臣等諸多化機有情接引到成熟解脫正道。另外，寂護法師把佛制戒律賜給了預試等七人，他在西藏創建紅衣僧團後，把佛家戒律傳承留在了雪域聖地。就這樣，佛陀的顯密教法不僅在西藏扎根，並且發揚光大。

以上無比殊勝的舊密寧瑪教法首先傳到了娘氏手裡，娘・加那古厤門下有瑞名八師等眾多大成就者。舊密寧瑪教法中途傳到了努氏手裡，努欽・桑吉益西門下出現了四大心子等眾多大德。舊密寧瑪教法後來傳到了蘇氏手裡，蘇欽・釋迦迥乃門下出現了四大高徒，蘇瓊・

西繞紮巴門下出現了四柱八梁等大德，蘇卓普巴．釋迦森格門下出現了四大導師等名徒。上述三位蘇氏大師被後人尊稱為蘇氏祖孫三尊。全知大師讓松巴．曲吉桑波、全知大師龍欽巴．志麥沃色、全知大師吉美林巴，以及吉美林巴的高徒「四無畏」，此等眾多大德高僧均是舊密寧瑪教法延續傳承中的名師大成就者。舊密寧瑪教法能夠傳承至今，完全仰仗以上諸位大德的大力弘揚。

薩霍爾大法師巴丹．麻美則師徒在雪域西藏立足傳法後，噶當派教法正式在西藏傳揚開來，由此樹立了噶當傳承的法幢。

印度的那若巴大學士把全部心法都傳給了瑪爾巴．曲吉洛珠，瑪爾巴大師門下出現了號稱「心子四柱」的高徒，後來又相續出現了聲名遠揚的密勒日巴大師、念麥岡波巴大師、其心傳弟子康巴三大成就者等等。這個以弘揚實修傳承為主的實修教法，人們稱之為「噶舉派」。

印度大學士嘎亞達熱和西藏大譯師喇欽卓彌等大德把法寶傳給了文殊五祖，薩迦文殊五祖把廣大深奧的講學法寶發揚光大以後，樹立了薩迦派教法的傳承。

宗喀巴．洛桑紮巴大師是所有新舊顯密教法的持有者，宗喀巴師徒創立的法藏學說傳承，在西藏再一次樹立了佛法的莊嚴威儀，後人稱其為「新噶當派」教法或格魯派教法。

佛教在西藏的傳揚過程中，先後出現了龍欽巴、瑪爾巴、宗喀巴等多如繁星的西藏大學士和大成就者，他們以極大的慈悲利他之心，在雪域西藏樹立了善法的講修之風，並建立了無數僧團寺院。就這樣，經過歷代雪域大師們的發心努力，眾多講修聖地先後在西藏各地建立起來，九乘次第的法門在西藏得到了圓滿的弘揚，顯密結合的無垢佛陀正教在西藏扎下了根，打下了堅實的基礎，從此，雪域西藏成爲佛陀顯密教法的講修傳播中心。

佛法是值得珍惜的無價之寶

在這個世界上，佛教曾經興盛過的地方很多，有些地方盛行小乘教法而沒有大乘教法；有些地方雖有大乘佛法，但卻沒有大乘密法；有些地方雖有大乘顯密二法，但卻沒有顯密二法的講修傳承。沒有傳承就像沒有鑰匙的鎖一樣，無法充分發揮佛教顯密二法的微妙作用。和上述這些地方相比，藏傳佛教成了當今世界唯一圓滿的法脈傳承。佛祖釋迦牟尼的教法傳入西藏以後，雖然經歷了幾次大起大落的過程，但至今，佛陀的顯密教法依然能夠正確圓滿地在西藏流傳，這是世間眾生累世累劫修來的福分。

在藏傳佛教的各大教派中，舊密寧瑪派具有「四大源流」的法脈傳承：釋論眾經總義是教理源流；釋說灌頂妙義是成熟四灌頂源流；直說密義心要是修習祕訣源流；修供護法猛咒是修習利業源流。這個具足四大源流的清淨舊密寧瑪派，還具備了三個或六個傳承，其中三個傳承分別是諸佛意傳、持明示傳和凡人耳傳，這三個傳承加上黃紙句義傳承、奉教授記傳承和宏願灌頂傳承，便出現了六個傳承。如此具備四大源流和三個或六個傳承的殊勝舊密寧瑪教法，是我等有緣之人一生一世就能修證本覺佛果的深密祕訣，比世間任何寶貝都珍貴，非常值得我們百般珍惜、萬般奉持。

世間的財寶像金銀、珍珠、綠玉、鑽石等雖然多得不計其數，但是這些財寶並不能換來往生的快樂和內在心靈的快樂。人們在今生今世所追求的有漏之樂，如果說這是一種快樂的話，那麼它應該爲人們的身、心都帶來快樂，可是事實上這種有漏之樂雖然給身體帶來了部分快樂，卻無法從根本上給心理帶來快樂，更無力阻止生、老、病、死等人們不願面對的痛苦。人類目前的科技實力，雖然可以讓人們飛到地球以外的其他星球，可以用原子能和化學武器剎那間毀滅這個地球，但卻不能爲人們創造恆久不滅的解脫快樂。因此，從各種方面來觀察比較，這個世界上唯一最珍貴、最殊勝的寶貝，還是微妙佛法，其中寶中至寶便是盛行在雪域西藏的藏傳佛教。

無論從哪方面分析和研究，藏傳佛教不僅是佛陀教法圓滿俱在的象徵，而且擁有完滿的修學內容和完美的傳承，具有獨特的可貴之處和無窮的魅力。在學修佛法的過程中，僅僅依靠看經書和依書修煉是不能體證究竟佛果的，所以，能夠有幸遇見灌頂、授記、開示、祕訣和修學經驗都圓滿具足，而且擁有無上傳承加持的善法，是前世修造福德的結果，也可以說是前世曾經遇學此法，今世餘緣再現，又能學修此法。

換一個角度看問題，將會發現世界和平的首要條件就是善法盛行。如今世界上之所以出現那麼多足以毀滅整個地球的原子能和生化武器，其中不僅有科技進步的因素，更直接的原因是人們相互之間的嫉恨和競爭等懷惡之心。世界各國爲了爭得軍事上的強國地位，先後投入大量的人力和物力來研製各種威力更大、殺傷力更強的先進武器，這些公開和祕密的軍備競賽，正把世界推向持續不斷的紛爭和戰亂邊緣，世界和平離我們越來越遠了。仔細想一想，將會發現微妙善法是推動世界和平的靈丹妙藥，除此之外，很難找出比善法更好的良策。如果世界各國的人民和領導者都熟習四無量和具備菩提心，那麼這個地球上就再也沒有必要組建軍隊和製造武器，也沒有必要派軍隊去守衛邊關，和平安寧的世界大家庭就一定能夠現實。

在輪迴世界裡，由於眾生各自的宿業不同，因而出現的結果也各不相同。對於部分有情而言，就算佛陀眞正出現在他眼前，也對他產生不了任何作用。而心向微妙善法、具足十八暇滿功德之人，應該充分發揮暇滿人身的殊勝作用，修好正道善法，就像到達黃金寶洲的人不能空手而歸一樣。從現在開始，我們要做好無畏於死亡的準備工作，因爲時間不等人，我們不能把準備工作推到今後，要是浪費大好時機就後悔莫及了。

殊勝善法就如同靈丹妙藥，能夠治好煩惱頑症。對一個病人而言，僅僅有好藥並不能治好病症，唯有親自服用才行。同樣地，我們只是聽聞佛法並不能到達解脫彼岸，唯有修持佛法，並讓自己的身心與佛法融爲一體，才能悟得解脫正果。如果把不良的品質藏在身心深處，把學法修法放在書本裡，這樣的人就像打仗時忘記帶武器一樣，其結果只能是一敗塗地、一事無成。

我們之所以墮入輪迴並遭受輪迴諸苦，是因為我們正在遭受無明迷妄的控制，並且成為煩惱惡魔的奴隸。只有認識煩惱大敵，並與其勇猛戰鬥，用多種方便善巧的對治法武器消滅它，才能登上恆久快樂的果地。當我們入登了恆久快樂的果地、擁有殊勝功德時，就可以幫助他人脫離身心痛苦。所以，我們要振奮精神、精進修法，絕不能浪費一分一秒的寶貴時光。善法是內在的甘露、無上的樂源，是讓所有苦樂皆入正道的祕訣。當我們熟練修習善法之後，就可以減少心中的恐懼和痛苦，在今生今世少得疾病並能延年益壽。最後當死亡來臨時，我們已經做好了一切必要的準備，往生少受或無需受苦的基礎也已經打好了。因此，所有具有智慧和關心自己的人，都應該在今生今世為自己做些具足意義的大事，要學修無迷快樂正道。如果現在懈怠不精進，那麼最終將無法避免地產生無限的悔恨，這就與放出去的箭無法中途收回一樣。

修習善法刻不容緩

佛祖釋迦牟尼的教法要經歷初興、中住和後滅三個階段。到目前為止，十個五百年的住法時間還沒有終結，佛祖降臨世間後，為三部化機眾生所傳的三法輪諸法仍然駐存於世。尤其值得慶幸的是，正確圓滿的大乘顯密教法誠如佛祖金口說出的預言那樣，在傳入印度金剛座以北的雪域西藏之後，至今仍然持續在西藏傳承弘揚。這是當今世界上唯一俱在的佛法顯密雙運講修傳承法脈。

今天，有很多人稱西藏爲「雪域佛土」，這是名副其實的稱號。世世代代生活在廣袤雪原的西藏人民，一直依靠佛陀的教證法寶來獲取快樂和幸福。要使佛法長駐於世，就必須有佛教傳人的努力弘揚。佛祖釋迦牟尼的教證善法至今能夠在西藏講修奉持，歷代雪域智者大師們的功德無量無邊。在人類文明的海洋裡，雪域大師們就如同耀眼奪目的珍貴如意寶珠。

所有懼怕死亡、懼怕死後受苦、希望除滅此生的逆緣和障礙、希望往生登上快樂果地的人們，哪怕一生馬不停蹄地在世界各地的教堂、廟宇中尋找，或者是全世界幾十億人都去尋找，也找不出比雪域西藏更殊勝的善法聖地。世界屋脊的雪域西藏，是雪山圍繞的一片淨土，是幾千名虹化大德的踏足寶地，是無數大學士和大成就者們的施業聖土。在世界古今文明的文化寶庫當中，能夠給今生和往生都帶來利益的文化寶珠，唯有藏傳佛教，這是世間人天眾生共同修造福德所得來的善業之果。

如今，這個世界上信奉藏傳佛教者，並非都是文盲、愚昧無知、年邁無力的人，恰恰相反地，現在信奉藏傳佛教者，有很多是青年男女、科技菁英和學術界的專家，而且高素質的信眾有越來越多的趨勢。在全世界總人口裡，信奉藏傳佛教的人已經占據一定的比例，而且這個比例正在逐年上升中。仔細分析研究，不難發現其中的奧祕和玄機。生活在這個地球上的人都渴望得到快樂、脫離痛苦。一個人如果不具備最基本的經濟條件，這個人就得爲了取得衣食住房而努力工作；當衣食住房和所需資具都擁有以後，這個人又要爲子女親人和往後的幸福生活做準備；當一切準備工作好不容易有一點成績時，這個人的死期也就快到了。只可惜這個人一生忙忙碌碌、辛苦工作，死後卻得不到一點一滴的快樂和利益。一個人就算擁有全世界所有的金銀財寶，也不見得有多麼幸福和快樂，而且那些金銀財寶也不能令他逃避死亡，更不能幫助他避免死後要體受的痛苦。面對這麼多的事實，無論是大智慧的人，還是小智慧的人，在他人生旅程的某一時段裡，一定會想到自己往後的苦樂安危，到那時，如果發現自己已經在不知不覺中虛度了許多人生年華，那麼此人應該立刻從沉睡昏夢中醒過來，從此踏上善法正道，因爲此時他應該很清楚地預見到善法正道才是有利於死後往生的唯一出路。

踏入佛門，學修微妙善法，是眞正關心自己的人做出的重大抉擇。一旦嚐到清淨佛法的無漏快樂以後，將會更加精進地修持佛法，迫切希望早日登上解脫佛地。要知道這一切是信仰佛法之人心甘情願的自發行爲，從來沒有人強行要人們皈依佛教，修持佛法。如果有人以高壓手段強迫人們皈信佛教，那麼結果只能是人們身入佛門而心不入佛門，到頭來除了害人害己之外，沒有任何實際意義。

誠心皈信善法以後，知道了眾生都曾經做過自己某一世的父母，從而生起慈悲心，並且在內心深處產生一種純眞無僞的欲行利益他人的心念，到那時，整個人將會發生很大的變化，連看其他有情的眼神都與從前大不相同。當發生以上種種變化，並且身心言行之中充滿慈悲感的時候，就再也不會有意傷害其他有情了。不傷害他人，就能免除他人對你做出報復性的傷害，身、口、意三門全力恭敬他人，就能換來他人對你不請自來的敬重，這是很容易明白的道理。如果世間眾生都能具備高尚的品性和利他的善心，那麼隨著信佛向善之人的增多，世界將會越來越和平安寧，在此基礎上如果能夠出現更多修持正法之人，那麼這個世界將可以很快地迎來幸福祥瑞的燦爛陽光。

正確傳揚佛法的重要

但是，我們必須知道的一件壞事就是當正法興盛的同時，這個世界上將會出現不少僞上師和假修法者。尤其是在今後一、二十年到百餘年的時間裡，將會出現一些外行善法、內行邪法的僞上師，他們會聲稱自己是西藏某上師、某大德、或某善知識的法脈持有者；還會有把佛教理論、其他宗教理論和自己的觀點糅合在一起著書立說，以此愚弄人們，把人們引向邪道的妖魔大師。這些濁時邪魔，個個不倫不類，他們將用奇裝異服和離奇古怪的行爲來破壞佛教的莊嚴形象。這類人不分東西南北、何種髮膚顏色，他們的蹤跡將遍及包括西藏在內的世界各地。因此，在未來佛教傳人的承前啓後過程中，保持佛教的純潔清淨顯得尤爲重要。這就像一個人必須講衛生、勤潔身和預防疾病，以保持身體的健康一樣。爲了保持佛陀教法的純潔性，應該把佛經視爲佛法的唯一正確依據，以此衡量當今傳法之人所傳的法正確與否。這種做法將對人類產生極大的利益。堅持把佛經視爲唯一正確依據的弘法大師，是最偉大、最值得信賴的，我們可以毫不猶豫地判定這種賢人爲諸佛的化身。

我們要把佛祖宣說的清淨教法視爲人類共同的文明財產而加以保護，要努力防止佛教遭受破壞和篡改。作爲上師，不能爲了獲取財物供養而隨意傳法。作爲學法信徒，不能在沒有修心和修煉前行法門的情況下修習正行心法。如果把密宗法寶當作撈錢的工具，不僅會造成害人害己的結局，而且會招來護法神的發怒懲治，使此人此生遭受眾多的障礙和逆緣。與密法傳播不當有關聯的人，往生將會墮入無間熾熱地獄，並且會造成佛法陽光快速滅亡消失的嚴重後果。我們要盡力防止這樣的事情發生，與其傳法不當和學法不當，還不如坐在家裡念誦心咒和持有一顆善心。

居住在世界屋脊雪域高原的西藏人，在科技和工業文明方面雖然落後其他民族，這是一個事實，但是西藏人卻擁有世間最寶貴的佛陀教法。如果西藏的前輩大學士和大成就者們，把智慧和精力也用於世間作業的話，那麼今日的西藏肯定已經被列入現代文明高度發達的地區。可是，西藏的前輩大師們根本不看重眼前的物質利益，他們認識到眞正的快樂不能從外在的物質財富中求取，而是要從人們的內心深處獲得。因此，他們把畢生的精力和智慧都投入於修持佛法當中，除了修好善法，沒有更多地參與世俗作業。藏傳佛教和西藏文化，不僅是藏族先輩留給西藏後人的寶貴遺產，也是全人類共同擁有的宗教文化瑰寶，全體雪域西藏人民應該爲此感到光榮和自豪。

微妙善法是有利於內在心靈的養心甘露，善法可以幫助眾生產生彼此都視爲父母兄妹般的感情，而且這種感情從此不會發生一絲一毫的改變。善法是眾生在今生今世和未來往生當中，從快樂走向微妙快樂的殊勝祕訣。正確圓滿的深密善法甘露現在就在雪域藏民的手中，把這個善法弘揚傳承至賢劫毀滅，是全體西藏信教民眾的神聖天職。西藏人民讓佛法長駐雪域和令佛法利益眾生的同時，爲了使佛法永遠保持清淨純潔，還要時時進行清理工作，透過清理來消除不純的邪說，將成爲人類文明史上的偉大舉措。我之所以多次強調要保護正法、清除邪說，是因爲這項工作在當前已經顯得非常重要。

乍一看普天大眾，多得讓我們無法在一時之間數出大概的數目。仔細分析這龐大的人群，便能明白，在這龐大的人口數量中，我們每一個人都是重要的組成部分，少了一個人就可以直接影響整個人口的數量。如果每個人都能具備良好的品性並擁有一顆善心，那麼人人都有份的人類大家庭就可以一直保持和平與安寧。同樣地，持法僧人雲集的僧團寺院，也是由眾多僧人共同組成的清淨法門，其中每個僧人都是重要的組成部分，如果每個僧人和修法者都能通達全部教法三學的話，那麼在世間傳揚的佛法就可以長期保持清淨無垢。

守戒護法的小沙彌

從前在一個佛法盛行的地方，有一位修煉禪定的比丘，堅持過著托缽化緣的生活，他少欲知足，具備了諸多善法功德。當時有一位在家居士對佛教三寶懷有極大的敬信心，一直堅持奉守應學五戒律。在家居士非常尊敬托缽比丘，發願要爲托缽比丘提供一生的佈施供養。爲了讓比丘安心修煉禪定，以防走路時遇到天氣突變而染上寒暑疾病，這位虔誠的在家居士經常親自將各種可口香甜的飯食，送到比丘的禪修之地。

當時另有一位在家施主也對佛陀教法敬信無比，這位施主的兒子就皈依托缽比丘，出家當了一名沙彌。小沙彌住在托缽比丘身邊，依止托缽比丘過著修學善法的清靜生活。

有一天，供養齋飯的在家居士因爲辦理要事，耽誤了爲托缽比丘送食物的時間，於是托缽比丘便派身邊的小沙彌到居士家中去取齋飯。臨行前，托缽比丘教導小沙彌說：「你到城裡去的時候，要遵照佛陀釋迦牟尼的教旨來約束自己的言行舉止，在取齋飯時不能對任何事物生出貪戀執著之心。」

小沙彌來到居士家時，那位居士出門辦事尚未回來，只有居士的女兒獨自一人在家。年僅十六歲而且美麗多姿的居士女兒把小沙彌請進屋內，並產生了與小沙彌親熱的想法。爲了達到目的，她用盡各種美人招術，但是守戒如護眼珠的小沙彌絲毫沒有動心。無可奈何之下，居士的女兒向小沙彌頂禮膜拜後說道：「這個家裡擁有像多聞天王財庫般的金銀財寶，請你答應做這個家的主人，我願意做你的賢慧妻子，甘心侍奉你一輩子，求你務必滿足我的心願。」

居士女兒的話像毒箭般刺痛了小沙彌的心，小沙彌心想：「我爲什麼會遇到這樣的惡運呢？我可以捨去身體和生命，但絕對不能違背三世如來制定的戒律。現在，我如果逃離這個是非之地的話，那慾火燒身的居士女兒也許會不顧一切追上來，抓住我以後在眾人面前羞辱我……」小沙彌思來想去之後，最後決定死在居士家中。

他拿定主意後，便請求居士的女兒先在原地等一下，他要到另外的房間做一件小事，待事情做好後再與她會面。那位女兒答應了，就在原地緊閉著門窗等他。小沙彌來到另外一間房子裡，把身上的僧衣掛在房樑上，然後跪在地上雙手合十說道：「我不能捨棄佛、法、僧、上師和戒律，爲了守護戒律，我現在要放棄這個人身，往後無論投生到哪裡，願我能皈依佛門，出家爲僧，常持梵行，最終體證無漏勝果。」這樣祈禱發願之後，小沙彌毫不猶豫地拿起利劍割斷了自己的脖子。

居士的女兒發現小沙彌自殺身亡，產生了無限的悔恨和罪惡感，她把所發生的一切如實地告訴了父親。父親將事情報告了國王，舉國上下爲之震驚。人們異口同聲地稱讚小沙彌守戒如護眼珠的梵行，小沙彌留下的一塊小骨頭則成了眾人供奉膜拜的聖物。當時，小沙彌的上師也來到出事現場，在爲眾人宣講微妙善法後，當場有很多人出家爲僧，發無上菩提心，上師也令其他人都得到了喜悅和滿願。

6

內在的寂靜甘露

佛法是對治煩惱的甘露

我們常說的甘露，是指既能治病又能救命的一種良藥。甘露是天界眾神靠著前世福業得來的可延長壽命的聖物。我們把微妙佛法比喻爲甘露，是因爲佛法能醫治並除滅輪迴的痛苦。我們的這個由外四大和合而成的血肉蘊身，當四大不調時就會產生疾病。生病和饑渴寒暑都是外在的痛苦，對於外在的各種痛苦，我們可以採用生化藥物和改善衣食等外在的方法來解除。

所有痛苦的根源，是我們心中的無明煩惱。要治滅這個無明煩惱頑症，只能依靠寂靜的佛法良藥。到目前爲止，除了佛法妙藥，我們再也找不出第二個能夠對治煩惱頑症的良方了。佛法可以令我們從煩惱痛苦中解脫，讓我們最終得到恆久不變的極樂果位。佛法就像除病免死的甘露聖藥，所以，我們稱佛法爲醫治內在心病的甘露。

所有墮入三界輪迴世界的眾生，是以俱生無明爲直接前因，以遍計所執爲間接條件，在迷妄的控制下來到世間的。我們都被三苦纏繞，這和落入黑暗的牢獄沒什麼兩樣。我們正在遭受煩惱病痛的折磨，處境非常悲涼。微妙殊勝的佛法是我們脫離苦獄災難的最好辦法，她寂靜溫和的特性，可以除滅內心煩躁不安的疾患，和治病效果最好的良藥妙方沒有任何差別。

貪慾、瞋恚、愚癡、輕慢、嫉妒等煩惱如毒一般，是所有痛苦的根源，我們絕不能被煩惱毒根所控制。我們常說：「擁有自由是快樂，受人控制是痛苦。」這句話不僅可以形容人與人之間的關係，也可以比喻心與煩惱之間的關係。如果我們的心被煩惱控制，那麼我們不僅要受往生的痛苦，還要受盡此生的各種痛苦。

當心被貪慾控制時，我們便會偷盜他人的財物、挪用公款或貪污受賄等，這樣做的結果不僅這一生要受到法律的嚴懲，而且往生還會遭受業報的痛苦。慾望過度而做出邪淫等不合天理人情的壞事，不僅會招來身心上的負擔和痛苦，而且因而負傷送命者也不在少數。破戒常會危害人的身體健康，使人失去外表的光彩，甚至有人因此染上哮喘病而死。

當心被瞋恚控制時，我們會不顧一切地咒罵別人，傷害別人的心，並且無故挑起爭端。如果一個人因一時的憤怒而跟他人打架，或是動手殺傷他人，最後自己和對方都會成爲受害者，結果只會讓人後悔莫及。氣憤還會使人患心臟病等疾病，在惡意傷害他人的同時，也嚴重傷害了自己，所以，罵別人一句和刺自己一刀沒什麼兩樣。一個病人一年精心治療的效果，可以在一時的氣憤中消失殆盡。

當心被愚癡控制時，我們將會不知道善惡取捨，活像一個畜生，只知道吃、喝、玩、睡，在不明是非、無所事事中虛度一生。其結果是既枉費此生，又耽誤往生，並且會引來眾多輪迴痛苦。

當心被輕慢控制時，我們將會詆毀和侮辱別人，最終除了自己以外，周圍全是敵人。輕慢是敵多友少的根源，會引來眾叛親離的悲苦。過度自以爲是會造成無法忍受小挫折，遭受非比尋常的大痛苦。輕慢得意會使我們失去很多的快樂時光，令我們永遠在過分滿足虛榮和刻意強求自尊中痛苦掙扎。

當心被嫉妒控制時，我們會當面或在背後辱罵他人，處處與人比較，時時和別人過不去，其結果便是自取報應。詆毀別人會導致別人詆毀自己，辱罵別人同樣會招來別人的辱罵。這種因果報應的自然法則就像照鏡子，看到鏡子裡自己的臉又髒又黑，我們不能責怪鏡子，只能怪自己太不愛乾淨。充滿嫉妒心的人，不會有快樂和幸福的時光，他心裡的痛苦，無法用任何藥物和創造好的生活享受來除滅。

當心被慳吝控制時，擁有金山銀山也不會感到滿足。西藏人常說「慳吝之人常貧窮」，過度貪婪所造成的吝嗇，會令人過分地節衣縮食，永遠要過艱辛困苦的生活。吝嗇的人永遠受苦受累於積攢財產和保護財產，人生的美好時光都浪費在積財守財之上，這種人是現實生活中活生生的餓鬼。吝嗇之人死亡時，將空手且赤裸裸地進入往生世界，辛苦一生所積攢的財物，一分一毫都帶不走，能夠帶走的修法善業也少得可憐。吝嗇之人的一生沒有快樂和幸福，他們白天忙忙碌碌，夜晚也很少能夠安寧。為了積財守財，他們的身心每時每刻都承受著沒完沒了的痛苦。

從無始輪迴伴隨而來的妄念煩惱，已經習以爲常地成爲我們三界有情生活的一部分，我們要馬上把這個煩惱除掉是很難做到的。但是，我們能夠在產生大煩惱的當下，心靈不受其影響，並且找出消滅所生大煩惱的方便計策，這就是微妙對治法。我們稱消滅煩惱的對治法爲甘露良藥。醫治身體疾病的良藥妙方，可以在世界各地的醫院裡找到；但是醫治內心煩惱的良藥妙方，則只能求助於上面所說的對治方法。可以肯定地說，即便是最好的醫生也無法解除任何人內心的煩惱。

所有的過患和禍害都是煩惱直接造成的，煩惱既招來了往生的所有痛苦，也是造成這一生所有苦惱的罪魁禍首。就算有些人不承認往生的存在，但面對這一生的現實問題和爲了保護備加珍愛的自身，我們也應該控制和減少上述煩惱。如果任煩惱自由發展，我們必須具備不畏一切艱難險阻的勇氣，並且帶著這個勇氣與各種痛苦進行頑強拚搏。在以往這樣的拚搏歷程中，被煩惱製造的痛苦所征服的人多不勝數，所以，若想與痛苦拚搏，還要有長期堅持下去的信心，不能指望哪天就能夠很快地戰勝痛苦。

煩惱是萬病之源

在藏醫學的理論中，認爲煩惱爲生病之因。藏醫學認爲，所有的疾病分爲風病、膽病和涎液病三大類。其中貪慾會產生風病，瞋恚會產生膽病，愚癡會產生涎液病。根據這個理論就得出了一個結論：煩惱三毒是產生所有疾病的根源。

風病、膽病和涎液病三個根本疾病的主要所在部位分別是：風病在腰部以下的下體部位，膽病在肝部等身體的中部，涎液病在腦內等上身部位。三者失去平衡後，疾病就散於膚外，遍佈肉中，流過脈絡，滲入骨骼，降至五臟，落入六腑。上述疾病細分，共有四百二十四種，合起來可歸入熱、寒二病之中。風或氣分為持命氣、上行氣、下行氣、平住氣和通行氣五種。膽分為消化膽汁、容光膽汁等五種。涎分或涎液分為根基涎、研磨涎、嘗味涎、饜足涎等五種。此外還有血、肉、脂肪、骨髓、精液等七種身體元氣，以及大便、小便、汗液三垢。以上總共二十五種物質元素，如果各自的功能正常發揮，相互之間協調平衡運行，身體就會健康正常，身體的外表也會充滿光彩；反之則功能紊亂、失去平衡而遭受疾病的折磨，甚至喪命死亡。

根據分析，我們知道：導致最終喪命的疾病，最初還是源自煩惱。任何一種煩惱熾盛過度，必將由此產生結果——疾病。我們生病之後，就像中毒一樣難受，因此，我們把貪、瞋、癡三根本煩惱稱為三毒。

煩惱既能毀滅眾生這一生的幸福和快樂，又能導致往生遭遇種種難以忍受的痛苦。我們對此有了清楚的認識後，要像常言所道，在遭遇煩惱時分曉是否修好了佛法。如果我們能夠從現在開始把煩惱除滅或轉化在正道上，利用各種方便法門讓煩惱遠離你我，那麼我們就可以因此減少很多疾病和痛苦，我們的身體一定會變得健康舒適。身體舒適則能夠令心情愉快，心情愉快可以進一步減少疾病，從而達到健康長壽的目的。

一個人貪慾小、易滿足，就能事事如意。概括而論，健康長壽和萬事如意都可以在消滅煩惱中得到，具有這種美好人生之後，可以使人人都自行具備高尚的品德。具有高尚品德的人，不會也不可能傷害他人。我們都知道，避免彼此傷害是眾生都感到歡喜的事情，而令眾生歡喜的事業恰好是最無上的利生善業，也是至高無上的離惡積德。在己心不受煩惱控制、在消滅無始輪迴以來形影不離的煩惱敵人之中，就能實現「諸惡莫作、眾善奉行」。佛祖親口告訴我們，「自淨其意、是諸佛教」，心不受煩惱影響而寂靜自在就是「自淨其意」，也是使身心充滿快樂的靈丹妙藥。

無論佛祖曾經宣說與否，只要有一個使身心能夠產生暫時和恆久快樂的道法，我們就要毫不猶豫地依止這個道法，學習和修持這個道法。要知道，身心快樂是我們長期夢寐以求的目標，所有的動物晝夜不分地不停忙碌，爲的就是追求身心快樂。

當自己得到身心快樂之後，不能就此停止，我們還要想到家人和親友也同樣需要身心快樂，再進一步想到眾生都厭惡痛苦，嚮往快樂。要對不知如何創造快樂之因、在無知愚昧中忙碌不停的眾生，產生慈悲憐憫之心，由此我們會希望所有眾生都能步入快樂勝道，這種想法恰好與佛陀的教法不謀而合，其中我們還找到了佛陀展示的無上微妙正道。根據以上各方面的分析，我們得出了一個結論：所有追求快樂的有情，想要眞正成就快樂，就必須走在佛陀的妙法正道，沒有比佛法更方便的捷徑，這是明明白白的眞諦。

前世因、今世果的故事

從前，佛祖釋迦牟尼在世時，印度有一個地方的國王不施行善法德政，草菅人命。他騎乘的大象踩死了許多無辜百姓，使這個國家的臣民苦不堪言。在悲憤欲絕中，有五百名高貴種姓的女子出家當了尼姑。她們出家後，經過多方尋找，遇到了大德比丘尼青蓮相。她們向青蓮相頂禮膜拜後訴說道：「我們在家時整天忙於家務勞作，如今雖已出家，卻還是無法擺脫貪慾煩惱的糾纏，因此，請求上師慈悲攝受，爲我們開示讓凡心遠離貪慾的法門。」

青蓮相開示說：「貪慾如猛火，可以燒毀身心。身心被火燒就會發生相互傷害的惡事，其結果是長期墮入惡趣世界，永無解脫之日。」

青蓮相又接著說：「在家如在牢獄，我從前是高貴種姓家的千金，嫁到同等種姓夫家之後，不久生下第一個兒子。當我身懷第二胎時，和丈夫帶著兒子回娘家，中途因身體不適，只好在一棵大樹下過夜，半夜時我生下了第二個兒子。到了第二天，我發現睡在旁邊的丈夫被毒蛇咬傷而死，這意想不到的飛來橫禍，使我極度痛苦，昏倒在地。待我從昏迷中甦醒後，只好獨自背著大兒子、懷抱小兒子，踏上了回娘家的路。

「在回家的路上，我一直是孤身一人，沒有找到同路的夥伴。回家的路要經過一條大河，我先抱著小兒子過河，到了河對岸放下小兒子後，又回來接大兒子。當我到達河中央時，悲劇發生了！大兒子看見我就跑過來跳入河中，河水像惡魔般頓時淹死了我的大兒子。在無可奈何之下，我不得不返回河對岸。到了河對岸，發現小兒子已經被野狼吃掉。看著地上留下的血跡，我再一次痛苦地昏倒在地。我從長久昏迷中醒來後，孤獨地踏上了回娘家的路。

「當我來到離娘家不遠的地方時，遇到了一位遠親。這位遠親告訴我家裡發生了不幸的遭遇。原來我的娘家發生了火災，一場大火不僅燒光了房屋和全部財產，還燒死了全家人。聽到這個噩耗，我又因痛苦難忍而昏厥。待我再次從昏迷中醒來時，這位遠親扶我到他的家裡，給了我很好的照顧。我在遠親家留住了一段時間後，便嫁給一位同等種姓的男人。不久，我再次有了身孕，就在我生孩子的那一天，我的第二任丈夫到一戶人家去參加酒宴，當丈夫酒醉歸來時，我正在床上生孩子。丈夫見沒人給他開門，就撞開了門。他一進屋，就怒氣衝天地來到床邊，對我拳打腳踢。無論我怎麼解釋，他還是對我大打出手。最後，丈夫瘋狂地殺死了剛生下來的兒子，又把兒子的屍體在油鍋裡煎，並逼我吃下去。悲憤交加的我絕望地離開了那位凶殘的丈夫。

「當我離開第二個丈夫，準備漂泊異鄉時，在一棵大樹旁遇到了一位年輕男子，他剛失去愛妻，正在亡妻的墳前痛苦哭泣。我與他同病相憐，互相訴說各自的痛苦之後，我甘願做了這位年輕男子的妻子。可是好景不長，不幸的事情又發生了，我和那位年輕男子結婚不久，他就染上重病而死。按照當地的習俗，我必須作爲陪葬品與他一起埋在墓穴裡。就在我被活埋的當天晚上，盜墓人從地下把我挖了出來，並逼迫我做了盜墓頭領的妻子。此後不久，我那盜墓頭領丈夫被國王抓獲，並且處以死刑，我再次變成了陪葬品。我被埋在地下三天後，墓穴被野狼挖空，我又一次得以死裡逃生。

「這一切發生之後，我的心悲痛不已，徹底看破輪迴紅塵。當時我只想皈依佛陀，以求身心得到解脫。我向佛陀所在地走去時，佛陀看出我開化的時機已經成熟，親自來到很遠的地方迎接我。見到佛本是莫大的榮幸，可是我因赤身裸體而感到羞愧難當。我用雙手遮掩乳房，跪坐在地上，然後仰望佛陀。佛陀請阿難給我衣服，我穿好衣服後，向佛陀頂禮膜拜，並請求佛陀恩准我出家。佛陀慈悲攝受了我，並把我交給眾生母，讓眾生母領我出家，為我開示佛法。經過勤學苦修，我很快便證得了阿羅漢勝果，還能通達所有三時諸法。」

聽到這裡，眾比丘尼請求青蓮相說明發生上述事情的緣由，於是青蓮相接著說道：「在我前世的時候，一個富有人家的男主人娶了一妻一妾，我便是那正房妻子。後來，小妾生下一個男嬰，正房妻子因為嫉妒，用針刺死了那個男嬰。事發之後，小妾為了討回公道要正房妻子承認殺害了男嬰。正房妻子不僅沒有承認自己的所作所為，還發誓說如果是她殺死了男嬰，那麼她的往生往世裡，丈夫會被毒蛇咬死，兒子會淹死在河裡或被狼吃掉，自己會反覆遭到活埋，吃親生孩子的肉，家裡遭遇火災，父母和家人都會被燒死。正是以上惡行和誓言，令我今世遭受報應，從而經受了種種痛苦和折磨。」

青蓮相繼續說道：「我有幸受到佛陀的攝受，得證阿羅漢果位，原因在於以前某一世的一天，一位緣覺佛到一戶人家門前化緣，那戶人家的女主人對佛產生了眞誠的信仰，並獻上豐盛的齋飯。那位緣覺佛為女主人顯示了各種神通法力，讓女主人發弘願將來要成就像緣覺佛那樣的法力功德，因此，我在今世就獲得了阿羅漢解脫果位。」

聽了青蓮相的開示，五百名尼姑當下就滅除了貪慾煩惱的痛苦。經過修持善法，都證得了阿羅漢果位。

學習佛法的次第

佛陀善於方便說法，具足慈悲和智慧，針對眾生八萬四千個煩惱，宣說了八萬四千個對治法門。所有煩惱的根都在三毒之中，因此，八萬四千個法門也可以歸入到三藏或四藏中，貪慾煩惱的對治法有二萬一千部律藏，瞋恚煩惱的對治法有二萬一千部經藏，愚癡煩惱的對治法有二萬一千部論藏，三毒共有的對治法有二萬一千部密宗法藏。所有三藏法門宣說的內容不離戒學、定學、慧學三學，戒、定、慧三學可以包容一切顯密道法。微妙佛法還可以歸入到教、證二法之中，其中教法爲三藏法門，證法爲三學內容。

我們學習佛法，首先要聞學佛語經典和傳承大師們的論述著作，其次要對所聞學的法義進行認眞地思考和分析，然後要把思維分析得出的結論眞義用於實踐修習。這一切就像爬樓梯，要從低處一個台階一個台階地往高處爬。我們先要接受別解脫戒，這個別解脫律儀可以分爲男居士和女居士、正學女、沙彌和沙彌尼、比丘和比丘尼、近住共八種。如果這八種戒律被殊勝願心所攝納，就成爲大乘別解脫律儀。

用厭離輪迴之心來接受別解脫戒後，我們要聞思和修持聲聞法門，然後以圓滿儀軌接受菩薩戒。菩薩戒有兩種，即從彌勒佛傳至無著菩薩的廣行派和文殊菩薩傳至龍樹菩薩的深觀派。我們在受戒時，可以接受其中任何一派。受完菩薩戒，我們就要聞學中觀法門，印證人無我和法無我。最後要接受無上殊勝密法的灌頂，聞學果位密宗勝法，並在努力修行中獲得無上斷證功德。

顯密佛法的修學次第是先學顯宗，再學密宗。對於顯密佛法和大小乘佛法，我們不能把它們看成是幾種互不相干、根本相反的不同法門。就像一種疾病，根據患者的年齡不同，而需採用不同的治療藥物和手段一樣，眾多佛法也是根據眾生不同的根基和悟性宣說出來的。但是，我們必須肯定，所有的佛法都能成爲一個人開悟成佛的正道，其中從來未曾有過相互矛盾的內容。如果我們不懂得這個道理，那麼我們只能以盲人摸象的方式學法修法，其結果一定與迷失方向的外鄉客一樣，永遠也到不了目的地。在沒有任何得道徵象和功德表現時，我們很容易偏失正道，偏離心法。

對於修學大乘佛法的人而言，主要任務就是修證二業任運成就的圓滿佛果。修成圓滿佛果的主因是微妙菩提勝心，諸佛的遍知智慧也是從慈悲心和菩提心中產生的，方便道法的作用只能是令其圓滿成熟。產生菩提心的根本原因，在於認清輪迴本性爲痛苦，相信輪迴眾生曾經是自己的父母，知道眾生父母與今世的父母一樣恩重如山。如果我們只求自己一個人解脫，而不爲眾生著想，那是自私自利的行爲。因此，我們要有報恩於眾生父母的心願，要有使眾生幸福快樂的慈心，和讓眾生永離痛苦的悲心。如果我們自己沒有產生眞正的菩提心，那麼無論我們修學什麼樣的殊勝道法，都不可能得到任何正道眞功德，這與紙老虎、假油燈一樣徒有其表，沒有任何實際作用。

修學佛法的人，首先要有厭離心、菩提心和清淨正見。在此基礎上積累二資糧，勤修三學，常具四無量心，堅持行十善、六波羅蜜多法。最後，可以把解脫無上佛果在即身即世修煉成就，並可以向污穢輪迴苦海說一聲再見，這便是無與倫比的永恆快樂之寂靜。

7

邁向恆久快樂的步伐

從無始輪迴到今天，我們在無盡的輪迴流轉中忙碌不停，從未有過閒暇時光。前生前世的所作所爲，就像昨夜的一場夢，總是處在連續不斷的迷惑和沒完沒了的行動中。我們可以試問自己：我到底是誰？在尋找答案的過程中，我們發現自己的名字是父母取的，不能說名字就是「我」。我們身上的血和肉等物質成份，是各種微塵元素的聚合體，和泥土塑造的人像沒有什麼差別，在其中也無法找出「我」在哪裡。再看看我們的心識，一直處於迷惑不悟的無明中，今世投入到人的身體裡，我們就認爲它是人；前世心識曾投入到狗的身體裡，我們應該說它是誰呢？下一世心識投入到蛇的身體裡，我們又說它是誰呢？面對變化多端、輾轉投身的心識，我們永遠也得不出一個肯定的結論，更不能把廣泛納入輪迴習氣的無明心識說成是「我」。還有，對於「心識」，我們永遠也無法說明它是什麼東西，無論如何也找不出它的形狀、顏色和大小。

其實，我們所執著和維護的「我」，就是由迷惑「心」假立產生的。我們認爲是「我」的主要組成部分是身、口、意三門，其中身就像奴隸，口就像信使，意就像國王。如果我們的心能夠進入無迷正道，那麼我們的身和口就可以隨之自然而然地進入清淨正道，並且可以消滅從「我執」迷惑中產生的所有痛苦。

在心向善法、破除迷惑之根——「我執」的過程中，首先要皈入佛法勝門。皈入佛門時必須知道佛法是由滅、道二諦組成。所謂的「滅諦」，是指涅槃成佛；「道諦」，是指涅槃成佛的道路。要獲得最終的覺證佛果，首先必須學修得果之因——佛法。求取佛法，要依靠通達所有法門的善知識。在依止善知識學修佛法時，爲了結下善緣，要對佛法和開示佛法的上師進行禮敬供養。在聞學佛法的過程中，特別重要的是要有三善（初善發心、中善無觀、後善迴向）勝因。

三善

三善之中的初善，是爲方便修法而大發願心。要發願：我要讓眾生脫離痛苦因果，將眾生置於圓滿佛果位，爲此我要聞學佛法。這個願心就像鐵鉤一般，可以讓善根勝種得到很大的提升。

三善之中的中善，是爲了使善業不被惡緣抵消而正行修無觀。要領會基位大中觀、道位大手印、果位大圓滿三者的見解。初入佛門的人，其觀點能夠接近以上三見解，就可以視爲正確。所有世間諸物，雖見其有，但沒有眞實本性，一切就像魔術、夢幻、海市蜃樓、水中月影一樣應視爲不實之物。對佛法聞、思、修時，要集中身、口、意三門的所有精力。

三善之中的後善，是爲增長善業而進行迴向。當修法行善告一段落時，如果不立即把善業迴向給利他成佛之業，那麼體受一次善報後，善業便會消失殆盡。還有，累世累劫積聚的善業，會被剎那的怒氣破壞消滅；對善行產生懊悔或炫耀善業，也會使善業減少或毀滅。爲使善業不受破壞，迴向時要有修法者、所修的法、修法行爲三輪虛無、空性的領悟心，在此心與慈悲菩提心無二和合中迴向、發願。換句話說，就是在正見的引導下，以三輪體空之清淨心迴向，這種迴向法是無毒清淨迴向。

接近無毒迴向的迴向法：觀思我在三世累代中所積累的善業、佛與佛子們所擁有的無漏善業，以及眾生具有的全部有漏善業都合爲一體，爲了使眾生都獲得圓滿佛的果位，遵照從前佛與佛子們以三輪清淨之心迴向善業的方法，我也把善業迴向給眾生。

以上三善，是皈入大乘法門者修取解脫佛果的微妙三法寶。

追隨上師，按部就班

產生廣大願心菩提心，等起利樂眾生、具足二業的微妙菩提心之後，要生發廣大方便深密等起之心，即宣聽密宗金剛乘法門時，要觀想上師、眷眾、法、處、時五者圓滿。

如果視上師爲普通凡人，那麼這個人將不會修出任何成就。所以，在五圓滿之中，首先要把上師視爲眞佛。上師的智慧密意爲法身，其智慧幻化相爲色身，法身和色身無二和合爲雙運金剛身；明空爲身金剛，響空爲語金剛，覺證爲意金剛，如此具足三金剛本性的上師，是九皈依境的性相。

眷眾圓滿：因爲眾生都具有佛性，未來都可以成佛，所以，我們應該視學法眷眾爲空行勇士和空行母。處圓滿：清淨上師和眷眾不可能在不淨之處安住，所以，我們應該視師徒傳法學法之處爲無上密刹佛國。法圓滿就是光明大圓滿法等。時圓滿就是恆常無斷時輪。這五圓滿本原俱在，我們要做的就是認識它，並且在其中觀修萬物清淨圓滿。

具足以上等起心的人，其行爲之中應斷除聞法三過：不聽取之過、聽而不記之過、法與煩惱和合之過。

不聽取之過就像容器口朝下，無論從上面傾注多少水，都不會進入容器內，這種人無法聽受所傳善法。因此，上師講經傳法時要認眞細心的聽取。

聽而不記之過就像容器有漏洞，無論往容器內傾注多少水，都會漏光無餘，這種人不能領會佛法的深密要義。因此，要在心中深刻領會和記住佛法的心要義理。

法與煩惱和合之過就像在美味可口的食物中放進毒藥，吃得越多，中毒越深，這種人聽聞到的佛法不能成爲煩惱的對治法；相反地，法學得越多，煩惱也越多。因此，聽法學法不能有煩惱邪執。

聽聞佛法時還要斷除傲慢、無正信、無欲樂心、心識外散、內收昏沉、疲厭等六垢，還有記詞不記義、記義不記詞、不解句義而記、錯記、前後混淆而記等五不記。

聽法學法要依止四想，分別是：把自己看作病人之想，把佛法看作良藥之想，把依法修行看作治病之想，把傳法善知識看作良醫之想。

聽法要聽取六波羅蜜多法，學法也要學修六波羅蜜多法，這樣宣說和聽聞佛法，將能得到無量不可思議的功德。一個畜生若能聽到傳法的螺號聲，也可以從惡趣中解脫。如果有機緣能夠聞法思法、依法修行，那是最有福分的人。

修學佛法不能只做表面文章。自己宣稱要奉修佛法，別人也把你當作修法之人，這樣從表面上看來你算是個修法之人，但是，作表面文章並不能斷滅過障，也無法增長功德，更不能獲得解脫佛果。一個具格的修法者，最終要用領悟無我的智慧來破除我執，用驗證慈悲藏空性二諦無分的勝義智慧來取得二身雙運的佛果。要獲得這樣的佛果，必須積累福慧二資糧，而且，最重要的是先要有信心。信心就像種子，如果種子被火燒過，就不會生根發芽；沒有信心的人，不可能生出菩提綠葉，更不可能結出妙善白法之果。

信心生出功德

佛祖教導我們「勝義」要由信心來領悟證取。信心分爲清淨信、現求信和勝解信三種。清淨信是歡心於上師三寶，樂於隨上師三寶修學，淨信上師三寶的功德，心中沒有絲毫的疑心雜念。這個清淨信就像年輕人遇見紅顏知己，愛慕之心頓時從心底深處湧現而出，任何阻力都抵擋不住。

現求信是在渴望脫離輪迴、渴求涅槃之恆久快樂的前提下，樂於求取世俗所見善法、勝義智慧善法和雙運無別善法，並且對萬法能夠正確取捨，這個現求信就像商人求利經營。

勝解信是對基、道、果諸法深信不疑，堅信宣說基、道、果法的教言是無僞眞言，然後在這個基礎上學修基、道、果諸法。勝解信就像秋天的果實，人們在確信碩果纍纍的前提下，才進行秋收勞作。

具足以上信心有許多功德：信心就像肥沃的土地，有了沃土才能使菩提種子生根發芽、開花結果；信心就像大海中的航船，乘船可以渡過輪迴苦海；信心又像保護神，護送你安全越過煩惱敵陣；信心像千里馬，送你到解脫佛國；信心像如意寶珠，讓你心想事成；信心像勇士，能夠戰勝所有惡業。沒有信心，功德再多也像美女失去雙眼。所以，信心是生長一切善法的基礎，有了信心，才能得證諸佛智慧。

首先，要以信心來依止指明正道的上師，以信心來依靠隨上師修法的道友。其次，要用信心來聽聞佛法，然後把聽到的法義進行認眞地思辨和修持。最後，要用信心求取微妙菩提——諸佛的智慧，並且引導有緣眾生進入解脫正道。在大海中航行要依靠好的舵手，同樣地，修法路上要依止指明正道的導師，才能證取無上解脫佛果。我們從用信心依止上師，用信心朝拜佛像、佛經、佛塔三佛田，用信心禮敬和繞轉等來積福除障開始，直至修習究竟道法，要用非盲從迷信的理性勝解信心去尋求無僞難得、得則具有殊勝意義、此生能夠心想事成、往生得到恆久快樂、勝過傳說中如意寶珠千萬倍的皈依物件是一件非常重要的大事。

從輪迴到涅槃的所有因果萬法都包括在苦、集、滅、道四諦之中。就像不食有毒物便不生疾病一樣，如果沒有集因——惡業與煩惱，就不可能產生三界輪迴的痛苦苦果。同樣地，如果能夠修成道因眞諦，就可以證得涅槃智慧滅諦。

在進入恆久快樂之門的路途中，我們可以採取多種方法行路。下士或勇氣小的人，在認知三惡趣爲痛苦世界的前提下，有了出離三惡趣的心願，並在此基礎上斷捨十惡和修取十善，或者修煉禪定，從而修得天人勝果，脫離三惡趣痛苦。中士或勇氣中等的人，在認知三界六道輪迴爲痛苦世界的前提下，用出離心和戒律嚴格約束自己，透過修煉禪定和斷除煩惱垢障後證得人無我，斷除部分所知障後證得部分法無我，從而修得阿羅漢果位，步入解脫涅槃妙道。上士或勇氣大的人，在出離痛苦輪迴和獨自解脫有寂二邊的前提下，了知業、煩惱、所知及習氣都是應斷垢障，用體證道諦、勝義兩者無我的智慧來成就佛果法身，這是唯一的無垢正道。

產生輪迴痛苦的根本原因、毀壞解脫種子的惡敵、集諦業緣和煩惱的根源，就是我執。所以，我們要努力修學我執的對治法——無我智慧，這就像沒有魔術師後，所有魔術幻相自動消失一樣。尤其要修學無上極乘妙法大圓滿究竟離戲本原法性，要超越以念治念，要在智慧本原解脫法界中斷滅業緣、煩惱、所知及習氣，從而即身成就佛果法身，這是最殊勝的修行方法。在修法歷程中的遠道、近道、捷道和最快妙道的快慢分別，就像我們爬行、步行、乘車和坐飛機，有著很大的差別。修習捷徑妙道之法，可以讓我們在較短的時間裡獲證佛果。

8

魔術遊戲般的無常

我們的眼、耳、鼻、舌、身、意所對應的境界色、聲、香、味、觸、法，都是無常而且必將滅亡的東西。我們眼睛所看到的色物，無論大小，都是由「四大」作爲基本因素的聚合體，而且都是無常、不斷變化的物體，就連物質的基本組成成分「四大」，也在不斷地生滅變化之中。由微塵堆積而成的堅固高山大地和大海湖泊圍繞的世界，都會有毀滅的時候；同樣地，日月星辰等所有無生命和有生命的萬物，都會發生變化，直至毀滅。

爲什麼一切萬物都會發生變化，直到最終毀滅呢？因爲它們都有從初始到形成的過程，有成必有壞，有生必有死，世間萬物都必須遵循這個自然規律，無一例外。萬物的生滅過程，不僅有開始生的時候和最後滅的時候，還有剎時不停的變化過程。我們從兒童到老年的巨大變化，是眾多剎時變化積累的結果，是在長期不斷變化的過程中逐漸變老的，而不是有一天突然變成了老人。

在談論以上問題時，我和你的壽命又失去了幾剎那，我們又向死亡邁進了一步。其實我們的這個血肉身軀非常脆弱，無法忍受微小的寒暑變化，碰到銳器會劃破，撞到堅硬的東西會破碎，強力拉扯會撕裂，就算小心放置也會染上四大疾病而死亡。甚至有時候，在吐完一口氣之後，因無力再吸納另一口氣而中途死亡，頃刻間活人變成了死人。不僅我們脆弱的軀體如此變化無常，就連堅硬的岩石，和此劫形成以來所有的山河大地，也是在剎時之中變化生滅。

眼睛所能看見的大小色物，在變化無常中生滅的同時，我執的對象——身體，也在無常中不停地變化生滅。同樣地，耳朵所聽到的聲音就像空谷回音，也是變化不實；還有香、味、觸、法也無一例外地不可靠、不堅固、不恆久。我們自身的意識活動和上述色、香、味等一樣，沒有任何眞實可靠的成份，就連我們每個人的人生旅程也像昨日的夢，昏沉不醒，一片迷妄。

如果我們是朝著同一目標前進的旅伴，而且都是被迫踏上這個旅程的，我們的路又是伸向虎豹之穴，那麼我們一定很害怕，一路上都會想著前面即將遇到的凶猛虎豹。而我們即將面對的死亡，其實要比凶猛的虎豹可怕得多，在這種情況下，我們不去思考怎樣迎接死亡，反而無憂無慮、悠閒自在的生活，這種迷妄和勇氣是無論如何也不應該有的。

無常現前的真實事件

在這裡，我想說一件我自己親身經歷的無常事實。

我小時候身體比較瘦，眼睛又大又亮，突出的兩頰格外顯眼。到了中年，我的身體結實健壯，面部圓黑發亮，牙齒潔白整齊，一雙明亮的眼睛炯炯有神，人們都說我長得很英俊。但是，一樁意想不到的突發事件在一九八二年的秋末發生了，一場車禍把我傷成了醜陋的模樣，從此我便成了看起來令人生畏、聽起來讓人悲傷的人。母親備加愛護的寶貝，佐欽寺僧俗信眾敬仰喜愛的活佛，成了身體終生殘缺的殘疾人。

那年秋天，爲了完成佐欽寺的弘法利生大業，我準備前往印度。還沒有出發之前，我在大雪山前的岩石上燒了柏香淨煙，並且在供塔上掛了適應自己屬相的藍色彩旗，以及其他各種顏色的風馬彩旗。我還大聲誦念經咒，圍著供塔右繞了三圈。當我向空中拋撒五色風馬彩紙時，看見東邊的彩雲正伸向南方，有一隻雄鷹在彩雲邊展翅翱翔，我的心頓時激動起來，頃刻間想起了很多悲喜交加的往事。待我重新鎮定心神時，我提醒自己不要忘記所肩負的弘法重任，並在心中暗暗向佛與佛子發願、祈禱，還以虔誠之心暗暗領受了微妙菩薩勝戒。

在燒供淨煙、祈願順利的那一天，我以無比眞誠的敬信心呼喚十方三世諸佛與善法護法神眾、吉祥天地山神，祈求諸佛諸護法助我一臂之力，保佑我早日完成弘法利生事業，不負前輩大德們的重託。之後，我便乘坐吉普車，駛向了高山峽谷中彎彎曲曲、坎坷不平的土公路。

我和駕駛員以及幾位同伴上路的第二天，當我們在黎明前的熹微中開車行駛時，遇到了前方有一位黑臉姑娘，她正背著空木桶要去取水。按照藏族人的傳統習俗，行路人遇到空木桶是很不吉利的凶兆，但我們都沒有把這件事放在心上，我還平靜地念誦藏人常念的本尊禳解文。當我們越過高山、進入異地他鄉的那一刻，一股強烈的西北風忽然吹得天昏地暗，當時我們的吉普車正疾速往山下飛奔，突然，一輛貨車也以飛快的速度迎面向我們衝了過來。撞車之後，我們的車被擠壓成一團鐵球，使得要將傷患從車裡解救出來變得非常困難。

就在撞車的那一剎那，我只聽到一聲鐵與鐵相互碰撞的巨大摩擦聲，瞬間我便感覺到全身的血液往頭部湧去，一陣劇烈難忍的疼痛使我立刻昏死過去。在昏迷中，我感受到快速展現出來的死亡次第，在一時的休克瀕死中，我還體驗到了本原光明的顯現。就在智慧與心念分離、距生死之間只差一步的那一刻，由於蒙受上師本尊的加被、誠心淨諦的護佑和從前發願的助力，使我又從昏死休克中甦醒過來。當我以明、增、得的次第從昏死返回世間之後，經歷了從昏迷模糊到神志清醒的全部過程，並有了一生當中生死不止一次的無常體驗。

在發生車禍前，我的四肢五根功能發揮正常，身體非常健壯。意外發生之後，我滿臉是傷，血流不止，勉強能夠睜開的右眼只能看見一片紅光，而左眼卻是怎麼用力也睜不開。當時，我用鮮血寫下了一首「無常」詩，想用這首血詩提醒後人常思無常。現在，我的左眼已經殘廢了，左腿因骨折而造成行動不便的後遺症。這是降臨到我身上的、眞實演示無常規律的無常上師。

作爲接受過上師的教導和熟悉佛法義理的人，我沒有怨恨自己所遭遇的不幸，相反地，我時常發心用此遭遇把我的快樂和善業佈施給眾生，把眾生的痛苦和惡業轉移到自己身上，讓一切如母眾生的所有痛苦從此消失淨滅，並且在眾生的心中植入解脫的種子，使眾生能夠很快往生到極樂世界。尤其是那個開車衝向我們的貨車駕駛員，他和其他眾生一樣渴望快樂，厭惡痛苦，我發心祈願他不要在這一生和往生遭受業報。我進一步大發願心，願所有與我結下善惡因緣的眾生，都能獲得菩提心的滋潤。爲了在行動中實踐願心，我多方請求免除貨車駕駛員的所有責任，不要給他任何懲處。

經過一段時間的治療後，我拄著拐杖、拖著殘疾的身體繼續上路，沒有退縮，沒有畏懼，終於完成了肩負的使命。

生命如輪迴海上的幻化船

無常就是這樣，一個健康正常的人，頃刻間就可能變成皮開肉綻、傷筋斷骨的殘疾人。這個地球上有很多人過的是富足的生活，年輕且充滿朝氣，根本不曾想過無常和死亡。但是，當一次又一次的突發遭遇降臨到他們身上時，他們當中的很多人便會突然喪命，這樣的實例不勝枚舉。我所經歷的瀕死經驗告訴我：無常存在於隨時隨地，死亡每時每刻都在召喚我們。

我們因爲有前世累積的福德，所以能夠在今世獲得暇滿人身如意寶。與其他眾生相比，人類在數量上是非常稀少的，在智慧上是超群的，能得到人身，就像在針尖上挑起豆子一樣稀有難得。我們來到人世間後，與業緣相互關聯的父母、親友和子女共同生活在一起，這期間雖然有許多快樂和幸福，但也有很多失意和痛苦。當與父母親友短暫離別時，我們的心會感到憂愁傷感；當我們得了重病或即將死亡時，我們的心又會悲痛欲絕。因此，我們要經常想到自己將會有生病和死亡的時候，並且要考慮如何才能圓滿結束這個自己備加珍愛的生命和軀體。

當初，我們因父母的精卵結合而被生下來，經歷了嬰幼兒、少年和青年時期；今天，我們當中的許多人已經進入中年或邁入老年。隨著歲月的流逝，我們將一天一天的走向衰老，身體的變化將越來越大，我們機體的四大平衡協調能力將越來越差。當四大失衡而生病時，我們已經臨近死亡了。

雖然死亡很可怕，許多人甚至害怕提起「死亡」二字，但是我們仍必須面對死亡，因爲任何人都無法逃避走上死亡之路。從前來到世間的皇帝、皇后和宰相等人中顯貴，雖然他們擁有至高無上的權力和主宰一方的能力，卻依然不能不走上死亡一途。就連任意駕馭氣心的大成就者，也顯示了涅槃入滅之相。我們的這個軀體就像水泡般脆弱，經不起任何大風大浪的衝擊，對此，我們還能找到什麼可信賴之處和能夠恆久不變的東西呢？

當然，我們都知道自己終有一天會死亡，但是我們卻把死亡那一天想得很遙遠，總是認爲現在還不是自己死亡的時候。如果我們固執地把死亡當作遙遠的、未來的事情，那是非常危險的，因爲人生的壽命誰也無法猜定，當死期到來時，誰也無法事先得到通知。我們不知道自己是明天死還是明年死，也沒有把握不會在今晚就死去，我們無法肯定死後一個月不會投生爲可怕的畜生。儘管如此，我們就像被牽進屠宰場的牲畜，除了等待死亡，沒有任何其他可以改變現狀的辦法。

《佛說勝軍王所問經》中這樣說道：「勝軍大王，如果四周堅固高大的山都往內坍塌，那麼其中的草木和動物，很難從災難中快速逃離，或用武力征服災難；或用財寶收買災難；

或以藥物制止災難。同樣地，眾生也很難從生、老、病、死四怖畏中快速逃離，或用武力征服怖畏；或用財寶收買怖畏；或用藥物制止怖畏。」誠如佛祖所宣說的，我們的壽命流逝得很快，和閃電、滾石、瀑布一樣一瞬即逝，我們確實沒有很長的時間可以安心居住於人世間。因此，我們一定要努力實現暇滿人身的重大意義，這件事情已經迫在眉睫，必須趕快行動。修習善法之初，需要修學的祕訣便是觀思人生無常。在大圓滿龍欽心髓妙法的經典中，遍知大師吉美林巴宣說了如下開示法語：

如果我們之中的某個人，突然來到一個大沙漠的中央，沙漠中不僅見不到行人的蹤影，也看不到任何飛禽走獸。在狂風肆虐中，只有枯木乾草在作響，乾旱廣闊的沙漠顯得異常荒涼恐怖，孤獨的人一定會感到傷心和絕望。

就在這時，這個人突然看見兩個人朝自己走來，他不知道那白色的男人和黑色的女人來自何方。待他們走近時，兩個人同時告訴他，有一個叫做六聚幻化城的地方，那裡有許多如意寶貝，希望他能夠一起乘船過海，前去取寶。這個人同意了。

當他們到達海邊時，只見大海廣闊無邊，海面上波濤洶湧，海裡有許多鯊魚等眾多凶猛可怕的食肉海獸，一旦遇到這些海獸，人人都必死無疑。驚恐之餘，這個人很想馬上逃離，但又想得到寶貝，想來想去還是心驚膽戰地上了船。

當船到達大海中間時，海面上突然刮起了狂風，令人恐懼的狂風把他們手中的雙槳頓時吹成了碎片，巨大的海浪把船拋入空中後，又好像要把船拉入海底。此時此刻，他們想逃離卻無處可逃，高聲呼救也沒人應答，想抓住船隻不放又無濟於事，死亡以迅雷不及掩耳之勢強行降臨到了這個人的頭上。以前雖然知道死亡終將到來，但他並沒有爲死亡積修善法，如今子女、財產、家人和親友即將與他永別，世間所有的一切都不能給他帶來一絲一毫的幫助。在恐懼和無助中，束手無策的他只能絕望地嚎啕大哭。

就在這千鈞一髮的時刻，對面當空，恩重如山的上師化作蓮花生大師的威儀之相出現了！上師告訴這個人：「你從前視輪迴苦海爲如意寶洲，根本沒有想到要爲死亡積修善法。如今你的攀緣執著是從根本無明中產生出來的，引誘你的一男一女是俱生無明和遍計心識，你身處的大海是無邊輪迴苦海，你乘坐的船是猶如水泡般的有漏幻化身軀。划船的雙槳突然破碎，是日夜相續的人生壽命到了盡頭，再也無法彌補延續。善男子，今天你不僅要面對死亡，而且要接受先前所積的黑白善惡二業的果報，你準備如何面對這即將發生的一切呢？」

於是，這個人就在痛苦和驚慌中誠心誠意的祈禱上師，祈求上師恩賜加被。絕望的人終於得到了上師的護佑，上師從心際放射出繩索一般的光芒，當光芒照到這個人的心際時，船徹底翻在了海裡，同時他的身體與心識分離而死亡。這個人死後，就在三身寶蓮光明宮中，證得了與蓮花生大師無二無別的佛果。

吉美林巴大師要求我們：對遭遇同樣厄運和遭受恐怖折磨的眾生，要有救度之心和能夠修成救度能力的宏願。今後，我們要把三時諸念置於無執無著的境地，讓念想自由放鬆，不加取捨執著。我們還要在各境各域分別放置守護神——正念。

心懷慈悲，觀想死亡情景

鄔金蓮花生大師要求我們這樣觀修：在一個山口朝北的大山溝裡，不知道自己來自何處，那裡既沒有行人，也沒有任何生命活動的聲音，四周一片黑暗恐怖，只聽見瀑布河水嘩嘩飛流，狂風嗚嗚吹掃，枯草在風中凄涼地顫動。太陽快要下山了，高聳入雲的山崖邊，不知從哪裡飛來的烏鴉在呱呱亂叫。人在其中，忍不住大喊大叫了起來，面對空谷訴苦道：「孤獨的我，沒有朋友作伴，不知道該往何處去？我的故鄉、父母、子女和所有的財產，此時此刻都在哪裡呀？我還能回到家裡嗎？」

在悲傷迷惘之中，踉蹌走路的自己，一失足從懸崖上掉了下來。就在往下掉的過程中，看見崖石縫裡長有一把青草，於是拚命用右手抓住了那把草，吊掛在懸崖中間，從未有過的驚恐令全身上下不停顫抖。往下看是萬丈深淵，往上看是直指天際的懸崖，陡峭的懸崖側面平滑得就像一面鏡子。

狂風還在嗚嗚吹個不停，突然間，從右邊的岩縫中跑出來一隻白鼠，爬到那把青草邊，啃下一根草後叼著就走了。接著，從左邊的岩縫中又出現一隻黑鼠，和前面的白鼠一樣啃下一根青草後叼著走了。就這樣，兩隻老鼠輪流啃草，眼看著青草越啃越少，馬上就要被啃完了，自己很清楚這樣等下去不會有什麼好結果，但又沒有任何能力趕走那兩隻老鼠。

死亡已經一步一步地向自己逼近，心中害怕至極，身體顫抖得越來越厲害。這時心裡想著：「可憐呀！今天我就要死了，沒有任何逃脫的機會。只可惜此前沒有思及死亡之事，也沒有積修善法，往後要去的地方一定非常可怕。如今我沒有任何準備，而且根本沒料到今天就會死去。現在，死亡已經突然降臨，從今天起，我不得不和子女、親友、財產等世間的一切永遠分離，再也不可能相聚了。我就要進入到從前未曾到過而且又非常可怕的陌生地方，這一切將是多麼恐怖呀！我還能想出辦法避免一死嗎？」想著想著，便忍不住尖叫號哭起來。

正在痛苦和絕望中垂死掙扎時，對面當空突然出現了自己的根本上師。上師慈眉善目，端坐在蓮花寶座上，手裡拿著鞀鼓和金剛鈴，身穿六種莊嚴骨衣。上師對自己開示說：「有為之物皆無常，都在頃刻間變化生滅。人生壽命就像從山上滾下來的石頭，一瞬即逝，很快便會壽終命絕。不明白這個簡單道理的眾生，實在是愚癡到了極點。如今，你無法免此一死，還望你能夠對上師產生清淨的敬信。」

聽到開示以後，自己頓時醒悟，心想早知有今日的下場，當初一定會努力積修善法。事到如今，後悔也沒有用，無論生與死，一切願聽上師三寶的安排。自己還暗暗祈禱，希望上師能把自己從懸崖邊救走。想到這裡的時候，只見上師從心際放射出一道光芒，光芒照至自己的心際時，青草斷了，自己立刻被那道光芒送入極樂世界。到達極樂世界後，從自己的心際再放射出無數道光芒，把三界眾生也全都帶入極樂世界。這樣觀想時，心中要充滿慈悲。

如此觀思各種死亡情景之後，對待死亡便再也不能僅限於有所耳聞或知道會死，而是要時常觀思死亡。觀思死亡的做法可以視爲心法的修持，沒有修成這個心要法門，就不可能修成其他任何殊勝道法，所以，一定要經常用心觀思死亡。

9

虛妄和欺騙

輪迴是虛妄的騙局

我們從早到晚、從年初到歲末、從出生到死亡，一直不停地忙碌著，目的只有一個，就是希望爲自己創造安樂。我們積攢大量的衣食財物，希望享用後能帶給自己快樂。我們用一生的時間做準備，卻在準備工作還沒有完成之前，生命就走到了盡頭。忙碌一生並沒有給我們帶來快樂，到頭來一切準備工作成了枉費工夫，臨死時後悔已來不及。

如果可以用錢財購買壽命，那麼我們首先應該購買永生不滅的壽命，然後再努力積攢大量的財富，這樣才有足夠的時間能夠享用。除此之外，在不知道自己能活多長時間的情況下，利用大量的人生壽命來做長遠目標的前期準備，是自我欺騙的行爲，而這種自我欺騙的危害，遠勝於任何他人欺騙自己的危害。

我們所追求的幸福和快樂，歸根究柢就是想保護好自己的身體，爲身體創造舒適的外部環境。但是，不斷忙碌工作的結果，不僅無法保護好自己的身體，而且還會直接傷害身心的健康，而傷害身心健康，就會危及生命安全。我們不停地忙碌和工作的目的，就是爲了創造條件以延長壽命，享受快樂人生。但在實際的生活中，我們的忙碌卻總是無有止境，伴隨而來的痛苦也就多如繁星。我們爲了尋求難以得到的東西而受苦，爲了擔心失去已有的東西而受苦，爲了遭遇仇敵而受苦，爲了與親友離別而受苦，爲了弱小無力而受苦，爲了失去高貴地位而受苦，爲了與人競爭而受苦，爲了夫妻不和而受苦……，如此眾多的痛苦成爲剝奪我們生命的殺手，而這一切都是我們自作自受。

我們居住的地球從形成之日到現在，已有很多億年的時間，其間曾經在地球上留下足跡的人不計其數，除了遍知佛能夠知道具體數目外，誰都無法確切知道。逝去的人當中一定有很多大學者、大權威、大富翁和大勇士等，前人和我們一樣，一生都在為輪迴作業忙碌不停。當死亡降臨到他們頭上時，他們不僅要捨棄一生辛苦積攢的財物和父母子女、親朋好友，還要拋棄自己的身體，兩手空空赤裸裸地步入死亡大道。我們的祖輩也和先人一樣，一生都在日夜不停地忙碌，從來沒有脫離輪迴迷妄，他們一直都在做有利於此生的工作，可是還沒等工作做完，人就死亡了。現在，我們又步上古人的後塵，正在向死亡邁進。

眾生死後要面對什麼樣的苦樂境遇，取決於此前所積累的善惡業因，除此之外，沒有其他任何能起作用的因素。我們在世的時候，為了達到經營盈利、得到榮譽或抗敵扶親等目的，從貪慾和瞋恚出發，造作了很多迷妄罪業。想盡辦法積攢的錢財引來了盜賊和敵人的貪慾，認為是享受的美味佳餚變成了毒物而招致死亡，傾力相助的親友反目成仇，視為怨敵的仇人最後又變成朋友……，輪迴世事眞是多變又不可靠，一切就像昨夜之夢，都是虛妄和欺騙。在執著於毫無意義的虛妄假相所產生的貪瞋、苦樂、煩惱和悲傷中度過時光，是愚昧無知的輪迴過患。

一切世間法就像魔術師表演的魔術，都是虛假不眞實的迷妄誘惑，將此視為恆常不變的實相，是我們的無知和終將後悔的愚癡。我們要在理性思辨的基礎上，認清消滅我執惡魔和依修佛法才是正確無誤的選擇。要突破僅僅是認識或知道的範疇，反覆認真的觀思自己的所作所爲是在製造痛苦之因。這種觀思方法在大圓滿龍欽心髓法典中有以下的描述：

你走到一個遙遠不知名的地方後，在大山溝裡迷了路，不知道接下來該往哪裡走？就在此時，有八名陌生壯漢突然出現，告訴你說：「我們來自人稱阿賴耶的黑暗世界，聽說有一個離此地很多歲月路程的地方，叫做珍寶世界，那裡有取之不盡的寶貝。我們要排除萬難，到珍寶世界去取寶。」

對此，你沒有表示反對，考慮之後，決定跟隨八位壯漢前去取寶。在取寶的途中，你經受了寒風的吹打，闖過了猛獸出沒的險關，渡過了大江大河。你空著肚子，拿人生壽命作賭注，日夜兼程地趕赴珍寶世界。在極度勞累中，你就要走到生命的盡頭，頭髮和鬍鬚潔白如銀。就在生命的最後關頭，你終於如願以償，到達了珍寶世界，並且得到了很多寶貝。

你萬分高興的返回家鄉，走了離家只剩三天的路程之後，在一個叫做四相和合平野的地方，遇到了凶殘可怕的強盜七兄弟。他們搶走了你辛苦得來的寶貝，扒光你的衣服，捆住你的手腳，舉著弓箭刀槍對你大聲吼道：「可憐的人，如果有上師就祈禱吧，如果有本尊就喚請吧，如果有空行護法就求助吧！如果你什麼都沒有，那就想想死亡大敵吧！今天你已經到了生死離別的時刻了。」

聽了強盜的話，你嚇得六神無主、呆若木雞，心想：「天哪！我以人生壽命為賭注，歷經千辛萬苦所做的取寶大業，如今已經成為枉費工夫。現在看來，我還要賠掉最寶貴的生命。在荒郊野外遭遇如此可怕的強盜，實在是無處求救，此前付出的沉重代價，現在看來已經毫無意義。我還沒有到壽終命絕的時候，可是死亡卻以無法抗拒的力量強行到來。」想到這裡，你忍不住放聲痛哭起來。

就在痛哭之時，對面當空突然出現了具足四手印的鄔金蓮花生大師。大師首先以放收光芒的神通法力趕走了強盜七兄弟，然後對你開示說：「哦！可憐的有情，你把巨毒般的事情當作百味甘露而生出貪慾心。你遇見的八位陌生壯漢是心識八聚，你的心性智慧受到了心識八聚的欺騙。你所看見的珍寶世界是此生的快樂，它就像夢幻泡影，並不是恆樂不變的東西。你所經歷的艱辛和苦難是自取痛苦，是在製造迷惑之根。你的頭髮和鬍鬚變成銀白色，生命在視痛苦為快樂之中走向了終結。你在四相和合平野遇到強盜而即將喪命，這是四百零四種疾病正在把你送入死亡境地。哦！可憐的人，你因為貪戀世事而辛苦一生，但是到了今天，你所做的這些事情對你沒有任何幫助，反而讓你嚐盡了苦頭。你看看，你究竟做了些什麼呢？」

聽到開示之後，你對此前的所作所為產生了極大的懺悔之心，領悟到此生的一切都是痛苦，於是立即誠心祈禱鄔金蓮花生大師。這時，從蓮花生大師的心際放射出猶如鐵鉤般的光芒，光芒照到自己心際的同時，自己立刻往生到寶蓮光明佛國，並且成爲救度眾生的怙主。最後，把自己的心念置於輕鬆自然的境界。

觀思輪迴痛苦的方法

我們要反覆認眞的觀思以上內容，並且領悟到爲了此生快樂所做的事情，都是在製造痛苦之因。要堅持把以上觀思修煉到厭惡此生塵事爲止。爲了斷滅對此生的貪戀，鄔金蓮花生大師爲我們開示了以下觀思輪迴痛苦的方法：

最好獨自一人到非常荒涼的地方去，如果做不到，也可以在自己居住的附近找一個地方，那裡到處是破垣殘壁，野草在風中搖動，四周充滿了陰森恐怖的氣氛。或者到一個到處是病人和乞丐在痛苦哀歎的地方；還可以到從前繁榮快樂、現在衰敗痛苦的地方。如果這些都做不到，也可以獨自一人到一個安靜的地方，身體安坐於墊子上，半盤腿而坐，即右腳足心著地，左腳盤曲而坐，右手手肘置於右腿膝蓋上，右手掌托起右腮，左手手掌蓋住左腿膝蓋。這個痛苦的坐姿可以令心中突生悲心。

之後，要觀思眾多輪迴痛苦，並且要大聲喊叫：「哎喲！輪迴是痛苦，涅槃是快樂。」心中要反覆默想：「墮入火坑般的輪迴眞是可怕，三惡趣的痛苦不堪忍受，而且無窮無盡，更沒有一絲一毫的快樂。所以，從現在開始，不能再迷妄呆坐，要找出辦法脫離苦境。」然後觀想以下內容：

這個輪迴世界變成巨大的火坑，廣闊而深邃，滾燙如火山岩漿。以自己為首的眾生在裡面哭聲震天，並以極度痛苦的聲音喊道：「從無始輪迴到今天，我一直在輪迴火坑中焚燒，真是痛苦至極呀！」

這時，在頭頂上方的對面當空，突然出現了自己的根本上師。恩師身著六種莊嚴骨衣，手持鐵鉤形光芒，對自己開示說：「哦！自從墮入無樂火坑般的輪迴以來，現在是第一次有機會逃離苦海。三惡趣的痛苦無有邊際，其中沒有一絲一毫的快樂，現在正是逃離輪迴火坑的時候。」

聽到此開示後，自己立即思維：「就在這輪迴火坑中，自己從前被焚燒了很長時間，現在應該聽取上師的教導，由此使自己從輪迴火坑中解脫，而且還要把眾生也從火坑中拯救出來。」這樣發大願心時，上師手中鐵鉤形的光芒立刻照到自己的心際，剎那間，光芒就把自己送入極樂世界。之後，自己的手中也有一道鐵鉤形光芒，並用這道光芒把所有有情都送入極樂世界。另外，我們還要經常認眞詳細的觀思一切輪迴痛苦。

誠如蓮花生大師所開示的那樣，我們要堅持不懈的觀思輪迴痛苦，直至生出厭惡輪迴之心。當對輪迴世界產生出離心時，我們必然會修學殊勝善法，這可以看作是得生厭離此生的覺證。如果我們沒有厭惡輪迴，我們所修的法便不會產生任何重大意義，不能算是清淨的正法，從而很難令我們脫離輪迴痛苦。

10

三苦囹圄

觀想六道有情之苦

我們所有的感受，都可以歸入到樂受、苦受和捨受之中。這裡要談的痛苦，也可以歸類爲三苦。我們平常視爲快樂的東西，其實都不是快樂，而且最終都離不開三苦的範圍。因此，「輪迴無安樂，廁中無妙香」這句話，成了涵義深刻的哲理名言。

快樂和痛苦是相對的，兩者相互轉換時，不是快樂，就是痛苦。上面所說的捨受，其實可以歸入到痛苦的範疇中。我們輪迴眾生從來沒有體受過無漏殊勝的快樂，所以根本就不認識什麼是眞正的究竟快樂；相反地，我們還把痛苦視爲快樂，在暫時減輕痛苦中獲取快樂。俗話說得好，當身上的疥瘡發癢時，以搔癢來求得快樂，不如不生疥瘡來得眞正快樂。

但是，自從惡業之因造就惡業果身以來，我們一直把痛苦視爲快樂。譬如，當狗吃人屎時，狗並不覺得骯髒，牠想必是把人屎當作美味佳餚吃掉。同樣地，我們這些從未體驗過眞正快樂的人，根本就不認識痛苦的本來面目，反而常常執著地視痛苦爲快樂。就像《格薩爾王傳》中嘉察大將對弟弟格薩爾所說：「無病之樂病時知，人生寶貴死方明。」我們與身邊常見的畜生相比雖然很快樂，但與我們沒有見過的天界相比，就如同畜生與人的差別。天界雖然是輪迴世界中無與倫比的幸福樂園，但與佛國淨土相比又有很大的差距。再者，禪定帶給心靈的快樂，也遠遠勝過衣食享受的快樂。所以，我們要努力修學能夠脫離三界輪迴牢獄的方便法門，直到最終得證恆久快樂的解脫妙果。

三界輪迴中，上有天、人、阿修羅三善趣，下有地獄、餓鬼、畜生三惡趣，這六道輪迴的任何地方，從本質上看都沒有絲毫快樂，一切都是痛苦。佛祖釋迦牟尼說：「輪迴如針尖，永遠無快樂。」雖然天人從表面上看好像有些快樂，但往深處看，還是沒有一絲一毫的快樂。從共性方面看，人都有生、老、病、死之苦，針對個人來說又有各種不同的痛苦，比如：擁有時需要保護的痛苦，缺乏時渴望獲取的痛苦，遇到仇敵的痛苦，與親人分離的痛苦，父母先後去世後苦上加苦的痛苦，早樂晚苦導致壞苦的痛苦，三界輪迴無樂行苦的痛苦等等。細看輪迴，一切都無一例外地處在三苦之中，沒有一樣超出三苦的範圍。

我們自認爲是快樂的東西，如果細心研究分析，都可以認定爲痛苦。如果看一看三惡趣的痛苦，更是令人不堪忍受。可是業因造就的後果，又有誰能迴避逃脫呢？

對於所有受苦的眾生，我們要同情和可憐，要對眾生生起清淨無僞的慈悲愛心。修持微妙道法的人，尤其不能只把慈悲愛心掛在耳邊和嘴邊，而是要用眞心去分別觀想六道眾生的痛苦，直到在自己的心中生起永恆不變的慈悲愛心。至於觀想的方法，大圓滿龍欽心髓法典中有這樣的開示：

> 到一個僻靜之處，觀想自己走進大雪山中，那裡遍地都是厚冰，暴風雪鋪天蓋地，雪山裡的白天就像黑夜一樣陰森恐怖。極度的寒冷使自己產生渴求溫暖的念頭，此念一起，剎那間自己便進入到熱地獄之中，這個突然的變化猶如作夢，令人難以置

信。

在復活地獄中，四周平地都由燒鐵築成，四面八方都在燃燒熊熊烈火，和自己一樣來到其中的有情，多不勝數。那裡的有情要在火焰燒鐵中，受盡反覆生死的痛苦。復活地獄中的有情瞋恚熾盛，長期互相仇殺，刀砍矛刺的結果是全身傷筋裂骨，疼痛難忍，有時候甚至因疼痛過度而昏迷、死亡。但是，復活地獄中的有情不能一死了之，天空中會突然響起雷鳴般的吼聲，這個聲音甫一說出「復活」，地獄有情就能復活，身體也會恢復原貌，然後又重新開始仇殺、死亡和復活。復活地獄的眾生壽量是：人間五十年是四大天王的一天，三十天為一個月，十二個月為一年，四大天王所在的天界五百年是復活地獄的一天，這樣計算復活地獄：三十天為一個月，十二個月為一年，此地獄眾生必須感受五百年的痛苦。

當自己進入黑繩地獄時，凶猛可怕的地獄夜叉會在自己的身上彈上墨線，然後用銳利的鋸子順著墨線鋸解身體。在遭受劇烈難忍的疼痛時，自己不停地尖叫哭喊，直到死亡。黑繩地獄的眾生壽量是：人間一百年是三十三天的一天，三十三天的一千年是黑繩地獄的一天，此地獄的眾生需感受長達千年的痛苦。

從黑繩地獄逃離後，自己又進入到眾合地獄。在形狀為大象頭、獅子頭、山羊頭和綿羊頭的大石頭中間，自己被夾擠成肉泥，就連細小的毛孔裡也擠出了鮮血。劇烈的疼痛和所受的極苦，無法以語言形容。眾合地獄的眾生壽量是：人間兩百年是夜摩天的一天，夜摩天的兩千年是眾合地獄的一天。此地獄的眾生必須感受兩千年的痛苦。

從眾合地獄逃離後，自己又進入到號叫地獄。當自己進入大鐵房後，鐵門會自動關閉，四面八方頓時成爲火海，身體很快地被大火燒成灰燼。在無法逃離的火燒苦受中，自己只能痛苦地號叫哭喊。號叫地獄的眾生壽量是：人間四百年是兜率天的一天，兜率天的四千年是號叫地獄的一天。此地獄的眾生需感受長達四千年的痛苦。

受完號叫地獄之苦後，自己再進入到大號叫地獄。自己被關進雙層大鐵房內，完全無法從比單層鐵房堅固一倍的雙層鐵房中逃脫，其中所受的苦也比單層鐵房加劇一倍，是非常悲慘的地獄之一。大號叫地獄的眾生壽量是：人間八百年是樂化天的一天，樂化天的八千年是大號叫地獄的一天。這樣，此地獄的眾生要感受八千年的痛苦。

燒熱地獄中的有情要在地獄中遭受長達一萬六千年的痛苦，其中有燒鐵戈從頂門直穿肛門，七竅中生出煙火。有時候還把地獄有情放進熔解的鐵水中，骨肉頓時熔化無餘，劇烈的痛苦難以忍受。燒熱地獄的眾生壽量是：人間一千六百年是他化自在天的一天，他化自在天的一萬六千年是燒熱地獄的一天。此地獄眾生需感受長達一萬六千年的痛苦。

極熱地獄中的有情要在地獄中住上半個中劫，其時間無法用年數計算。當三刀串戈從頭頂穿入時，中間一刀直穿頂門，左右兩刀從左右肩膀插入；有時把燒熱的鐵片貼在有情身上；有時把有情放入熔岩鐵水之中，骨肉分離後頓時變成骷髏。一旦進入極熱地獄，痛苦加重百千萬倍，更是不堪忍受，號叫哭喊聲此起彼伏。

脱離極熱地獄後，又進入無間金剛地獄。金剛地獄中的有情在地獄裡要住上相當於世界一次成、住、壞、空的時期，這個時期是由四小劫組成的一劫。金剛地獄裡到處是火焰騰空、烈火燃燒，身陷其中會被烈火焚燒，痛苦的叫聲震天動地。在那裡只能聽見痛哭聲，看不見有情身在何處。金剛地獄是極度痛苦的地獄。

在遭受以上難以忍受的痛苦之後，對面當空突然出現了鄔金蓮花生大師，大師開示説：「哦！可憐的有情，你的瞋恚熾盛，從瞋恚之因出發，製造了眾多可怕的惡業。由於你仇視勝境，對殊勝的人和事發洩憤怒，所以現在正在接受苦果報應。今天，你要懺悔已做的惡業，對與自己一樣受苦的眾生大發慈悲愛心，要有自己一人承受其他有情所有痛苦的勇氣，這樣，你才有可能從痛苦中解脱。從前佛祖釋迦牟尼生爲地獄大力士而拉車時，同伴因筋疲力盡無法拉動車，而遭到地獄夜叉的毒打。佛祖釋迦牟尼產生了極大的慈悲愛心，甘願獨自承受拉車的所有痛苦，請求地獄夜叉把同伴的拉繩拴在自己身上。地獄夜叉拒絕了他的請求，告訴他眾生要各自承受自己的業報。地獄大力士被當場打死後，立刻往生於三十三天善趣，脱離了痛苦。」

聽到蓮花生大師的開示後，要眞誠發心：甘願獨自在地獄中爲眾生得到解脱而受苦，直到眾生都脫離地獄痛苦。發心結束後，觀想鄔金蓮花生大師從心際放射出一道白光，光芒照到自己，自己立即與蓮花生大師和合無二，從而證得佛果，獲得二業任運成就的威力。然後，又從自己的心際放射出光芒，刹那間救度所有眾生都脫離地獄痛苦，於是，地獄之中再無一個有情。

觀想自己又走進炎熱難受的大漠中，當心中產生渴求涼爽的意願時，周圍刹那間變成了雪原冰山。四周大雪紛飛，狂風呼嘯，到處是高聳入雲的雪山。在雪山中間的狹長山谷裡，和自己一樣墮入寒皰地獄的眾生，在嚴寒中全身上下都生出了瘡皰，渾身皮肉寒縮如泡。之後，漸漸進入更加嚴寒痛苦和壽命更長的寒地獄，其中分別有裂皰地獄、緊牙地獄、阿啾啾地獄、呼呼地獄、青蓮裂地獄、紅蓮裂地獄和大紅蓮裂地獄等。觀想自己受盡寒地獄諸苦。

在八寒地獄和八熱地獄的周邊，有近邊地獄。在地、水、火、風等住處無定的地方，有孤獨地獄。然後，要繼續觀想自己在近邊地獄和孤獨地獄中受盡各種痛苦。

有些人因爲深深貪戀自己的衣食財富，因此沒有供養財物於福田，也沒有給應該佈施的對象佈施財物，辛苦積攢的錢財沒有發揮任何作用和意義。而對財富生出吝嗇心之後，自己便投生爲餓鬼。

觀想自己已經投生爲餓鬼，外障餓鬼偶爾看見遠處有美麗的河水在流動，當艱苦步行到達河邊時，河水卻被手拿各種武器的夜叉守護著，或者是河水變成膿液等髒物。

內障餓鬼長年累月得不到一點一滴的飲食，要承受饑餓難忍的痛苦。即使偶爾得到一點食物，卻因小如針眼的口中無法容納而受苦；當少量的飲食進入口中時，又因細如毛絲的喉管無法吞食而受苦；當少量的飲食通過喉管時，又因無法滿足巨大如山的肚子而受苦。此外，還要經受腹大如山、手足細如草、舉步艱難等痛苦。

當飲食障礙的餓鬼將食物吞入腹中時，頓時變成燃燒的烈火而受盡痛苦。還有餓鬼吃餓鬼、冬天寒冷時連太陽光也冰冷、夏天炎熱時連月光也照射出熱浪等很多痛苦。

然後，觀想自己在承受旁生的痛苦。生在大海中的海洋生物和陸地上分散居住的動物，都要經受互相啖食、以大吃小、受人驅使等許多悲慘的痛苦。

投生於善趣的有情也沒有什麼快樂可言。生入天界的天人到了臨死前的七天，會出現各種衰相死兆。天人具有的天眼神通，能夠預見自己即將墮入的惡趣世界和惡趣痛苦，從而痛苦不堪。

投生於人間的人，脫離不了生、老、病、死的痛苦，此外還有求不得苦、怨憎會苦、父母一起亡故等痛苦，要承受的痛苦無法估量計數。

生入阿修羅道的有情，心中時常充滿瞋怒和嫉妒，投入戰鬥之後互相割截肢體等等，受盡各種痛苦。

我們要分禪座次第觀想六道輪迴的各種痛苦。當自己受苦號叫時，觀想對面當空出現了體相爲蓮花生大師的根本上師。蓮花生大師對正在受苦的自己開示說：「哦！可憐的輪迴有情，你隨意造作煩惱五毒業因，唯獨不能放棄我執我重，由此造出的各種罪業現在得到了報應，正在遭受如此多的痛苦。如今，你要斷除造作痛苦業因，認識到自己所受的苦是自己造出來的，是自作自受，要對惡業滅盡生出喜悅之心。你還要對受苦的他人生出慈悲愛憐之心，要修學殊勝菩提心，把別人的痛苦轉移到自己身上，然後依修對治法。如果能這樣做，你將擁有解脫的機會。」

聽到開示後，自己開始深深地同情承受眾多痛苦的輪迴有情，發願由自己在累世累劫中承受六道眾生的所有痛苦，讓六道輪迴有情早日解脫成佛。就在發心結束的一刹那，觀想自己頓時從遭受的痛苦中解脫，一切怖畏和痛苦猶如幻夢一般消失於虛空，並且與鄔金蓮花生大師和合無二，證得正覺佛果。觀想由自己放射的光芒，照至所有惡道眾生，把惡道眾生都領入四持明果地。然後，斷捨一切心念，讓心在無觀法界中輕鬆安住片刻。

在觀想輪迴痛苦的過程中，我們不能成爲觀看別人割截受苦的旁觀者，而要親自投入進去，讓自己眞實體驗受苦的滋味。當觀想輪迴痛苦時，如果心中能夠產生憂傷悲痛的感覺，那麼就有了厭離心。如果再於心中生起脫離輪迴痛苦的渴望，那麼便有了出離心。所以，我們要對六道輪迴中的如母眾生產生慈悲愛憐之心，要斷除罪惡黑業，供養三寶，努力奉行唯一白法善業。

觀修暇滿人身難得的方法

為了觀修暇滿難得，鄔金蓮花生大師要求我們到蟲穴蟻巢等有眾多生物的地方去看看，然後在那裡端坐身體，雙足呈金剛跏趺坐，雙手結定印，觀想以下內容：

外器世界猶如廣大的天宇無邊無際，其中處處都有遭受痛苦的無數六道有情。中央一座高大的岩山上面，靜坐者唯一獲得人身的自己。在陡峭的懸崖上面，危機四伏，自己隨時都有掉下去的可能。此時此刻，心想：「在如此眾多的受苦有情中，獲得暇滿人身的唯有自己一人，這都依賴於前世積修了善法，才能獲得如此難得的人身。如果枉費虛度人生，將會墮入山下的痛苦世界中，而這難得的人身不久便會失去，之後的去路仍然只有山下的痛苦世界。」想到這裡，心中頓時充滿了恐懼和驚慌，忍不住哀號起來。

就在這時，頭頂上空出現了自己的根本上師。上師的雙手結施依印，開示說：「哦！能夠獲得暇滿人身的機會只有這一次，所獲得的人身雖然美好，但是不能長久不滅，因此，要想到即將墮入惡趣輪迴的危機。今日得獲人身之時，如果不能成就大業，那麼今後再想得到暇滿人身就非常困難了。所以，你要利用這個人身，修證圓滿佛果。」

聽到上師的開示後，自己要發願心，利用獨自擁有的難得人身來脫離輪迴痛苦，證得解脫正果，然後要救度山下的受苦眾生，讓他們都證得解脫正果。此刻從上師的心際放射出一道光芒，照到自己身上，自己頓時往生極樂世界。之後，再從自己的心際放射出無數道光芒，照至山下眾生，把山下有情都領入到極樂世界中。在這樣觀想的過程中，自始至終要對眾生大發慈悲愛心。

經常具有慈悲愛心和努力修習善法，就一定能得生證覺和改變凡心，因此，發心修法一定要努力精進。一個有情修道和成就佛果，說到底就是徹頭徹尾地改變這個有情的身心。

我們這些充滿過患和一直處於迷妄中的人，當從受盡折磨和痛苦的迷夢中醒來時，所有的痛苦便會就地消失。修法成佛的過程如同惡夢甦醒，在成就正覺佛果的那一刻，所有的迷妄便會全部消失，展現在佛面前的新景象就是：清淨智慧中具有的功德圓滿和任運成就利業。因此，我們一定要把握現在用小努力就能得到大成就的絕好機會，努力修法，爭取即身成佛。

11

永恆解脫的指路明燈

上師是帶領我們解脫的指引

三惡趣的痛苦是不堪忍受的，三善趣中也有很多難以計數的痛苦。但是，我們不能在痛苦中感到絕望，不能認爲沒有辦法脫離痛苦，因爲佛陀有能力和辦法把眾生從輪迴世界的各種痛苦中解救出來。

總的來說，眾生各自的業果只能各自承受。一個有情的業債，即使由一千尊佛陀來幫忙清洗，也洗脫不掉。這不是因爲佛陀沒有慈悲心，而是無法破除眾生各自的因果業報規律。這就像一個人睡著後，他所做的夢誰都無法阻擋。假如眾生不必遵循因果業報的規律，佛陀也能隨意救度眾生，那麼，具足慈悲愛心的佛陀，肯定早已散發慈悲光芒，在很多劫以前就把眾生全都度完了。

這樣看來，難道是佛陀的慈悲愛心無法對眾生起任何有利作用嗎？當然不是。諸佛自從最初發菩提勝心以來，一直在施行利生事業，從未受阻和間斷過。雖然佛陀無法用水清洗眾生所造的宿業，也無法用手拿走眾生的痛苦，更無法把佛陀自己的覺悟智慧移植到眾生的心裡，但是，佛陀弘揚的微妙善法，就像甘露妙藥一樣，能夠治療滅除眾生的煩惱五毒，使眾生從輪迴痛苦中解脫。如果有人問：佛陀現在不在人世間，甘露妙藥般的善法該向誰求取？我可以明白的告訴你：甘藥般的善法不在天界和魔界，也不在梵天等三界神仙和世主的手裡，更不在世間的國王和大臣權貴們的手裡。要求取甘藥般的善法，就必須依止善知識上師和依靠善法良友，只有他們才能宣說微妙善法。

我們學法修法時，不能只是看經文和做樣子，要像攪奶提取酥油和燒柴生起煙火一樣，在學修佛法的過程中，透過實修實證獲得實際成就。要得到實際成就的方法，就要聽取上師的開示祕訣。誠如佛祖釋迦牟尼在《顯密大集經》中所說：「要經常依止有學識修養的眾上師，爲什麼呢？因爲學修功德從中而來，這就像爲了醫治疾病而需依靠醫生，所以，要毫不懈怠地依止善知識。」

依止上師必須依止具格的上師，要在認眞觀察後選定具格上師。如果只是把具有上師名號和穿著紅黃僧衣的人當作具格上師，那是非常可悲的盲目行爲，因爲其中一定會混雜不少滅佛滅法者。佛祖曾經告訴我們：「我的教法，一定由不是我而外表像我的人滅掉。」

上師應具備的條件

那麼，我們應該依止什麼樣的上師呢？

可以依止的具格上師，首先應該是身心被三學調伏開化，在此基礎上具足博學教法的教證功德，對眾生大發慈悲愛心，施行利生事業無憂無怨、努力不懈。尤其是傳授別解脫戒的上師或善知識，一定要具足戒律，並且受戒超過十年，十年間未曾間斷，戒規沒有遭到破壞，還要具有博學淨行的功德。傳授不共菩薩戒的上師或善知識，在具有心地善良和舉止溫和等功德的前提下，應視眾生爲兄弟姐妹般充滿愛心，把眾生當作未曾相識的親密好友，具足無量無邊的慈心和悲心。傳授密法的上師，要受過灌頂、恪守三昧耶戒、具足十眞性和八自性等功德。

這裡需特別說明的是傳授大圓滿法的具格上師。這個上師必須是大成就法脈傳承的繼承者，具有耳傳聽聞得度法的傳承，熟悉前輩上師施行二業的方便德行，經過努力修煉之後獲得大成就，把握自見之後能夠任運駕馭他見，慈悲俯視輪迴而引領眾生至解脫佛地，得證諸佛密意之後具足三寶功德。尤其重要的是，這個上師必須受過大圓滿心法的灌頂，三昧耶戒清淨無染，身心開化成熟，修持本原立斷法和如意頓超法之後，證得修習法性四相的各種覺見，在此基礎上還要有傳承法脈的加被力。

在觀察上師時，我們還可以採用唯一的辦法，那就是觀察他有沒有菩提心。如果你所觀察的上師具有眞正的菩提心，那麼與其結緣的人都能具足意義，所以，這個上師便可以視爲具格上師。

在現實生活中，我們可以把上師分爲幾種：一種是善於破除僞裝的上師；一種是傳授不共密法祕訣的上師；一種是傳授深密無生心性的根本上師。此外，還有本性本原上師、清淨己心上師和明見示意上師等。

依止上師應有的態度

遇見具格上師後，依止上師也要具備一些條件。這些條件是：有信心、能努力、有智慧、貪慾小、有禮節、行密法、守三昧耶戒和勤修習。具格上師和合格徒弟的會合，就像擁有雙翅的鳥一般能夠輕易飛上藍天，師徒二人修煉菩提勝法不會有很大的困難。

在依止上師的過程中，不能見誰依誰，而要認眞仔細的觀察，認清是不是具格上師。常言道：「不察上師如跳崖，不看徒弟如食毒。」徒弟觀察上師和上師觀察徒弟，兩者都非常重要。上師是帶領我們走向解脫正道的導師，如果我們依止的上師是魔頭，是帶我們誤入邪道的嚮導，那麼我們不僅誤了此生，而且還會造成永遠無法彌補的巨大損失，使我們在很長的時間裡，無法實現永恆解脫的目標。因此，我們無論如何都要先仔細觀察上師，這一點非常重要。

經過仔細觀察而決定依止上師時，我們要有清淨皈依的正信，要把上師的所作所爲都視爲微妙善行，永遠不能有任何邪見。如果我們看見上師的某些言行欠妥，那是因爲我們自己從無始輪迴以來所具有的習氣而產生的邪見，就像看見花繩誤以爲是蛇、患膽病的人視白色爲黃色一樣。我們還要想到善星比丘對釋迦牟尼佛生邪見的報應，以及無著觀修彌勒菩薩時，因爲沒有淨滅全部垢障，而看見彌勒菩薩是一條半身腐爛、渾身佈滿蛆的狗。

我們應該明白的是：佛的法身內明童子瓶身本原怙主，除了具足圓滿斷證功德的智慧才能覺見外，其餘誰都看不見。佛的圓滿報身除了十地菩薩能看見外，其餘十地以下的任何聖人都無法看見。雖然佛陀從來沒有拋棄和遠離我們，但是我們現在仍沒有福份能夠看見化身釋迦牟尼佛，就像住進面向北方的山洞，就沒有機會沐浴陽光，我們的處境和根基決定了我們現在還沒有機會得見三身佛。

可是我們無須悲觀和失望。佛祖在經續法寶中曾多次宣說，就在濁時，爲了調伏剛強眾生，將會有很多由佛陀化現爲凡夫俗子相的上師。由此我們可以肯定，我們現在所依止的上師，從了義慧見的角度而言，不能看作凡夫俗子；從給自己親自傳授祕訣而言，上師的恩德已經超過了佛祖。就算佛祖親自來到我們面前，他除了爲我們傳授步入遍知妙道的佛法之外，也不能做出任何更了不起的利生事業。所以，我們要以明事理的思想和虔誠的信仰來依止上師，從身、口、意三個方面行三喜來服侍上師。

從身體的行動方面，我們不能走在上師的右方和前方，不能踩踏上師的身影，不能踩踏上師的頭髮，不能踩踏上師的枕頭和坐墊，不能拉上師站立時的手，不能聽受上師的幾句祕訣後便坐入首席等。從口的說話方面，不能說上師的是非，不能污蔑上師，不能譏毀上師等。從心的思維方面，不能持與上師競爭的心，不能有傷害上師的心等。

如果上師沒有恩准，就算行善法也不能做；如果上師有要求，不管吉凶是非我們都必須做到。我們要有聽取深密祕訣並修習後，能擁有與上師同等覺悟的信心。在此基礎上，我們首先因蒙受上師的加持而生起出離心，其次智慧顯露，最後顯現俱生妙證而勝義本原智慧脫離增益。從生起出離心到悟見心性智慧，我們唯一要做的事就是以行三喜的供養來服侍上師。

視上師為難遇的稀世珍寶

修學佛法不像學習一般的文化知識。學習一般的文化知識和科學技術，我們可以任意選擇學習。在學習的過程中，我們可以透過拉關係和付費來多學知識，然後用學會的知識創造財富。在修學佛法的過程中，具格的上師和徒弟是爲了救度眾生脫離迷妄痛苦，是爲了微妙佛法長駐於世而宣說和聽學佛法的。皈依佛門和修學佛法並不是爲了此生的短暫幸福，而是爲了滅除自己和他人世世代代的痛苦。僅僅有利於此生的文化知識學習的意義和重要性，遠不及學佛法的千萬分之一。

今天，佛祖釋迦牟尼的教法仍在弘揚，還沒有到滅亡的時候。就像過大河需要依靠善於掌舵的船長、盲人走路需要引路人一樣，我們尋找和依靠善於指導正道的上師是非常重要的。在尋找具格上師的過程中，我們要在認眞觀察的前提下依止上師，而不能先依止上師，然後再去觀察上師。現在雖然沒有眞佛釋迦牟尼在世，但是眞佛的化身和眞佛的法嗣還在世間。佛祖曾經親口說過：「阿難陀汝莫悲哀，阿難陀汝莫叫號。吾於往後末時中，化身顯爲善知識，將行利益汝等業。」爲了調伏濁時化機眾生，諸佛有意親自化顯成了善知識之相。

如果我們懷疑上師與普通人沒有任何分別，認為上師的血肉之軀與我們的身體一模一樣，上師和我們一樣也要吃飯、穿衣，同樣能夠感受到冷暖苦樂，上師也同樣要受生、老、病、死之苦……。那麼，為了調伏我等眾生，以前佛陀也化顯為人的身相，以順應人的形相來教化人類。如果對於這一點沒有任何疑問的話，則現在如佛上師化現為普通人相，我們也不應該有任何懷疑。

人們非常看重金子、鑽石等稀有金屬和寶石的價值及高貴性，所以，通常會把這些稀有寶石鑲嵌在密宗續部本尊聖眾的佛像上，還會把無量天宮想像成由七寶築成的世界，這些都是順應化機眾生心理需求的應化施法。

如今，佛陀教法清淨顯密二道的講修聖地，只有西藏一個地方。西藏不僅是佛法的老家和源頭，而且還是出現很多善知識上師的寶洲。在世界範圍內的各種文化學科中，能夠圓滿解決往生大業的理論，還沒有能超越藏傳佛教的，或者能與藏傳佛教相提並論的。學修藏傳佛教不能僅靠書本上學來的文字理論，還要有灌頂、授教、開示的傳承和上師善知識的祕訣指點。在此基礎上修學習煉，才能使自己與他人的身心得到成熟和解脫，最終獲得法界佛果。

因此，具有上述傳承加被和修習覺證的善知識上師，可以當作佛祖的法嗣、佛法的寶藏和僧眾的主尊，這是很難得的稀世珍寶。如此光彩奪目的珍寶，現在就在世界屋脊的雪域高原中，數量雖然很少，但任何無價之寶都無法與其相比，一切智者能人都應該清楚這一點。

無論這世上有什麼樣的無價之寶，如果與善知識上師相比，都會黯淡無光。所以，在認眞觀察的基礎上，依止一位具格上師，其意義是非常深遠的。

藏傳佛教的派別和傳承

在依止上師的過程中，誤拜僞上師的情況很多，所以，認眞觀察和仔細尋找是非常重要的。在藏傳佛教這一世界明珠當中，根據時間先後和各自開山祖師傳承的不同，可分爲以下幾種傳承教派：

從菩提薩埵、蓮花生大師、法王赤松德贊師君三尊在西藏會合後，傳下來的法脈是舊密寧瑪派。舊密寧瑪教法的傳承，根據續部和修部的分類，可分爲遠傳經典部、近傳伏藏部和深密正見部三種。根據口傳和耳傳的分類，可分爲心性、法界和祕訣三部。

從覺沃傑．巴登．阿底峽尊者傳下來的噶當教法，經庫、鄂、仲三尊者的傳揚，直至後來的宗喀巴大師重新點燃佛教明燈時的大力弘揚，形成了新噶當教法或格魯派教法。

從大瑜伽師巴登曲雄傳下來的道果妙法傳承，經薩欽．更噶寧波與嘉貢．薩迦班欽等大師的傳播弘揚，形成了道果法脈的薩迦派教法。

從洛紮．瑪爾巴．曲吉洛珠到密勒日巴，直到達波．達沃雄努等傳承下來的法脈，形成了現在的噶舉派教法。噶舉教法內部又分爲四大派八小派，其中自大德瓊波郎覺傳下來的法脈，稱爲香巴噶舉。

還有從帕當巴桑吉和瑪姬拉准等處傳揚下來的息結教法，從吉覺大譯師傳揚下來的學珠（六合）教法，以及從大德鄔金巴傳揚下來的三金剛修誦教法等，形成了現在西藏的八大派修法傳承和法脈。

以上八大派傳承法脈，均是具足顯密二法的顯密雙修傳承。這個格局就像夏天花園裡開滿了五顏六色的鮮花，各個都散發出誘人的芳香，蜜蜂根據各自的喜好到各個花朵中採蜜一樣，善根人根據自己的善緣，修學適合各自根基的佛法。如果有人去區分八大派傳承法脈的好壞優劣，那是幼稚無知的行爲。我們必須明白：所有八大傳承都是清淨正道，都是佛陀的方便善法，都是能夠除滅痛苦的法藥。這八大傳承就像鍛練切磨後提純的金子，是從如來無垢教法中總結出來的精髓心法。

八大派傳承法脈是西藏歷代高僧大德留給我們的珍貴遺產，是未來佛教發展的基礎和未來眾生的福份。西藏八大派傳承教法是前人經過修煉得到成就後，被證明爲深密殊勝的心法，是成就無滅持明妙果的傳家法寶，是無變恆久妙道的心要，是傳承祕訣的精華，是眾多大德聖賢曾經走過的勝道，是成就虹化光身的捷徑。我們要以無比虔誠的敬信心，去接受適合各自根基的正宗傳承勝法。所有希望開悟解脫的眾生，要眞心禮奉壇城之主遍輪王（上師）寶足，這樣才不會虛度年華。

12

如意寶藏

依止上師的方法

從首先善於觀察上師、其次善於依止上師，和最後善於學習心法的原則出發，我們要依止善知識，學受深密廣大、猶如甘露般能夠治滅煩惱百病的良藥善法。在學法修法時，我們不能停留在只是聽受佛法的階段。就像有了良藥之後還要吃下去才能達到治病的療效一樣，我們要把所聽受的善法，在無有散逸懈怠中一心一意的修煉，才能獲得解脫成就。如果只是求求法、聽聽法，而不把所求到的法切實修煉，我們就不可能得到圓滿清淨的佛果。

爲了讓身心之中本原具有的深密智慧展現發光，我們必須依止善知識，學習根本上師心中的無上心法。依止上師，其實就是學習上師。我們可以把上師比喻爲麝，把善法比喻爲麝香，要用這種觀點和信仰來依師學法。我們要以虔誠的敬信心來依止上師，努力學習上師心中的深密心法。這個過程就像用模具印造小泥像，我們一定要把上師心中的心法如是不變的學習修取，不能偏離其心法正道。

找到具足功德的如意寶善知識上師之後，在依止上師的過程中，我們要不惜一切艱辛、甚至以付出身心性命的代價來依信到底，要像常啼菩薩依止法勝大師那樣不畏一切艱難困苦。在依止上師時，要像將寶瓶中的水注入自己肚子裡那樣，把上師心中的微妙善法全部學到手。我們依止上師不能只是在表面上建立師徒關係，這種表面行爲對自己沒有任何益處。

我們進行皈依和積福時，沒有比上師更殊勝的微妙福田。尤其是上師在灌頂和傳法的時候，所有三寶、三根本和十方三世諸佛都可以由上師一人來代替，其加被力和慈悲愛心與諸佛沒有絲毫差別。所以，在此時此刻供養上師所積累的福德非常巨大，其他時候供養百千元錢，都不如此時供養一口美味齋飯，這是很多大德賢師常說的無僞眞言。

在所有生起次第有相法的觀修過程中，雖然所觀想的外相是各種本尊和佛菩薩之相，但是在內在和本性上，我們還是要認其爲自己的根本上師，這樣才能得到殊勝的加被。要悟見圓滿次第覺證的殊勝智慧，也要依靠自己的敬信和上師的加被，唯有這樣做，才能達到修法的目的。

在一切經續法寶中，都多次強調上師爲眞佛。上師的密意雖然與諸佛無二無別，但是在化機人類的面前，上師還是顯示出人的外相。當上師眞身在世的時候，我們要以服從師言等三服侍來讓上師生喜，爲達到自己的心境與上師的密意無二和合而精進努力。如果不這樣做，等上師圓寂之後才恍然大悟，就爲時已晚了。

所謂「首先要善於觀察上師」，指的是在沒有接受灌頂傳法之前進行觀察。如果先接受深密灌頂傳法，然後才去觀察上師是否具格，那是倒行逆施的行爲，是嚴重的過患。如果已經依止了上師並且接受了上師的灌頂傳法，就要以上師的所作所爲皆屬善行的敬信心來依止上師到底。在依止的過程中如果產生邪見，就是自己害自己。要以上師的所有言行都是功德的清淨觀來修煉清淨行，要用自己的淨信和敬意來迎接諸佛的慈悲和上師的加被，這也可以產生積福滅罪的功德，讓自己受用。這一切都非常重要。所以，我們不僅要在認眞觀察尋找的基礎上，找到一位指路上師，而且要如是執行上師指示的取捨正法，然後經過實踐修煉之後，方能得到正果。

渴望儘快成就佛果的有情，爲了累積福德資糧和智慧資糧，需要依靠善巧方便的慈悲和空性無垢的智慧。僅僅依靠慈悲，無法從輪迴世界中徹底解脫；僅僅觀修沒有慈悲的空性，也不是清淨正道。唯有修習慈悲和空性雙運的道法，才能出離有、寂二邊，從而成就正等正覺佛果。

佛祖爲我們宣說了不了義、了義和大、中、小三乘等順應化機心意的各種法門，我們現在所需要的是了義當下成佛的捷徑妙道。但是，進入解脫勝道，並不是由上師像撿塊石頭那樣隨便把信徒強拉進去，而是要靠人們自己積福滅障等一步步依序修習次第道法來實現。這裡，守護上師所傳的別解脫戒、菩薩戒、密宗三昧耶戒和應學三昧耶誓言，是非常重要的。

受戒與慎選修學之處

剛開始皈依三寶時，要受皈依三寶的居士戒，在遵守所受居士戒開遮規定的前提下，再依次接受別解脫律儀的八齋戒。受戒之後，要遵守一戒、多戒、圓戒和梵行等男女居士的戒規，遵守沙彌戒的四根本和六分支等戒規，遵守比丘戒的二百五十三戒等各自所受戒律的開遮戒規。在此基礎上接受內菩薩戒，並且要遵守應學律儀——由願、行菩提心和二諦所包容的律儀戒、攝善法戒和饒益有情戒等，然後要受守密宗三昧耶戒，遵守外寂靜續事瑜三部、內方便續三瑜伽和殊勝大圓滿法的根本與支分三昧耶誓戒。

受完諸戒和遵守各自的戒規之後，我們要勇猛精進努力修學，放棄對此生世間作業的貪戀。我們應該進駐大德持明傳人住過的佛土、凡人成就虹化光身的聖地，或者像雪域高原西藏那樣具足神祕加被力的地方。我們進駐修法的地方要具有靜地所具備的功德，一定要是殊勝的地方。我們可以選擇人煙稀少的幽靜聖地：背後爲潔白美麗、高聳入雲的雪山，前面是碧波蕩漾、清亮如供水般的湖泊，中間有很多岩石岩洞的地方；或者是在樹林翠綠、鮮花盛開的大山中，有天然形成的美麗岩洞石房，彌漫的雲層不時灑降甘雨，太陽的光芒照射其間；或者是長滿藥草的草地裡，周邊的山頂雲霧繚繞，猶如穿上了潔白的雲衣，可愛的禽鳥和野獸在其間漫步嬉戲，涓涓的溪水令人輕鬆愉悅，東邊日月初升的地方開闊明朗，南邊輕風吹拂，令人涼爽舒適，夏天能夠聽見杜鵑悅耳的鳴唱，秋天能夠聞到草木結果的芳香，冬天一片銀裝素裹，溪水在厚冰下汩汩輕流，春天綠草鋪地、繁花似錦……，這樣的環境能讓瑜伽士心中自然而然生起禪定妙智，一切散逸昏沉自動減少消失，外界一片寂靜，沒有痛苦和哀號，內心充滿禪定的快樂。

我們還可以和法友一起進駐修法靜地，這個法友應該具備三昧耶誓戒、五毒稀少、意志堅定、心胸寬廣、勤於修煉、自有愛心。然後我們要依止上師，從共同與不共前行法門開始學修佛法。在充分知曉傳承歷史和佛法來源的基礎上，接受灌頂，使身心成熟；接受正行心法祕訣的開示，使身心開悟解脫。一切開示修煉的次第要符合傳統例規，對於自己產生的覺證要不失時機地與上師、法友交流，透過交流體證來除障糾錯，並且令覺證增長。

在長期精進修煉之後，最終要達到不分入定與出定、不分白天與夜晚，光明覺證不修自現，每時每刻都在光明智慧中入定安住。還要與三時諸佛的法嗣——上師的密意無二無分，在本原大樂法界中安住不動，這樣才能夠任運成就此生與往生、自業與他業的恆久大業。

13

緣起因果的規律

因果定律

我們照鏡子看自己的臉時，隨著心中產生高興、憂傷、得意或失落等感覺，面部表情也跟著發生明顯的變化。在鏡子裡，我們還會發現自己臉上的黑痣、斑點、污垢和散亂的頭髮等，鏡子裡所照的一切物體都自然清晰可見。其實，鏡子裡呈現的物體，我們可以在現實生活中找到它的原形。人的一生要經受遭遇敵人的痛苦、與親友分離的痛苦、事與願違的痛苦等等，雖然這麼多的痛苦不是全由現在的「我」來製造的，但也絕不可能是沒有任何原因的突發事件。而究其原因，我們會發現這一切原來是有了業報有漏身之後所產生的結果。

就像火是熱的、水是濕的一樣，從性質決定一切的角度來看，苦諦之蘊必然爲痛苦，這是事物的客觀規律。產生痛苦的原因在於集諦業障和煩惱，集諦業障和煩惱的源頭就是我執俱生無明，因此，十二因緣中處在首位的便是輪迴迷妄之根——無明。無明的反面是明，獲得明智就是脫離迷妄，所以，如果我們沒有受無明的控制，就可以免去最初迷妄和墮入輪迴。當迷妄熾盛的時候，如果能夠獲得智慧，迷妄便會自動消除。這個過程就像做夢的人從夢中醒來後，夢幻自動消失一樣。

產生痛苦的根源是無明，從無明中次第產生了行、識、名色、六入、觸、受、愛、取、有、生和老死。這十二因緣的反覆流轉，就是輪迴不斷流轉的過程，從而產生了漫長的痛苦流和迷妄。在經受由前世業障和煩惱產生之痛苦的同時，我們又製造了來世痛苦的業因，其結果是再受業報的痛苦。從無始輪迴到現在，我們所經受的痛苦不計其數。如果把痛苦哭泣的淚水彙集起來，可以形成很多個大海，其水量能夠超出四海之水；如果把世世代代的屍骨堆積在一起，可以堆成比須彌山還要高大的骨山。但是，直到今天，我們仍在不停的製造痛苦之因，依舊沒有擺脫迷妄愚癡的控制。

種下一粒青稞，就會長出青稞的幼苗；種下一粒小麥，就會得到小麥的果實。同樣地，有了邪見和瞋恚等業因，就會產生痛苦業果；有了修持十善等善因，就會得到天人之樂善果；修持勝因三菩提道法，就會得到勝果三菩提佛位。由此看來，我們發現，諸法都離不開有因生果、無因無果的因緣規律。而一切因緣諸法又不是眞實成立的恆久不變之物，緣起諸法都是無常變化、本原虛無的空性之法，因此，緣起的本質就是空性。

如果沒有邪見和瞋恚等業因，就不會有痛苦的業果。佛祖曾經明示：「一切有、寂、道所包容的法都從因中產生。」因此，所有不願經受痛苦的有情，必須要破除痛苦之因。就像食毒必生疾病，除毒能治疾病一樣，釋迦牟尼佛以一句偈頌明確指出了圓滿三士正道，這句偈頌說：「諸惡莫作，眾善奉行，自淨其意，是諸佛教。」偈文告訴我們要斷滅傷害他人的惡行，時時調伏己心，修學佛法就在其中。想知道自己身上的因果業報現象並不難，前世生在何處可以看今世人身，來世投生何處可以看今生造業。

我們墮入輪迴世界的眾生，癡迷於分別取樂捨苦，雖然都渴求快樂，但卻敵視修造快樂之因；雖然都厭惡痛苦，但卻樂於修造痛苦之因，如同貪戀色相的飛蛾撲入火中而死、貪戀妙音的野獸傾聽笛聲而遭獵人射殺、貪戀美味的蜜蜂在採蜜時死於花開複合、貪戀涼爽的大象進入湖水溺死……。我們這些貪圖享樂的眾生，看見美味佳餚便垂涎三尺，狼吞虎嚥，待知道食物裡有毒時，便只有死路一條。因為我們貪求妙欲享樂，所以投生到輪迴世界，並且受盡了痛苦。

在我們的心靈深處，具有從無始輪迴以來相伴不離的潛在煩惱，這個煩惱的存在就像鹽溶於水。煩惱變成明顯行爲的過程，猶如吃禁忌食品導致舊病復發，當煩惱熾盛時，我們便貪戀外在五境，從而造出墮入三惡趣之因——惡業。這個有意製造能生苦果的惡業的做法，就像吃有毒食品。因此，渴望得到快樂的眾生，要努力積修善業，斷除罪障惡業。

醫術再高明的醫生，在爲病人治病時，首先要診斷病人的具體病症，認清病症後再對症下藥。我們在消滅罪障惡業時，也要像醫生一樣，首先找出罪惡之根，待找到罪根之後，再修學相應的對治善法來消滅惡業。所有的惡業可以歸入到殺生、偷盜、邪淫三個身惡業；妄語、離間語、惡語、綺語四個口惡業；貪慾、瞋恚、愚癡三個意惡業共十惡業之中。與十惡業相反的身、口、意作業，就是十善業。

業因造就果報的過程

以上業因造就的業果，可分別生出異熟果、等流果和增上果。例如，殺生的異熟果是墮入地獄等惡趣輪迴；等流果是即使投生於善趣，壽命也不長；增上果是吃食物和藥品不能發揮作用。偷盜的異熟果是墮入惡趣輪迴；等流果是貧窮無受用；增上果是種田無收成，經營無利潤。邪淫的異熟果是墮入惡趣輪迴；等流果是配偶不忠；增上果是投生於骯髒淒慘的環境裡……。各種業因的業果有多種多樣，可說不可思議。

讓我們再看一看善業的果報：救有情一命的異熟果是投生於善趣；等流果是壽命長久；增上果是健康、性情善良。不偷盜的異熟果是往生善趣；等流果是具足受用；增上果是成爲富豪。不邪淫的異熟果是投生於善趣；等流果是妻子關懷自己；增上果是投生於幸福快樂的地方……。這樣的例子不勝枚舉。總而言之，我們造什麼業就生什麼果，沒有造業就不會生出業果，造了業就無法迴避業果。我們所造的業，不會跟隨親友或他人生出受用之業果，只能跟隨造業者自己，並且生出業果。

爲什麼業果都生在有靈魂意識的個體身上呢？

因爲現做現報之業、往生報應之業和未來報應之業，都不是無意識的產物，一旦造了業之後，業就不會腐爛變質，也不會自動消失。我們所造的業，要麼在飽受業果後消失，要麼在具足四力的懺悔中逐漸減少，懺悔罪業的過程就像陽光融化積雪。有一個例外就是：如果我們生起菩提勝心，罪業就會自動減少，甚至完全消失，這就像太陽出來時，黑暗隨之消失一樣。

在飽受善惡業果的過程中，我們首先要體受業力最重部分的果報，然後依次體受業力較輕的果報。如果兩個或兩個以上的業力輕重一樣，那麼我們首先體受的果報，需由臨終業力結合的先後次第來決定。諸如此類的因果報應規律還有很多很多。

我們在懺悔罪業的過程中，首先要觀察和認清自己身上業力最重的罪過，然後要想到這樣的罪過自己從前造了無數個，到今天罪業已經無法計數，悔恨自己從前沒有察覺罪過的嚴重性，並暗下決心：從今天開始，一定要斷滅所有大小罪業，要依修對治法——十善，要精進快速的懺悔滅罪如同撲滅燃眉之火。這樣的觀思要一直堅持到樂於滅罪修法時爲止，這樣做能夠使我們清楚地認識到若不滅罪修法，就只能往生於惡趣世界而受苦受難。所以，我們要以恐懼罪業的心情，充分認識業的過患。

在滅罪修法時，不能僅僅侷限於畏罪和認識罪業的過患，還要以具足四力的懺罪修法和悔過之心學修菩提行。對於罪過雖然沒有任何功德可言，但是值得慶幸的是，罪過可以懺悔淨滅。龍樹大師曾經說過：「有誰從前大放逸，其後又能不放逸，猶如難陀指鬘王，利見以及樂行王。」我們要像龍樹大師所說的難陀、指鬘王、利見和樂行王一樣，從今日起，要對自己從前的所作所爲生起懺悔心，並對將來的罪過行爲有戒忌心。我們還要對世間作業生起徹底的厭離心，就像患有膽病的人看見油膩的食物就想吐一樣。

要一直堅持以上畏罪厭罪的觀想，直到生起厭離心爲止，絕不能消極地等待和不思悔過。

14

往極樂淨土四勝因

1. 觀想極樂世界

爲使初入佛門的人精勤修法，並對修證佛果產生喜悅嚮往之心，佛祖釋迦牟尼在眾多顯密經典中稱頌了莊嚴極樂世界，並且宣說了往生極樂世界的四勝因，分別是：

一、要反覆觀想極樂世界的莊嚴淨土和無量光佛。

二、要經常從各方面積修善業。

三、要大發微妙菩提心。

四、要把所修善法迴向於往生極樂世界的勝因之中，並不斷發願祈禱。

在觀想極樂世界時，可以把極樂世界的方位設定在自此娑婆世界往西，越過無數佛國淨土的那一方上空。在極樂世界裡，大地由七寶鋪築而成，柔軟而富有彈性。雙足踏上極樂寶土，感覺舒適柔和，頓生無窮無盡的快樂。極樂世界的地面寬廣平坦，無邊無際，光明照耀全境。由各種寶物生成的寶樹，色彩繽紛，賞心悅目，天界的華美寶飾和瓔珞掛滿枝頭。微風吹拂，花雨飄零，美麗的花雨白天降三次，夜晚再降三次，那美到極致的景色，令人歎爲觀止。當清風送走飄零的花雨時，大地的功德令人心曠神怡。寶樹叢中，各種豔麗的化身珍鳥輕聲鳴唱，美妙悅耳，自然和諧，宛如悠揚動聽的樂曲，從中還會傳出宣說深密廣大佛法的妙音。極樂世界的寶樹有多羅樹、沉香和蛇心旃檀香，樹下及七寶綠地之間，清泉池水縱橫交錯，水質清澈透明，池底鋪有金沙，池水具有澄淨、清冷、甘美、輕軟、潤澤、安和、飲時除饑渴等無量過患、飲後長養諸根四大、增益種種殊勝善根等八種功德。

極樂世界到處都有華美的寶池，均由珍寶砌成，金梯入池，甘甜的池水隨意冷暖。在佈滿七妙寶池和寶樹的花園中，盛開著白蓮、青蓮、黃蓮等各種蓮花，五彩繽紛，散發出奇異的芳香。各色蓮花都光芒四射，光芒頂端有無數化身佛在施行利生事業，示現各種神奇法力。

在極樂世界中，像地獄等惡趣和無暇等不圓滿之事，連名稱都無法聽到。貪慾等煩惱五毒，四大失調而產生的疾病，以及爭鬥、戰亂、魔障等各種痛苦，根本無從聽聞。在那裡，沒有任何痛苦，有的只是永恆不變的快樂，不論白天還是夜晚，光明永照不滅。極樂世界裡沒有生兒育女的平凡女人，也沒有懷胎生產的平凡生育，往生其中的有情都是從蓮花中化生出來，而且生來就具足金光身、三十二相和八十種隨好。極樂世界裡的眾生神通無礙，智慧圓通，具有神境智證通等奇異神通，還有肉眼、天眼等五眼。其間眾生能在一剎那間，依靠神通法力飛往百千萬億佛國寶土，眼睛能夠同時觀看百千萬億佛國寶土。西方極樂世界裡的眾生能夠聽到所有有情的聲音，還能通達所有有情的心意。人人都具有利樂有情的妙意，他們的智慧總持力和勇氣深廣如大海，具足無量無邊的功德。

在極樂世界裡，由七寶自然形成的堂舍樓臺不計其數，在無量宮與七寶座上，鋪有無數質地細膩柔軟的天衣仙被。所有的衣飾五妙欲受用，都能隨著意想自然而來，不需要生產勞作，所有供品資具也能隨意取用。

往生極樂世界的人們，都能夠聽到無上微妙善法，他們都是菩薩勇士。眾多化生天女為每個人供養豐盛的供品。各類珍鳥傳來的美妙動聽的鳴唱、微風吹動樹枝後發出的悅耳之聲，以及泉水流動發出的天籟妙音，都變成宣講三寶、十地、波羅蜜多諸法的講經法音。當心向內入定時，所有聲音都會自然消失。

在極樂世界的中央，有一棵名叫寶蓮光明的菩提樹，樹高一千六百由旬，樹葉覆蓋了四周八百由旬。這棵菩提寶樹，繁花碩果恆滿枝頭，各種摩尼寶珠琳琅滿目裝飾其中，金絲、瓔珞和珍寶做成的鈴鐸，紅色、綠色等各色珍珠寶鍊，七寶瓔珞和寶傘華蓋，飾滿枝條之間。所有看見菩提聖樹在風中搖曳、聞其聲音、嗅其芳香、嚐其果實、或者被菩提聖樹之光照到的眾生，都可以免除一切疾病。能夠看見菩提聖樹或觀想菩提聖樹，直至得證菩提的眾生，心中永遠不生散逸和退卻。

在菩提聖樹的前面，由八隻孔雀托舉的高大寶座，飾有眾多摩尼寶珠，上面鋪陳寶蓮和日月輪墊。寶座上的世尊如來正等正覺無量光佛，全身清淨無染，法體彤紅，像陽光照射的紅珊瑚山。無量光佛慈眉善目，雙手結定印，手中的托缽盛滿智慧甘露，身穿三法衣，雙足金剛跏趺坐，佛身具足三十二相和八十種隨好。無量光佛全身充滿光明，放射出無數道光芒，光芒照遍無數佛國寶土，所有被光芒照射到的眾生，都會身體舒爽，心情愉悅。

放射微妙快樂光芒的無量光佛右邊，有諸佛慈悲化身的觀世音菩薩。觀音菩薩潔白的法體猶如陽光照耀下的美麗雪山，報身佛的裝束中飾有華美的天衣和珍寶飾品，觀音菩薩雙足站立，右手結施依印，左手結三寶手印、握有白色寶蓮，寶蓮花枝直指心際，花朵在耳邊盛開。

無量光佛的左邊有諸佛威力化身的大勢至菩薩，大勢至菩薩的藍色法體猶如琉璃須彌山一樣湛藍，具足報身佛裝飾，雙足站立，右手結施依印，左手持藍色寶蓮，寶蓮花心立有大力象徵的金剛杵。與主尊無量光佛一樣，站立在左右兩邊的觀世音菩薩和大勢至菩薩也大放光芒。

無量光佛、觀世音菩薩和大勢至菩薩主尊三聖猶如星辰中的日月和群山中的須彌，他們的法體具足莊嚴相好，口中傳出美妙法音，聖意充滿智慧光明。三聖尊周圍有無數菩薩比丘聖眾，他們個個身穿三法衣，正在聽聞三聖尊傳法。如此莊嚴美妙的極樂淨土中的聖尊，慈悲牽繫眾有情，他們的喜悅法相面對著我們，微笑的法眼注視著我們，是我們輪迴眾生的導師和指路人。

以上的觀想要長期堅持，無論是行、住、坐、臥都不能忘記。這種觀想修學必將成爲往生極樂世界的主要善因。

2.積修善法

能夠往生極樂淨土的第二個勝因是積修善法。總的來說，要努力積修身、口、意三門善業，尤其要修煉積福七支法。

- **第一支法**：身體恭敬有禮，雙手在心際合十，口中恭敬有禮的念誦禮敬文和祈請文，意以敬信之心生起信心和敬意，然後身體面向西方，行大禮拜。
- **第二支法**：根據自己的能力供設實物供品，如妙香、淨水、明燈、食品等。在供設實物供品的過程中，內心一定要虔誠，不能有絲毫的吝嗇之心。意觀供品可以觀想無量無數的天人妙欲，以及三界所有的珍貴妙物都用來供養。
- **第三支法**：依靠四對治力，懺悔淨滅我等眾生從無始輪迴以來所積造的罪業，要在身、口、意三門同修對治法中懺罪滅罪。
- **第四支法**：是對聖尊和眾生在三世中所積修的善業生出隨喜心。
- **第五支法**：是祈請十方諸佛與佛子恆轉深廣善法法輪。
- **第六支法**：是祈求持法菩薩善知識於所在地長駐不滅。
- **第七支法**：是把所有的善法善業迴向於往生極樂世界的勝因之中。

3. 生起微妙菩提心

能夠往生極樂淨土的第三個勝因是生起微妙菩提心：為了把眾生置於永恆快樂的佛果

位，我們要生起具足願行二法的微妙菩提心，還要如法地修習菩提學。

4. 迴向

能夠往生極樂淨土的第四個勝因善法是迴向，我們要把所有的善法善業迴向於往生極樂世界的勝因之中。要如同聖尊文殊菩薩迴向善業一樣，我們也要在無觀、無有執著中迴向善法善業。我們要如此發善願：

願我等眾生斷滅所有對此生的貪戀，在離開這個世界而死亡的一刹那，往生到西方極樂淨土。在極樂世界裡，從蓮花中化生之後，頓時具足所有微妙相好。之後，得見佛陀法相，能夠聽聞佛說善法。具足無礙神通，所需受用和供品隨意可得。能夠走遍無數佛國淨土，學修菩薩眾行，得到如來的何時何地以何名號成佛等預言。到那時，自己就有能力把曾是慈母的普天眾生救出輪迴苦海，引入解脫佛地。

像這樣修造往生極樂淨土的四勝因，死後就能往生到西方極樂淨土，這是佛祖在眾多顯密經典中多次宣說的眞言。因爲佛從不說妄語，所以，我們完全可以如是修持。

15

正確永恆的微妙皈依

皈依是解脫的首要條件

皈依三寶是所有大小乘的基礎，是學修佛法的入門和全部戒律的根基。需要皈依的原因是我們畏懼輪迴痛苦，唯有三寶才能把我們從輪迴苦海中解救出來，不皈依三寶則脫離輪迴無望。因此，爲了從輪迴痛苦中解脫，我們必須皈依三寶。

我們所畏懼的對象，就是六道輪迴。輪迴中存在的主要問題是生、死兩件大事，生死二苦的根源是有漏之業和所有煩惱，所以，我們應該視有漏之業和一切煩惱爲敵。如果我們不修慈悲而僅僅修煉唯一空性，將會遠離諸佛的無量功德，而唯一寂靜的涅槃也很不圓滿。因此，我們應該視唯一寂靜的涅槃如同掉入險境。在修煉佛果的過程中遇到的有背正道之非分心念，我們應該視之爲毒。我們都害怕敵人、險境和毒，爲了脫離這些可怕的東西，我們必須皈依三寶，這一點從開始修法時，就要有明確的認識。毫不了解的念誦皈依文，並不會有殊勝的加持威力，只能作爲在微妙皈依境中積修福德，最終有利於解脫成佛。只是口中念誦皈依文的皈依，不能算是眞實增長道證的具格皈依。

學修佛法的大門是由皈依啓開的，皈依的大門則要由正信啓開。正信分爲三種：從前迷妄愚癡之人，在見到諸佛身口意所依之像、上師善知識和聽聞到聖賢傳記等時，心中如果生起清淨喜悅之心，這就是清淨信；知道三寶功德之後，心中渴望自己和他人都能修取如是殊勝功德，這是欲樂信；知道只有皈依三寶才能使自己脫離輪迴痛苦，從而視三寶爲恆久無僞的皈依對象，這是勝解信。就這樣，在具有殊勝信心和敬仰的前提下，以把一切都交給皈依對象的不變心念來皈依三寶，是必須具備的皈依條件。佛祖釋迦牟尼在經典中說過：「沒有敬信心的人，不能修出善妙白法，就像被火燒過的種子不能長出嫩芽一般。」三寶雖然具有不可思議的慈悲和加被力，但要把加被引入自己的身心之中，還得依靠唯一的敬信心。

皈依的本質就是服從。要承認和服從具足智、悲、力的佛陀爲導師，並立下誓言：只皈依佛祖，不皈依其他教主，這是因位皈依；承認佛是我們修行的終極目標，修法只求證得佛果，不求其他的道果，這是果位皈依。同樣地，我們把微妙教證二法和殊勝僧眾，視爲正道和益友，決心除此之外不另找道友，這是因位皈依；承認善法和聖僧爲最終修取對象，待自己體悟證法之後，再把相應的教法傳給他人，並且培養殊勝僧眾來延續三寶傳承，這是果位皈依。

其他的皈依分類是：知道暇滿難得的人身在世時間不長而生起出離心，因爲懼怕往生惡趣，爲了修取善趣而皈依三寶，這是下士道皈依；知道陷入輪迴世界後始終脫離不了痛苦，爲使自己證得寂靜樂果而皈依三寶，這是中士道皈依；生起大慈悲心之後，祈願自己具有把眾生引入圓覺果位的能力，由此殊勝願心而皈依三寶，這是上士道皈依。在這個皈依法中，根據大小乘共有的理論，要相信佛陀爲導師，法爲正道，聖僧爲修道益友，從而皈依體悟證法者——佛和佛僧心中具有的善法。

在不共密宗法門裡，身、口、意三門都要供養上師，要依靠本尊，視空行爲助友，用這種方式皈依三根本。尤其在大圓滿妙法中，要皈依這樣的捷徑勝道：把「脈」依為化身，「氣」修為報身，「明點」淨為法身。然後，觀想因位粗氣脈明點為三昧耶行者，觀想智慧微細氣脈明點為智慧勇識，依靠這樣的皈依對象來修取清淨佛果。本性金剛皈依是：在以上皈依對象聖意具有的二智所包容的智慧或本性空性、自性光明、慈悲遍滿這三者無有分別之體，作為修取果位來皈依。總之，要用以上種種心願和修習來進行皈依。

觀想皈依境

觀想皈依福田或皈依境時，要把自己所在的地方，由原來的不淨山河大地和房舍等，觀想為由七寶築成的清淨佛土。這個淨土美麗華貴，七寶大地平坦寬廣，前方中央有一棵五個枝頭的如意寶樹，寶樹的花葉繁茂，果實纍纍，樹枝覆蓋了東南西北天宇，樹上佈滿了多寶瓔珞和鑾玲。中間稍高的枝頭上有八隻獅子托舉的寶座，寶座上鋪陳寶蓮和日月輪墊，輪墊中央坐有三世諸佛的聚合體、無與倫比的慈悲之源、與聖主根本上師無二無別的鄔金蓮花生大師。

蓮花生大師法體潔白紅潤，一面二臂，雙足以國王游舞式安坐於由八大獅子抬舉的蓮花寶座之日月坐墊上，右手以期克印握持金色五股金剛杵，左手定印之上平托內供顱器，內供顱器內裝有盛滿無死本智甘露的長壽寶瓶，瓶口以如意寶樹嚴飾。蓮花生大師法體從內到外分別穿著白色金剛密衣、藍色咒士衣、紅色法衣和紫色披風，頭上戴著見解脫寶蓮帽，帽頂金剛杵上插有雕翎，掛著五彩纓子。蓮花生大師與象徵無變大樂與微妙淨空雙運無別的佛母伊喜措嘉空行母雙運，佛母尊身潔白，左手托持盛滿甘露的內供顱器，右手握持彎刀。

在蓮花生大師的頭頂上方，有大圓滿傳承諸上師法身普賢如來、報身金剛薩埵、化身極喜金剛、將巴謝寧大師、熙日森哈大師、加那蘇紮大學士、貝瑪拉密札大學士、鄔金蓮花生大師、赤松德贊法王、毗盧遮那大譯師、伊喜措嘉空行母、龍欽繞江大師、仁眞・吉美林巴、吉美・加衛尼固、白瑪班紮大師、鄔金・丹增洛布、先盤・卻吉郎瓦、吉美・擁丹貢布等聖尊具足華貴裝束，層層疊坐（上者的座墊未接觸到下者的頭部）。

前方枝頭上面坐有佛祖釋迦牟尼、賢劫一千零二佛和無數十方三世諸佛；右方（蓮花生大師的右方）枝頭上坐有以佛子三部聖主爲首的八大菩薩，以及圍繞主菩薩的菩薩僧眾；左方枝頭上坐有舍利弗和目犍連聲聞二勝子，以及圍繞二勝子的聲聞、緣覺僧眾；後方枝頭上面有法寶經典和虹光普照的書架，最上層爲大圓滿六百四十萬品續部法寶。

如意寶樹四枝頭下面的眾多枝葉上面，坐有智慧化身和業現成就的護法神眾。眾父系護法神面朝外，正在施行阻止外障侵入的利業。眾母系護法神面朝內，正在施行阻擋成就外流的利業。

皈依福田中的諸佛、菩薩和護法神都在放射光芒，向我們展露慈喜法相，他們用慈悲法眼注視著我們，以具足智、悲、力的悲心牽繫著我們，以美妙動聽的梵音使我們脫離惡趣苦海。

接著，觀想自己的右邊有此生父親，左邊有此生母親，前面有以怨敵、魔障和宿業債主為首的顯為人相的全部六道眾生。自己領頭念誦皈依文時，眾生都跟著大聲念誦。身體要禮敬膜拜，心裡要恭敬發誓：直至普天如母有情都證得菩提勝果，除了三寶福田之外沒有其他的皈依對象，我等將誠心皈依唯一利樂之源——三寶佛眾。

在積修皈依次數的過程中，能閉關修習最好，至少要積修十萬次皈依。閉關結束或修習告一段落時，我們要以敬信之心再一次觀想皈依福田，觀想從諸佛諸眾身中放射出無數光芒，光芒照至自他眾生的剎那間，自他眾生都融入皈依境諸佛眾身中。然後，皈依福田中的諸佛眾都融入上師蓮花生大師體內，與蓮師和合無二。最後，蓮花生大師化為光，消失在無觀法界中，讓自己的心在無觀空性法界入定片刻。這一切結束之後，要把善業迴向給利樂眾生的事業。

我們要在恆具正知正念的基礎上，長期觀想以上皈依福田的諸佛眾。走路時，觀想皈依福田就在右肩上方，成為我們圍繞禮轉的聖依；靜坐時，觀想皈依福田在頭頂上空，成為我們祈禱的聖依；睡覺時，為了把重複迷妄攝修成光明，觀想皈依福田就在心際中央；吃飯時，觀想皈依福田就在喉間，成為我們供養的聖依。就這樣，在所有行坐食臥等生活中，我們都不離明觀皈依境佛眾，並把一切都託付給三寶、誠心皈依三寶、努力念誦皈依文。

皈依具有不可思議的裨益

在皈依三寶時，我們不僅要誠心皈依，而且要修持皈依戒學。皈依戒學中的三應斷戒分別是：皈依佛寶後不皈依世間神天；皈依法寶後不傷害眾生；皈依僧寶後不與外道邪見者交往。三應修戒分別是：皈依佛寶後，視如來佛像爲眞佛而禮敬供養；皈依法寶後，視如來法典經文爲眞法寶而禮敬供養；皈依僧寶後，視出家僧人爲眞僧寶而禮敬供養。三類似戒分別是：經常供養三寶；經常念誦皈依文；依止聖人賢師學習善法和依法修行。

如此皈依和修習戒學雖然有無量無邊的功德，但最根本的收穫就是自己已經成爲合格的佛門弟子。皈依三寶之後，可以除滅疾病的痛苦，斷除人與非人的侵害，淨滅前世的垢障，世世代代與三寶光明不分離，直至三寶幫助我們證得佛果，所以皈依三寶具有無量無邊的功德。

皈依三寶和承認四法印的佛門弟子，與非佛教徒和皈依外道邪法者之間，無論從身心快樂和此生與恆久的利益等方面相比，都有很大的差別。眞正的佛門信眾無論在何時何地，都能做到不寂寞、不絕望、不說他人是非、不與他人結怨、不胡思亂想、不在散逸無記中虛度年華。他們經常會誦唱佛經、持修心咒，並且心中充滿敬信、勇氣和喜悅。佛門信眾無論走到哪裡，都會帶著祈禱發願事業成就和快樂的心情踏上路途；無論做什麼事，都會想到因果取捨，不會爲求眼前利益而做出不合情理或背離人道佛理的壞事。佛門弟子吃飯時，會供養三寶而積修福德；睡覺時，會觀想三寶總集本體上師於心際而使加被不離。幼年時期能誦修增智心咒而聰明智慧；少年時期具有善法言行而成爲優秀高尚之人；青年時期不做背離因果規律的壞事，使自己與他人都相安無事；老年時期具足修行福德而有備無患。當死亡來臨時，熟悉死亡的佛門弟子不會有任何恐懼心理。死亡之後，具有善法修德的佛門弟子，能夠依靠善法而踏上解脫妙道。

在日常生活中，修行佛法可以幫助我們樂極不生悲、痛苦不絕望、孤獨有伴侶。沒有比三寶更好的皈依對象了，所有苦樂攝入正道之後，不會爲小小成就感到驕傲，也不會因小小挫折感到氣餒。相反地，那些不承認因果報應的人，不知道造罪要體受報應，故而遇到對自己有利的事，就會毫無顧忌、不擇手段的去做，不管是否會破壞他人的快樂。如果兩個自私自利的人相遇，他們之間將會爾虞我詐、你死我活的明爭暗鬥。如果這樣的風氣盛行下去，那麼人人都會只顧此生利益，貪戀此生輪迴，而不會有人想到往生大樂，他們只是癡迷於毫無意義的輪迴小作業。最後當死亡來臨時，只能兩手空空、身無遮蔽的進入往生世界。

不思因果報應的人，從小就學會殺生奪命，少年時期和惡友交往，中年時期做自私自利的事情害人害己，等到年老無力時，整天無所事事的喝酒、抽菸、打麻將。這種人正在造罪等死，待他們不久被放進棺材之後，將要體受的痛苦無須再多說。

善法的利益勝過擁有萬貫家財

現在，當我們口渴時可以喝到各種可口的飲料，肚子餓時可以吃到各種美味佳餚，身體冷時可以穿上舒適保暖的衣服，天氣炎熱時可以享受空調帶來的涼爽。還有，生病了可以醫治，累了可以休息。現代科技也爲我們創造了很多便利條件，有舒適的床墊沙發、快速的電梯和便捷的飛機等等，此生所需物品實在是應有盡有，而且還在不斷的豐富和完善。

我們活著的時候有父母親友作伴，有大量的物質可以享用。但如果把此生的萬兩黃金和念誦一次六字大明咒的功德在死後的中陰世界做個比較，那份量將會大不一樣，萬兩黃金根本不及誦咒功德的千萬分之一。

當我們身患絕症時，病痛使得身體骨瘦如柴，口鼻中不斷流出黏液，沒有力氣吃飯服藥，屎尿和嘔吐物沾滿全身，最後在張開雙唇、緊閉牙齒中走向死亡。此時此刻，我們不僅不能帶走一針一線的財物，也不能帶走珍視爲「我」的血肉身軀。在絕望中進入死亡次第時，我們所貪戀的財物不僅不能提供任何幫助，反而會使我們產生貪慾之心而製造不好的業因。

我們用畢生造業、受苦或欺詐換來的財產，死後卻不能享受其中的一點一滴，只會被後人瓜分佔有，但那時後悔已經晚了。我們死後除了求助於善法之外，其他任何東西都幫不了我們，因此，善法一詞一句的功德和作用，遠遠超出世間全部財寶的價值。如果到死後才知道善法的價值，那就只能怪自己生前沒有頭腦、愚癡迷妄。

三寶是最殊勝的怙主、救星和皈依所在，三寶永遠都平等的對待眾生，沒有絲毫的偏頗之心，三寶能給我們永恆的救助。世間的權貴，如果我們進供他錢財或貴重禮品，他也許會幫我們做點事情；但如果不給他好處，他不僅不會幫助我們，甚至還有可能加害我們。親人和朋友在我們富足顯赫時，會爭相拜訪來往；一旦我們貧窮落難時，他們卻會躲得遠遠的，很少有親友願意登門探望。還有，當我們青春年少時，會有很多人願意和我們交朋友；但是到了晚年，你會發現朋友越來越少。等到我們死亡之後，就有很多人不願再提起我們的名字，甚至有人不願走進我們住過的房子，他們害怕你變成亡魂。

當我們活著時，如果皈依和祈求三寶，就能脫離世間八畏懼等痛苦，能得到很多快樂。等到死亡來臨之時，我們早已有了幫助自己不受惡趣痛苦的皈依所在，因此，我們可以滿懷信心的面對死亡。有了以上的信心和喜悅，我們會活得幸福快樂，活得健康長壽。當我們認識到所有的美好事物都依賴於三寶的慈悲和上師的加被，到那時，我們會對三寶和上師信心大增。當我們認識到所有的遭遇都是前世業緣的報應時，就可以把惡緣轉化為修法的助緣。

在日常生活中，我們要發願：自己擁有的快樂願眾生都有，自己遭受的痛苦願眾生都能免除。除此之外，我們還要有慈悲善良的心，這樣，不僅我們自己能夠得到此生和往生的快樂，而且還能淨化周圍人們的心靈，使人人都生活在快樂和幸福之中。譬如，家庭裡長輩的思想和言行就能直接影響晚輩，如果這個長輩心狠手辣，那麼他的晚輩便很可能和他一樣心狠手辣，經常傷害他人，這樣的人中毒刺會使左鄰右舍都無法過安穩的日子。還有，如果一個地方的君主或領導者具有利他之心，那麼，他所管轄區域內的法律政策就能服務於民、造福於民，那個地方的百姓自然可以過著幸福快樂的日子，國泰民安也就隨之而至；相反地，若君主傷害人民，人民就會起而反抗，國家將陷入一片混亂之中。

修學佛法的人，當吸納氣息時，要觀想把眾生的全部痛苦都吸入到自己體內；當呼出氣息時，要觀想把自己的全部快樂都施予眾生。這樣的人，在所有的見、聞、思、觸中，都在發願救度眾生，因此與其結緣者，都能免入邪道。所以，我們要努力學做時時發願度化眾生的佛門善眾。

16

微妙心寶

觀修捨無量

在遠離邪道而皈依無僞三寶的基礎上，要放棄下士小道，大發微妙菩提心。學修菩提心之初，要觀修慈、悲、喜、捨四無量。在觀修四無量的過程中，爲了防止慈、悲、喜三無量分別走向片面化，首先要觀修猶如仙人請客般的捨無量。傳說仙人請客時，來賓不分高低貴賤一律熱情招待，因此我們修習捨無量也不能有分別取捨之心。

從無始輪迴到今天，我們在迷妄愚癡的控制下，以分別敵友遠親的心念貪戀親友和憎恨敵人，從而造出了各種三毒之業，致使我們墮入無邊輪迴的痛苦牢獄中。如果我們仔細研究的話會發現，我們所憎恨的敵人不一定是眞正的敵人，因爲在輪迴中有很多這樣的現象：有人前世是自己的兒子，這一世卻投生爲自己的敵人，往生靠業緣又投生爲自己的兒子。即使在這一生中，我們早年的敵人到了晚年變成好友，早年的好友到了晚年變成怨敵，等等這些都沒有任何定數。

普天下的眾生都曾經是我們的親生父母，只是在一死永別之後，我們便無法認出自己的前世父母。但是所有有情曾經爲人父母時，和現在的父母一樣都用慈愛之心養育我們。認識到這一點之後，我們首先可以觀想憎恨厭惡的人是我們前世的父母，再把他們看成普通人，然後觀想所有普通人爲我們前世的父母，這麼一來，我們的前世父母就多不勝數了。這樣的觀想要堅持到對所有眾生就像對今世父母有同樣的感情爲止。觀想的最後，要對敵、友和普通眾生產生與今世父母同樣的珍愛之心。這就是捨無量的修習。

觀修慈無量

接下來觀修慈無量：我們要像雌鳥養育雛鳥一樣，雌鳥會讓雛鳥依偎在自己溫暖的懷中，餵食物給雛鳥，直到雛鳥展翅飛翔。我們要用身、口、意三門對眾生修學慈無量。當捨無量修習成熟之後，觀想三界眾生在慈心無限的境域裡平等無有分別。思維眾生雖然都渴望得到快樂，卻像消滅怨敵一樣破壞快樂之因，而且還在努力修造痛苦之因。願這些倒行逆施的眾生，都能得到各自所求的快樂與幸福。這樣的觀想要堅持到使眾生得樂的心願與自己求樂的心願相同為止。要在經常不離慈心的基礎上，身體以調柔平靜的行為不傷害他人，口中以遠離辱罵譏諷的美言善詞不傷害他人，心意以遠離仇恨和虛偽的利他誠心不傷害他人，並且要發利樂他人的願心。

觀修悲無量

接下來觀修悲無量：我們要處於斷臂母親的嬰兒被洪水沖走時的心境。當斷臂母親的嬰兒被洪水沖走時，母親對嬰兒產生的悲痛之心，使她感覺比自己被洪水沖走還要難受，但因爲她沒有雙臂而無法挽救嬰兒，此時此刻母親對嬰兒的悲愛之心一定是無可限量的。我們觀修悲無量，就要修出斷臂母親那樣的無量悲愛之心。

修證佛果的不共勝因——微妙菩提心的根基就是悲心，菩提心來自於悲心之因。所以，若想生起菩提心，就一定要修悲心。這個悲心不僅產生於關愛眾生的慈心，也產生於知道眾生曾爲母親和感激母恩的心情，因此要觀思眾生都是母親和母恩浩大。

首先，要觀想自己這一世的母親，思念她慈祥的面容和關愛的表情，知道自己今天充滿青春活力的身體、成熟的思想、得遇佛法、被善知識攝受、能夠修習正法等等，都是緣於母親的恩惠。母親自從懷了我們以來，就用血肉精華養育我們。剛出生的我們柔弱無力，雙腳不能站立，用盡全身力氣也抬不起頭來。母親憐慈看護、柔聲呼喚、溫暖體貼、不分晝夜的照顧我們，把全部的心思都給了我們。當我們生病時，母親的心比自己臨死還要難過。母親把好吃的食物給我們吃，舒適的衣服給我們穿，還經常因牽掛我們的安危而坐立不安，母親爲了我們造出的罪業足以使她無法脫離惡趣。如果我們的母親還健在，她仍會不停的爲我們操心勞累，完全陷於患得患失的迷妄和痛苦的牢獄之中。如果我們的母親離開了人世，那麼具有惡業之因和垢障惡緣的她，只有墮入地獄之中。在地獄裡，母親也許正在遭受燒鐵灼烤或在刀林中被鬼差猛獸砍殺等痛苦，也許就在寒地獄、餓鬼或畜生道中受苦受難。我們要觀想讓自己來承受母親的痛苦和苦因，並且要長時間這樣觀修。

我們不能僅僅停留在觀想母親痛苦和自己承受其苦的原地，因爲能夠除滅輪迴痛苦的聖尊只有正覺佛，所以我們還應努力證取佛果來報答母恩。就這樣，把這種觀修的方法依次用於爺爺、奶奶、兄妹、叔叔、姨媽等親友和普通人的身上，最後把敵人和眾生全都納入其中，觀想他們前生前世曾經是自己母親的情形，從而生起無量悲心。

我們還可以針對即將被宰殺的動物觀修悲心，想著這個動物即將被屠夫用利刃砍斷脖子而死去，觀想由自己來替受動物被砍死的痛苦，心中暗想：「在臨死之際，想飛離死亡現場卻沒有翅膀，想躲進地下卻沒有能夠挖洞的利爪，想用武力反抗卻無力做到，想逃跑卻找不到地道，想得到救助卻找不到怙主。從此以後，自己再也沒有機會和慈祥的父母、親愛的妻兒相聚，不僅如此，還要拋棄備加珍愛的身體，空手赤裸裸地進入無依無靠的中陰境界，眞是可憐呀！」想到這裡，要發心讓自己替動物承受巨大的痛苦。這種思維觀想方法也可以作爲修心法門之一。

另外，我們還可以把即將被宰殺的動物觀想爲自己此生的母親，心想：「我的親生母親用慈愛之心把我養大，餵養我甘甜的乳汁，心中掛念的也只有我。今天，劊子手硬要宰殺沒有任何罪過的母親，就在此時此刻，母親馬上就會被殺死，下一剎那，母親將會變成一具屍體。可是就在臨死之際，母親仍用慈祥的目光注視著我，眞是令人痛心呀！」然後，我們要觀想把母親的痛苦轉移到自己的心中。就這樣，生起無與倫比的悲心，眼中近乎落淚。

這時又繼續觀思：「此時將被宰殺而受苦的動物，雖然不是自己此生的父母，但是可以肯定曾是自己前世的父母。以前做我父母的時候，和現在的父母一樣，對我充滿慈悲憐愛。

這些被愚癡控制的動物，在迷妄中造出了痛苦之因，現在正在體受不堪忍受的苦果，父母眾生眞是可憐呀！」然後，要次第發心讓地獄和餓鬼道眾生等普天有情都能脫離痛苦因果。

觀修喜無量

接下來觀修喜無量：我們要像雌駱駝找回了丟失的小駱駝一樣。駱駝是動物當中特別疼愛孩子的，當雌駱駝找到丟失的小駱駝時會欣喜若狂。我們看見眾生快樂幸福時，心中要生起無限的喜悅。有人擁有愛子、親友、財富、權力和才華等好境況時，我們要發自內心深處爲這個人感到高興和喜悅。當看見我們身邊的人健康長壽、親友成群、富足幸福和得到眾人的尊敬時，我們要放棄攀比和嫉妒之心，誠心發願此人更加富足幸福、永遠健康快樂。對待怨敵和嫉妒的對象，也不能有傷害身心的忿怒和嫉妒，要對怨敵的富足和幸福快樂產生特別的喜悅。最後，我們要把歡喜置於無觀空性之中。

觀修菩提心

這樣觀修四無量前行之後，在正行發菩提心時，我們首先要知道發菩提心的涵義。發菩提心指的是沒有絲毫的自私自利之心，全心全意爲他人著想，誠心爲利益眾生而修取正覺佛果。菩提心從根本上可以分爲兩種：世俗菩提心和勝義菩提心。世俗菩提心又可分爲願菩提心和行菩提心兩種。渴望眾生都能獲得圓覺佛果的殊勝心願，就是願菩提心；爲了把眾生置於圓覺佛的果位，正式學修佈施等六波羅蜜多法的行爲，就是行菩提心。初修發心的人，經過長期學修願菩提心和行菩提心之後，當有一天證見眞諦或諸法的本性勝義智慧時，勝義菩提心便修成了。

這裡，我們首先要接受菩薩戒。在受戒時，我們可以任意擇受廣行派或文殊菩薩傳至龍樹菩薩的深觀派這兩種菩薩戒當中的一種。受了菩薩戒之後，我們的菩提心就不會減退，而會有很大的增長。因此，我們要經常反覆多次的接受菩薩戒。

受戒時，觀想對面天空出現與皈依境相同的發心福田，然後思維：「就像天宇無邊無際，眾生的數量也無有窮盡，這些無量無數的有情從無始輪迴以來都曾做過我的父母，在做父母時，他們和現在的父母一樣用愛心把我養大，對我恩重如山。現在，眾生父母在無明愚癡惡魔的控制下，不能分辨自身快樂之因的正道與非正道，不會取捨正道與邪道。他們沒有指示正道的善知識，一直在輪迴苦海中找不到怙主和救星，如果自己只修獨自快樂的方便法門，那是自私自利的行爲。所以，我要爲眾生都能證取圓覺佛位而學修從前佛與佛子們所奉行的利生偉業。」

我們還要誦修心要法中的發心念誦文。最後，觀想福田佛眾融入與上師無二無別的蓮花生大師體內，蓮花生大師再融入自己體內，自己心中頓時生起勝義菩提心。之後，讓心入定於無觀法界，要盡力延長入定時間。最後要修迴向和發願。在佛與佛子眾前接受菩薩戒之後，心中要經常具有微妙菩提心，做到菩提心不離身心。我們不能停留在僅僅接受菩薩戒的原地，還要學修菩薩戒的應學律儀。在修願菩提心時，根據發心力量的大小，可以分爲自他平等、自他交換和重人輕己三種。在修習行菩提心時，要修持六波羅蜜多法。

觀修自他平等菩提心：首先要知道自己和他人都在求取快樂、厭惡痛苦。在此基礎上，再發起自己和他人平等得樂的願心，透過觀修這樣的願心來斷滅愛己恨人的心念。在實際行動中，我們也要這樣努力奉行。

觀修自他交換菩提心：觀想自己的前面有一個痛苦悲慘的有情，當自己呼出氣息時，觀想自己擁有的快樂與善業都變成白色氣體傳送給前面的有情，這個過程就像是把自己身上的衣服脫下來給他穿上。當自己吸入氣息時，觀想前面有情所有的罪障與痛苦都變成黑色氣體吸入到自己體內，整個觀想過程要具有虔誠心。反覆觀修以上自他交換菩提心之後，我們再把觀修對象從一個有情擴大到全部眾生。

當自己生病難過時要發願：把眾生的疾病等痛苦轉移到自己身上，使眾生脫離痛苦並具足快樂。當自己富足幸福時，要觀思眾生也都具足同樣的幸福。

以上是所有進入大乘佛門的信眾，最終主要的觀修法門。如果能夠生起一次自他交換菩提心，就可以淨滅多劫的罪障，並積累大量的二資糧。在實際行動中，我們要努力把自己的快樂和善法佈施給別人，把別人的痛苦和不幸由自己來承擔。

觀修重人輕己菩提心：要放棄從前自私自利和不顧他人死活的惡習，要發願哪怕自己今後受難、往生受苦、墮入惡道、生病疼痛和失敗落難，都要奉行利樂眾生的事業。我們要誠心觀思以上內容，發起自己一定要修成重人輕己菩提心的願心。在實際行動中，我們也要努力奉行重人輕己的菩提心事業。

觀修六波羅蜜多法

修學行菩提心六波羅蜜多法時，我們首先應該知道佈施、持戒、忍辱、精進和禪定為方便行為五波羅蜜多法，智慧為般若智慧部，總共為六波羅蜜多。

• **佈施**：佈施的涵義是把自己所擁有的財寶、福德、好運等全部美好的善業，毫無吝嗇和執著地佈施給所有眾生。佈施分為給予眾生衣食財寶等實物的財佈施；給予眾生灌頂說法等，讓眾生領悟善法的法佈施；以及救有情一命等，使眾生脫離恐懼的無畏佈施三種。財佈施又分為佈施小東西的小佈施；佈施馬、牛、妻兒等的大佈施；以及不顧自身安危而佈施四肢與身體器官等的非常大佈施三種。我們要從小佈施修起，次第修成以上種種佈施。

在修佈施之初，我們可以這樣思維：「求財積財永遠不會有滿足的時候，而且現在自己所擁有的財產，在死後也不能帶走，如果對其過分貪愛，必將成為墮入惡趣輪迴之因。就現在而言，為了求財護財就要受很多苦，這個虛無縹緲的財產其實沒有任何意義。」如此思維之後，我們就可以把財產上供下施，由此發揮擁有財產價值的勝妙意義。在此基礎上，我們還可以修習佈施身體器官等佈施波羅蜜多法。

• **持戒：**在修習持戒波羅蜜多法時，我們要用正知正念來學修別解脫戒、菩薩戒和密宗戒的應斷應修律儀。持戒分為斷滅惡業及惡業之源的律儀戒；修取大小善業的攝善法戒；以及修四攝法等饒益有情戒三種。從身、口、意三門斷滅損害他人的十不善業及其源頭、修行利他事業、用對治法來治滅罪業、從各方面利益眾生和具足正知正念的守戒，是所有功德的源泉和基礎，因而要努力修習持戒波羅蜜多法。

• **忍辱：**忍辱就是忍受痛苦屈辱而不散亂。忍辱可分為對他人的傷害不反擊、不仇視的耐怨害忍；能克服艱辛學法修法的安受苦忍；以及心中能容納深密勝義的諦察法忍。皈入佛門並立志修證解脫勝果的人，面對他人對自己的惡意辱罵和痛打等傷害時，要有忍耐心，不能生怒反擊；為了學法修法，要有赴湯蹈火的決心；在參禪修法時，要有不受任何干擾的毅力，這些都非常重要。

• **精進：**精進就是喜歡善業，並堅持不懈地修持善業。精進可分為不受逆緣干擾的擐甲精進；向前進取的加行精進；以及不滿足於小成就的無厭足精進。在修證解脫勝果的道路上，我們要有毫不懈怠和永不後退的長期精進心，要用堅持不懈的精進心去修證最恆久的微妙圓覺佛果，要對佛果具有欲樂心和信心。

• **禪定：**禪定就是遠離塵世喧囂，進入清淨靜地專注靜心入定。禪定可分爲參禪入定時具有樂明無念等覺見的凡夫行禪定；雖無覺見但有空執對治法的義分別禪定；以及連空執對治法也不存在的法性無念定的如來善法禪定三種。在修習禪定的過程中，我們要做到身體具足毗盧七法、眼睛做三觀看和選擇三坐姿等，在此基礎上，讓心靜住於無念想、無執著的境界。以上便是方便行爲之五波羅蜜多法。

• **智慧波羅蜜多法：**可分爲聽取善法詞義的聞所成慧；思維所聞法義的思所成慧；以及修習思維得出的法義而領悟本性勝義的修所成慧三種。首先，要從正確的聞、思、修當中，透過聞與思來確定究意勝義，然後在正行修習中體證：非眞迷妄的外相虛無見有、見其外相的內意除滅執著，就在脫離有無是非相網的本性勝義法界明空如天之處，覺心不分根本與後得的靜住，這便是智慧波羅蜜多法。

在我們的六根面前所顯見的從色相到遍知智慧的所有諸法，無一不是從心中產生的。把心領證爲明空無二無別的自性，就是正見；對所得的正見無有散逸的觀思，就是正修；在正修中積行夢幻般無有執著的二資糧，就是正行。充分熟習以上見、修、行之後，根據夢境可以證明修習進度的規律，在夢中將不會再生出眞正的迷妄。如果能夠晝夜不分的觀修除離迷妄的正智，那麼在關鍵的死亡時刻很可能不生迷妄。如果有把握在死亡時刻不生迷妄，那麼在法性中陰和世間中陰都不會迷妄，不迷妄便是解脫。所以，能夠脫離輪迴痛苦的唯一方便勝法，就是以空性、慈悲爲根本總義的佛說八萬四千法門。知道這個道理後，我們要努力修習，讓空性、智慧在自己的心中生根發芽，這便是學法修法的重要關鍵。

17
清淨的明月

淨除煩惱的方法

佛家常說的煩惱，是與無明迷見同時產生的。我們因爲有煩惱，所以出現了各種各樣的痛苦。能夠脫離煩惱和痛苦便是快樂，而且是殊勝的快樂。所有追求快樂者的目標是一致的，爲求取快樂而努力工作也是一樣的，唯一不同的就是求取快樂的方法。有的人在修造快樂之因，有的人在修取快樂之果，兩者的差別就是一個在徹底除滅苦因，一個在短暫消滅痛苦。

佛祖釋迦牟尼勸告我們：「要認識如同疾病一樣的痛苦，要斷滅如同病根一樣的集諦煩惱。」對生病的人而言，有的疾病痛得很厲害，但不會導致死亡；有的疾病雖然不是很痛，卻會奪取人的性命。無論得的是什麼病，首先必須診斷出具體的病症，在確診的基礎上再採取正確的治療方法。無論我們得的疾病是風病、膽病、涎液病，還是綜合性疾病，其病根都是由煩惱三毒所造成的。如果不砍斷毒樹之根，而只砍一些樹枝樹葉，並不能完全剷除毒根。同樣地，要修取脫離所有痛苦的快樂，首先必須消滅苦根——煩惱，這是修取快樂的最好辦法。

在治滅煩惱疾病的過程中，我們要依靠良藥般的寂靜清淨道法，然後要證得破除煩惱的樂果滅諦。佛祖釋迦牟尼在世間初轉法輪時，首先爲我們宣說了「四聖諦」。現在，我們這些立志修取恆久快樂的入道善人，在得果速度不一樣的各乘法門中選擇了大乘法門，在大乘法門中又選擇了密宗勝道，在密宗勝道中最終選擇了九乘極頂大圓滿龍欽心髓法。對於修習大圓滿龍欽心髓法的人們，積修福德、除滅罪障和於己引入上師心傳的加被是不可缺少的，我們必須依修這些法要。誠如一個天生健康貌美的人，當把身體清洗乾淨之後，再穿上華美的服裝，佩戴漂亮的珠寶首飾，才會顯得美麗動人。

眾生雖然具有完美無瑕的如來佛種，但要用方便勝法洗淨能夠斷滅的暫時的二取二障污垢，積修珠寶首飾般的二資糧，這樣才能顯見殊勝美妙的本初佛性。我們要依靠除滅障垢的力量和具足資糧的力量，來體證諸佛的智慧。所以，要得到前所未有的內在功德，就需改造好自己的身心，這是唯一的途徑。

獲得深密法性覺證的主要障礙，是從無始輪迴以來累積的罪障和罪障習氣。懺悔滅除罪障要依修四對治力。罪障雖然一無是處，但有一點值得慶幸的就是能透過懺悔而滅除。在懺滅罪障的過程中，如果只是用嘴念誦懺罪儀軌，那麼無論多麼努力，都不能把罪障清除乾淨，最多只是減少或減輕罪障。懺滅罪障雖然有多種方便法門，但觀修金剛薩埵是其中非常殊勝的深密妙法。

懺滅罪障一定要具足四對治力。在觀修金剛薩埵時，皈依金剛薩埵和不背離願、行菩提心，是所依力；對從前所造的罪業認識到是罪惡，以無限懺悔之心毫無隱瞞的懺悔，是棄捨力；對從前所造的罪業產生懺悔心之後，決心今後即使捨命也要斷滅罪行，是離惡力；修習懺罪對治法，尤其是觀修無上深密勝法菩提心和本體心，在其基礎上觀修本尊和念誦心咒，是對治力。

觀修金剛薩埵

在具足四對治力中觀修金剛薩埵的詳細方法是：

首先觀想所依力，在自己平凡人身的頭頂一箭或一肘上方的空中，有千瓣白色蓮花，蓮花上面鋪有圓滿無缺的月輪，月輪中央有白色的「吽」字放射耀眼的光芒。然後，剎那間，「吽」字變成本性爲三世諸佛總集的根本上師、外相爲報身佛的白色金剛薩埵。

金剛薩埵潔白的法體猶如陽光照耀雪山，又如潔淨的白色水晶一般。聖尊一面二臂，右手在心際持有明空五股金剛杵，左手在腰部持有現空金剛鈴，雙足金剛跏趺坐，全身具足報身十三莊嚴飾品。其中五法衣分別是寶冠、白色上衣、飄帶、腰帶和下衣；八寶飾分別是頭飾、耳環、項鍊、臂環、長鏈、雙股項鍊、手鐲和足釧。明妃白穗天女具足莊嚴寶石飾品，與主尊擁抱和合。金剛薩埵佛妃的法身能見非實有，智慧悲心常繫我等眾生。

接著觀修棄捨力，想到我等眾生從無始輪迴到今天，由身、口、意三門所造的罪業無量無數：十不善、五無間、近五無間、四重罪、八邪惡、踰違外別解脫戒、違背內菩薩律儀學、違反深密持明密宗三昧耶、不奉行上師教旨、與金剛兄弟反目相斥等罪業，全都要毫不隱瞞的誠心懺悔。要祈求寬恕，祈求幫助我等眾生就在此時此刻滅除全部罪過和障礙。之後，要念誦懺悔文。

接下來觀修離惡力，想到從前因爲無知而積造了很多罪業，決心今後即使捨棄生命也不造罪。在這種清淨的正念中念誦修法文，觀想金剛薩埵佛妃和合無二的心際，猶如芥子般微小的月輪之上，清晰明見白色微細的「吽」字。當念誦百字明咒時，觀想以「吽」字為中心的周邊，百字明咒顯現為字字緊挨的咒環向右繞轉。以念誦祈請文的方式誦唱百字明咒之後，觀想從咒字當中降下智慧甘露，猶如冰雪溶化後流下來的淨水。甘露從金剛薩埵佛妃身中流到和合之處，再從和合密位注入自他眾生的頭頂之內。甘露流進體內之後，使自他眾生都得到一次大清洗：疾病都化為膿水，邪魔都化為蛇蛙蛛蠍等，罪障都化為煙汁炭水，從兩個下門、足心和毛孔中流出去，流進腳下的地縫裡。在地下，閻王主眷和冤親債主都伸手張嘴等待還債，流進地縫裡的膿水等變成甘露後，使他們心滿意足，業債和怨仇得以清淨。之後，地縫閉合，觀想消除非時之死，念誦百字明咒。

如此觀修之後，再觀想自己的身體變得內外透明。身體中間有筆直的中脈，中脈頂部有頭頂大樂脈輪，由三十二根支脈組成，形如蓋在上面、傘口向下的傘架。喉間有受用脈輪，由十六根支脈組成，形如傘口向上的傘架。心際有法脈輪，由八根支脈組成，形如傘口向下的傘架。臍位有幻化脈輪，由六十四根支脈組成，形如傘口向上的傘架。

接著觀想：金剛薩埵佛妃身中和前面一樣降下甘露，次第注滿頭頂大樂輪到臍位幻化輪的四脈輪，再繼續注滿整個身體，被甘露注滿後的身體就像裝滿牛奶的玻璃瓶，潔白晶瑩。當甘露注滿頭頂大樂脈輪時，獲得寶瓶灌頂，生出喜樂智慧，消除業障，證得化身。當甘露注滿喉間受用脈輪時，獲得祕密灌頂，生出勝喜智慧，消除煩惱障，證得報身。當甘露注滿心際法脈輪時，獲得智慧灌頂，生出極喜智慧，消除所知障，證得法身。當甘露注滿臍位幻化脈輪時，獲得句義灌頂，生出俱生喜智，消除習氣障，證得自性身。

繼續觀修念誦懺悔文，觀想金剛薩埵露出微笑慈相，以無限的喜悅悲心告訴自己：「善男子，你的一切罪障、過患等悉皆清淨。」然後，本尊化爲光融入自己的體內，因此自己也變成了金剛薩埵，並且在自己心際月輪之上有藍色的「吽」字，東邊（自己的前面爲東邊）有白色的「嗡」字，南邊有黃色的「班雜」二字，西邊有紅色的「薩」字，北邊有綠色的「埵」字，五色咒字放射出五色光芒，光芒的頂端有手拿各種供品的無數供養天女，供養佛與佛子諸眾之後，諸佛聖意生出無限喜悅，從佛身中放射無數光芒，光芒全都融入自己的心際咒輪中，自己的心際咒輪又放射出光芒，照至六道眾生，清除眾生的全部罪障習氣。外器世界都變成妙喜佛土，內情眾生中，中央的有情都變成佛陀金剛薩埵，東方的有情都變成金剛金剛薩埵，南方的有情都變成珍寶金剛薩埵，西方的有情都變成蓮花金剛薩埵，北方的有情都變成利業金剛薩埵。觀想眾生和自己都在大聲念誦「嗡班雜薩埵吽」。

收攝

上述觀修法門，是密宗金剛乘道法中極其方便且能夠積累無量福德和智慧二資糧的殊勝法門，同時，我們還可以施行利益普天眾生的事業。金剛薩埵是深密百部眾佛總集相，如果把金剛薩埵的本性觀修爲根本上師之後，上師相應法也可以隨之修行成就，這是深密殊勝的總集寶法觀修法。最後，我們要觀想外器世界全部融入內情眾佛身中，內情眾佛又融入五部金剛薩埵身中，五部金剛薩埵融入自己身中，自身又從邊緣化成光芒逐漸消融於心際咒輪之「嗡」，「嗡」字融入「班雜」，「班雜」二字融入「薩」，「薩」字融入「埵」字，「埵」字最後融入「吽」的母音字母（ུ）中。然後，繼續觀想「吽」字的母音字母（ུ）融入「哇」（ཱ），「哇」字又融入「哈」（ཧ）的下半部分，「哈」（ཧ）的下半部分又融入上半部分，「哈」的上半部分融入上面的「月符」（◡），月符（◡）融入上面的「圓圈」（○），圓圈融入微小超越色相的「微細」（ྂ）中，微細（ྂ）逐漸消失無蹤，最後在無觀法界入定安住片刻。這個便是對治力。

完成以上觀修之後，就在出現第一個念想的時刻，再一次觀想所有外器世界都是金剛薩埵佛國，所有內情眾生都是金剛薩埵佛眾，最後要修迴向法和發願心。

18

無量福源

生在世間的人類都一樣，同樣有五官和四肢。但是，同樣是人，卻有不同的處境，有些人富有幸福，有些人卻貧困悲慘。出現這樣的差異是有因有緣的，前世有廣行佈施等福德因緣在先，此生就會富足幸福；前世有吝嗇或偷盜等罪過因緣在先，此生就會貧困悲慘。當有觀福德資糧和無觀智慧資糧圓滿具足之後，可以斷滅煩惱障和所知障二障，從而能夠成就斷證功德圓滿的法身和色身二身佛。立志修取暫時的勝生天人身果和恆久正覺佛果，以斷滅痛苦苦因的人們，必須做到的前提大事就是積福先行。

爲了積福而對清淨佛境進行供養時，要知道佛與佛子菩薩其實並不需要受用妙欲物品，而是因爲我們自己貪愛妙欲享受，所以就以我們所喜愛的方式來供養，以成就福德資糧。在供養積福的過程中，有了清淨的福田和清淨的心，就可以成就福德資糧。如果我們能夠把自己所貪愛珍視的貴重物品供養給佛與佛子，而且是誠心誠意、無有執著地供養，我們就可以積累很大的福德資糧。

貧窮的人沒有什麼貴重之物，因而無力供養豐厚的供品，但是，這並不意味富人一定往生善趣，窮人一定往生惡趣。只要有清淨心，供養實物和供養意化供品，同樣都可以成爲佛與佛子能夠受納的妙欲物品，都能使供養成就福德資糧，而具足福德資糧就可以成就殊勝的智慧資糧。這個道理在一句偈文中說得很清楚，那就是「未具善業功德前，無法體證勝空性」。

因供養而累積福德的事蹟

從前在印度，有一戶人家喜得貴子，孩子漂亮乖巧，聰明伶俐，無與倫比。孩子剛生下來時，雙手緊握著拳頭，父母掰開他的手指後發現兩手各有一塊金幣，取出這兩塊金幣後，他手中又出現了兩塊金幣，再取又再出現。就這樣，孩子的雙手成了取之不盡的金庫，父母因此爲孩子取名爲財寶。這個孩子長大後出家當了和尚，當他受比丘戒時，對眾僧依次頂禮，在做禮拜的過程中，每當雙手著地就出現金幣，於是他把金幣全都供養了比丘僧眾，並且經過努力供修證得了阿羅漢果位。

出現這樣的奇事之後，阿難向釋迦牟尼佛請問緣由。佛祖告訴阿難：「在九十一劫之前，賢劫第二佛金寂佛在世的時候，有一個窮人以上山砍柴賣柴維生。有一天，這個窮人把賣柴換來的兩塊銀幣誠心供養給佛祖主眷，金寂佛以無限慈悲之心受納了他的供養。由此，這個窮人在九十一劫中的生生世世都從手中生出金幣，並擁有富足的生活。」

又從前，有一個很吝嗇的在家人，他把所有財產都換成金子埋在地下，前後裝滿了七個寶瓶，最後在貪婪中死去。由於這個人貪戀寶瓶裡的金子，死後他投生爲一條可怕的蛇，經常纏繞在寶瓶上面，就這樣經歷了幾萬年蛇死蛇生的過程，最後這個人對蛇身產生了強烈的厭惡心，並且體認到自己因爲貪戀金子才反覆投生爲可怕的蛇。爲了擺脫眼前的痛苦，蛇決心把金子供養給殊勝福田。於是，牠慢慢爬到一條大道上，把蛇身藏在草叢中，當發現有個人從道路的另一邊走來時，便用人的語言呼喚那個人，請他過來。那個人聽到蛇在向他說話時，顯得非常緊張和害怕，他站在遠處對蛇說：「我怕你會毒死我，我不敢過去。」

蛇告訴他說：「我如果想毒死你，你不過來我也能把你毒死。」

聽到蛇這麼一說，那個人放鬆了許多，便壯著膽子來到蛇的身邊。

蛇請求他說：「我想拜託你幫我積修福業，你能不能幫我這個忙？」

那個人說：「可以。」

於是，蛇把那個人帶到埋藏金子的地方，取出一個裝滿金子的寶瓶交給他，請他把金子供養給僧眾，用於傳法。蛇還請求那個人，供養金子的時候要帶牠去參觀現場。那個人按照蛇的請求，事先向僧眾執事說明了這個情況，並把金子交給執事。到了傳法受供的那一天，那個人來到蛇的住處，把蛇裝進竹籃子帶到了現場。當僧眾午齋時，那個人把蛇放在僧眾的席尾，然後爲僧眾獻花，並供養了豐盛的供品。當蛇看到這一切，心中產生了很大的敬信心。

僧眾用完午齋後，專門爲蛇傳了微妙善法。聽聞佛法的蛇心誠意悅，把其餘六個寶瓶的金子全都供養給僧眾。由此福德之故，蛇立即脫離了蛇身，剎那間往生到三十三天。

供養的殊勝意義

用吝嗇之心積攢的財物，會讓我們在此生受盡積攢、守護和失去的痛苦。貪戀財物會使我們往生於惡趣世界，成爲進入善趣和取得解脫果位的障礙。但是，這並不意味沒有財產就能得到解脫，窮人貪戀舊鍋破碗和富人貪戀金銀財寶，在束縛身心方面都是一樣的，這就像金繩和草繩都能捆住東西一樣。世人都有貪慾心，都渴望透過享受物質財富而得到快樂，人人都在爲獲得物質財富而努力工作。雖然我們沒有辦法立刻除掉貪慾心，馬上放棄對物質財富的追求，但是我們應該知道怎樣使用財富，才能使積攢財富具有殊勝的意義。

如果只知道積攢錢財，卻不知道如何正確使用，那麼我們辛苦積攢的錢財，除了極少部分用於吃穿生活之外，其餘的終將被別人分享，到死亡的時候根本無法帶走一分一毫。如果我們臨死時還要貪戀錢財，那麼我們往生的處境也許比前面描述的蛇還要悲慘。

僅僅就在這一生，錢財就會讓我們產生吝嗇、貪慾和瞋怒等很多煩惱罪業。如果我們能拿出部分錢財用於佈施，那麼我們的錢財就會像聚寶盆中的財寶一樣取之不盡、用之不竭，還會越來越多。總的來說，用清淨誠心對清淨福田進行供養，能夠得到很大的福德。尤其在密宗金剛乘的壇城中，要依照微妙方便勝法，努力學修積福法門。

希望自我完善的人，積修福德很重要。如果福德和智慧二資糧不圓滿，就沒有辦法得證具足二清淨的佛果。在積修福德的眾多法門中，最殊勝的就是修供曼茶羅。

供養曼荼羅

在大圓滿法的理論修習中，曼荼羅分為觀修曼荼羅和供奉曼荼羅兩種。在製作或購買曼荼羅時，可以根據自己的經濟能力而選擇金質、銀質或銅質的；如果經濟能力不夠，也可以用石板來修供曼荼羅。曼荼羅上的堆粉可以根據自己的經濟能力而選用松石粉、珊瑚粉或大米小麥等。

無論選用什麼樣的曼荼羅和堆粉，清潔乾淨都是很重要的。在清除了塵垢的曼荼羅上面，首先堆放五堆堆粉。中間一堆觀想為大日如來，由如來部佛眾圍繞；四周從前方開始向右繞轉分別為不動如來，由金剛部佛眾圍繞；寶生如來由珍寶部佛眾圍繞；無量光如來由蓮花部佛眾圍繞；不空成就如來由利業部佛眾圍繞。除了這樣的觀想之外，我們還可以觀想五堆堆粉為皈依福田中如意寶樹五枝頭上的諸佛。在堆放堆粉並進行觀想後，我們要把曼荼羅放在高處供壇上，在身、口、意的聖像前供養。或者在心中觀想福田而修曼荼羅，此時，沒有實物曼荼羅也可以積修福德，不會有任何過患。

供奉曼荼羅的方法：左手托起曼荼羅底盤，用右手手腕擦拭盤面。當堆放堆粉時，依照共同曼荼羅三十七頌，邊念誦「嗡班雜布木……」，邊灑香水。大姆指和無名指拈花，邊念誦「嗡班雜熱……」，邊把花依右旋方向置於曼荼羅底盤的四周和中央。如果有圍圈，就把圍圈放置在曼荼羅底盤上面；沒有圍圈，則用無名指對著曼荼羅盤向左逆時針繞轉一圈，觀想築成繞轉三界的周邊圍牆。念誦「須彌山王……」時，在曼荼羅盤中央堆放一堆堆粉，觀想其爲須彌山和圍繞的七金山、七香海。在曼荼羅盤四周堆放堆粉時，無論面朝何方供曼荼羅，都要先從東方開始向右繞轉堆放。觀想東勝身洲爲圓球形，由玻璃築成；南贍部洲爲三角形，由琉璃築成；西牛賀洲爲半圓形，由紅寶石築成；北俱盧洲爲四方形，由金子築成。觀想身洲和勝身洲等八中洲時，其形狀和各自所在的大洲一樣，堆放堆粉也要放在各大洲的左右。

然後，東方觀設珍寶山，南方觀設如意樹，西方觀設隨欲牛，北方觀設自生稻。接著，又在四方四隅觀設七政寶和寶瓶等八物，再於四隅觀設嬉戲天女等外四天女和花鬘天女等內四天女。又在四方分別觀設東方火晶日輪，西方水晶月輪，南方珍寶傘，北方勝利寶幢。念誦「天人受用……」時，把堆粉不分方位地堆放在曼荼羅盤上，尖頂上要放置頂子。

供奉共同化身曼荼羅時，觀想自己擁有三千大千世界中有主和無主的七政寶等一切天人受用，加上自己的身心受用和福德善業，全部供養給上師化身佛眾。

供奉不共報身曼荼羅時，觀想在擁有化身佛供品的基礎上，還有具足五莊嚴的五部佛淨土，華麗的無量天宮，嬉戲天女等無數妙欲天女和無法思量的供品雲海，全部供養給上師報身佛眾。

供奉殊勝法身曼荼羅時，堆放堆粉時觀想於無生心性法界，呈現無滅五智慧，或者觀想於無生本原法界，呈現如意四覺相。總之，堆放堆粉時一定要進行觀想，並且要念誦經文

「嗡啊吽……」。

記數供奉曼荼羅時，有時要按前面所講的做廣泛供修，而大多數時可以做七堆粉供修。做七堆粉供修時，念「沙西布區……」。供奉曼荼羅的數量一定要達到十萬次，並且和其他修法一樣要具足初善、中善和後善三善。

19

殊勝身供施

積修福德還有另外的殊勝方法：結合供曼荼羅積修古薩里（乞人）資糧，是指把備加珍惜的自我身體化作無漏甘露，把無量妙欲受用供養給供施對象，這是修成圓滿二資糧的殊勝方便法門。這個法門也叫「能斷法」，就像大樹的樹根被砍斷後枝葉自然掉落一樣，「四魔」被方便和智慧二法斷滅於不可思議的離念法身法界之後，迷妄就在本原法界消失淨滅，執著也在自性本位消除斷滅。這裡的「四魔」不能誤認為是佛家通常所說的「四魔」，而是指有礙、無礙、喜出和傲慢。

所謂的有礙魔是指遭受地震、火災等四大災害，或被敵人、強盜、毒蛇、猛獸、妖魔等侵害身心。無礙魔是指由貪慾、瞋怒等內在的八萬四千煩惱製造的輪迴痛苦。喜出魔是指內心得到一點禪定力之後，喜悅中對其產生執著和貪戀。傲慢魔是指對以上三魔的根本——「我」和「我的」，產生執著驕傲或對五蘊生出「我」和「我的」之念，這是所有諸魔的根源。

我們要排除以上魔障，不受其侵擾；要排除所有的障礙和逆緣，把一切困難障礙改造成微妙成就。要把凶兆變為吉兆，以輕鬆自在的言行漫步於山間險地；要把凶惡的天魔用大慈大悲心來降伏，用大智慧來調治；還要把自己的身體毫不吝嗇、毫不貪戀地施供給欲求眾生，以此斷除五蘊執著。

修習身供施

供養曼茶羅之後要積修的古薩里資糧，是要對四賓客做身供施。身供施分爲素施、雜施、葷施和黑施等四大佈施。

在修習中，我們觀想：心中的心識自性變爲勝母黑色忿怒佛母，現爲舞姿身形，右手持彎刀高舉空中，左手在心際持有盛血的顱器。勝母頭部右邊有黑面豬，叫聲震天，勝母具足忿怒天母裝飾。當我們口中念誦一次短暫有力的方便和智慧結合之「呸」字時，自性勝母黑色忿怒佛母從中脈脈道中上升，剎那間衝出頭頂梵穴，在入住頭頂上空的當下，自己的身體變成無意識的軀體倒了下來。觀想倒下的身軀肥大豐滿，巨大得能蓋住三千大千世界。

然後，觀想自性黑色忿怒佛母，身體高大，四肢粗壯，雙眼像日月般閃耀。佛母用右手斷除執著的彎刀，砍向屍身的天靈蓋，左手取下大如三千世界的天靈蓋，把天靈蓋放置在象徵三身、高大如須彌山的三個人頭之上，前額指向自己。忿怒佛母用右手彎刀把屍體放進天靈蓋內，天靈蓋上空有倒置的「杭」（ཧཾ）字，天靈蓋的下面有「阿」（ཨ）字正在燃燒熊熊大火。在天靈蓋中被煮溶的屍體變成了甘露，沸騰的蒸汽融化上面的「杭」之後，從中流降出紅白甘露，與天靈蓋中的甘露和合無二。

誦念「嗡」（ཨོཾ）字之後，清除甘露中的污垢；誦念「啊」（ཨཱཿ）字之後，甘露增長充滿；誦念「吽」（ཧཱུྃ）字之後，甘露變現出眾生所求的物品。此無漏智慧甘露成爲無窮無盡的如意寶藏，猶如天藏雲海。

接下來觀想：對面寬廣的天宇中，供養對象有以大恩根本上師爲主的三寶、三根本和護法神諸佛眾。天宇下面的地上，施捨對象有魔眾、業債主和三界六道中的眾有情。上方根本傳承上師、諸佛與佛子們從舌中伸出金剛管來攝取甘露；中間本尊佛眾從舌中伸出法器管來攝取甘露。諸佛眾受用甘露之後，幫助我們除滅修取微妙菩提的全部障礙，爲我們帶來順緣和所求善德。

之後，觀想從自性黑色忿怒佛母心際變現出無數白色、黃色、紅色、綠色和藍色等施業忿怒佛母。這些施業忿怒佛母把智慧勝器天靈蓋中的無漏甘露施給三界六道眾生、業債主和魔眾，使他們全都心滿意足。

修雜施的時候，觀想煮沸的甘露產生蒸汽，上升的蒸汽爲福田佛眾供養五妙欲和八吉祥物等。把所有的天人受用及無量供品供養於福田之後，自他眾生都得到圓滿福德，並清除了所有的障垢。往下施給六道眾生各自渴求的無盡受用之後，使他們都心滿意足，並且消除自他眾生從無始輪迴以來所累積的業債、習氣和怨仇，清除所有的罪障。接著，把其餘的施供物品施給弱小和殘疾的六道有情，使他們獲得各自所求的起死回生之藥、神足、智慧眼、無漏耳、智慧舌等。當弱小的六道有情心滿意足之後，使他們脫離各自的業緣痛苦，男眾都成爲觀世音菩薩，女眾都成爲至尊度母。最後，把施供物品和施供對象置於無觀法界，並在其中入定安住。這樣做可以除滅傲慢之魔，並且能夠證見究竟勝義。

20

取得如意妙果的捷徑：上師相應法

我們所說的「成就」，指的是願望得到實現或追求變成現實。我們可以經由修習任何一種佛法儀軌，供養佛和本尊等皈依對象，使其生喜之後助我們實現心願大業。「成就」分為共同成就和殊勝成就兩種。普通的神通和少量的他心通等法力是共同成就，證得遍知智慧或取得雙運勝身是殊勝成就。要取得殊勝成就，可以觀修上師相應法。

在藏語中，上師被稱為「喇嘛」，意思是「至高無上」，這個名詞告訴我們沒有上師之上的其他禮供對象。如果有人認為上師之上還有佛和菩薩，那麼這個人可以思考一下「無師之前，絕無佛名」的深刻涵義。這句佛家名言闡明了佛也是依止上師、接受教導後才能成佛的哲理，並且說明了上師具足三寶的全部功德。因此，尋找並依止清淨具格的上師，成了渴望解脫者此生和往生的大事。

擁有上師名號或號稱某某大德的活佛，不一定都是具格上師，因為在現實生活中有很多的假上師、假大成就者和假伏藏大師。記得我還是小孩子的時候，佐欽寺下面的村子，來了一位穿著打扮和言行舉止都很古怪的外地僧人，自稱是大伏藏師，並在村子裡鄭重宣布：「在某日某時，我要當眾取出伏藏品。」在取掘伏藏品的日子到來的前一天，一個放牧人發現那個樣子古怪的伏藏大師正在野外的岩石下忙碌著。放牧人看到伏藏大師鬼鬼祟祟的樣子，產生了很大的好奇心，待伏藏大師離開後，便走到岩石下面察看，結果在岩縫中發現了伏藏大師事先隱藏的一尊佛像。放牧人取走了那尊佛像，並惡作劇地在隱藏佛像的岩縫中塡埋了他拉的屎。

到了第二天，也就是伏藏大師當眾掘取伏藏品的那一天，他帶領眾多村民來到了岩石下面。爲了顯示其法力高強，伏藏大師在眾人面前擺出一副莊嚴的面孔，還做了一些法事儀軌。最後取掘伏藏品的時候，伏藏大師從岩縫中挖出了那堆放牧人的屎，一股臭味使在場的人紛紛掩住了鼻子。那位假伏藏大師在眾人的譏諷和嘲笑中匆匆離開了現場，從此再也沒有在佐欽寺附近露過面。

類似上述假伏藏大師的僞上師和僞大德會隨時出現在世界各地，他們是滅佛滅法的主要罪魁禍首。另外，也有少數具有上師尊稱的人，沒有被聞學佛法調伏己心，他們傲慢自私，貪慾心和瞋怒心大得驚人。他們經常信口開河，甚至誹謗和輕視蓮花生大師及宗喀巴大師等大成就者，他們就是佛家常說的用善法修取惡趣之因的人。

我的根本上師

正確指明清淨正道的具格上師，首先應該是自己修過微妙道法，並且具有成就徵象和證道功德。其次，應該是適宜施行度化眾生的利他事業、任運把握自見的能力可以勝伏他見、被信眾瞻仰之後能於信眾心中生起覺證智慧。在我所拜見過的眾多上師之中，我認爲沒有一位能夠勝過我的根本上師。

我的根本上師吉美·達眞·擁丹貢布，藏族人用傳統的習慣，尊稱其法號爲「貢瑞」。

上師法體高大，法相莊嚴無比，聲音洪亮動聽，話語清楚明瞭。人們見到上師之後，心中都會充滿喜悅和激動。上師的勝意之中充滿了慈悲和憐愛，那些見到上師的人，心裡都會發生很大的變化，喜悅敬信和難捨難分的感覺油然而生。上師對世間如幻化般的財物沒有絲毫貪求，所得的供養會馬上賜給身邊在場的人。對待貧窮弱小的人，上師那無限慈悲的愛心就像一位慈祥的父親。

上師的所作所爲都是爲了弘揚佛法和利益眾生。像上師一樣嚴守戒律的持戒者，在當時佛法興盛的年代也很難找到第二位。離上師的法體還有三公尺多的地方，就能聞到上師身上散發出來的戒香味道，那香味沒有任何世間的香料能比得上，可說是不可思議的無盡妙香。如果我們站在上師身邊，微風經過上師後吹到自己的臉上，那麼，夾雜在風中的戒香味道會更加濃郁美妙。

我的上師也是第六世佐欽法王的上師，上師通達顯密經論，尤其對光明大圓滿法具有很高的學修成就，是得有大圓滿殊勝加被傳承的出世大瑜伽士。我從十歲開始一直依止擁丹貢布上師，直至上師圓寂入滅。我和第六世佐欽法王，以及擁丹貢布上師三人同住一個房間，可以說是日夜不分離，比一家人還親密。我自十歲離開父母後，擁丹貢布上師和佐欽法王就成了我的第二父母，我依止這兩位大德，享受他們賜給我的善法乳汁，可說是在兩位大德的悉心培育下長大成人。

上師喜歡在晚上給我講很多結合佛法妙理而又非常美妙動聽的故事。上師總是在黎明、上午和傍晚三個時段修行佛法，下午則爲我們傳授大圓滿心法密義。在日夜四個時段，上師從未解下腰帶和脫去衣服，他總是直端端地盤腿坐在那個四方形的座床上修行禪定。在日夜相續中，上師從未離開過光明智輪，他的修法入定，已經不能分別出根本位和後得位。

上師對「紮龍」氣脈幻輪和氣的持納非常熟練，法體幾乎不會染上任何疾病。上師主修圓滿次第金剛身之後，業風的流動就淨滅在中脈裡。解除喉間受用脈輪的脈結之後，上師經常無有阻礙地唱誦出金剛道歌，所唱都呈現爲密示和經文。

上師的父親名叫加木曼拉，是帕．當巴桑吉大師的再現化身，具有寂靜能斷法的不共傳承，是一位修持密法得到成就的大德。據說當時西藏有一位大成就者在偏遠地方的一座岩山中閉關修法，有一天，附近的許多山神來到那個閉關修法大德的身邊，爲他展示了加木曼拉送給眾神的天珠神鞭。那位大德就在山神展示的東西之中，看到了一根外面飾有彩色天珠圖紋的木棍。原來，加木曼拉能用定力化生天藏物海，用來滿足眾生的不同需求。關於他的其他成就顯相故事還有很多很多。

作爲如此大成就者的兒子，我的上師擁丹貢布有時候會到凶地和屍林等地方修持能斷密法。在夜間某個時段，上師有時會大聲念「呸」，兒時的我經常被這個「呸」聲驚醒。上師進入睡眠光明大輪中時，經常能聽到一個不平凡的小聲音在誦唱明咒，這個斷斷續續的誦咒聲有時會持續兩分鐘左右。

在我十三歲時，上師和第六世佐欽法王兩位大德帶著我和很多僧俗信眾，騎馬和騾子前往後藏朝聖拜佛。我們是一支龐大的朝聖團隊，要到從前蓮花生大師涉足加被過的地方，旅途時間相當漫長，所以經常野營過夜。我們通常是黎明時分起程上路，到了中午便安營紮寨。在朝聖的途中，我們經過了美麗的草原，爬過了高高的山岩，走過了彎彎曲曲的小路，涉過了大河小溪。旅途中與我們作伴的有一群群奔跑的野驢，還有眾多野犛牛，牠們就在家養的犛牛群中跑來跑去、追逐戲樂。沿途潔白的雪山高聳入雲，美麗的湖岸邊開滿了五彩繽紛的野花，這如詩如畫的美景對於坐在家中不出遠門的人而言，是很難看到的。一路上，新鮮的空氣令人清新舒爽，清涼的微風使人心生愉悅，那眞是一次難忘的旅行。

在西藏，旅行隊伍野營時通常都會架起白布帳篷，我們野營的營地裡至少有五十頂帳篷。在我們的朝聖隊伍中，有很多人看見我們師徒三人的帳篷，整個夜晚都明亮如白色的燈籠。我也曾經幾次在半夜三更的睡眼朦朧中，看見帳篷裡亮如白晝。

上師還親自教我寫藏文，有時還會考我。小時候我要吃糌粑時，上師會合好糌粑糰給我。我出家時，授戒法師就是擁丹貢布上師。

我們師徒三人在房間裡閉關修行時，上師會利用中午休息時間，爲佐欽法王和我傳授龍欽巴的《七寶藏論》《三安息法》和《心要四支法》等祕訣開示，以及單傳不共耳傳祕訣。記得有一次，我們師徒三人修持止語齋戒，黎明時分我在修誦文殊心咒，通常這個時候兩位膳食師長中的一位會進入我們的房間，幫我穿好僧衣，帶我去廁所。那天帶我去廁所的師長是位很喜歡開玩笑的喇嘛，他把我帶進廁所後，假裝拿著燈就跑，驚慌之餘我便失言破了齋戒。

在我們師徒三人的臥房門口，掛著一個由犀牛角做成的螺號，據說這個螺號是祖師先嘎仁波切的法器。在沒有閉關修法時，上師喜歡吹響那個螺號，召集附近的僧眾，爲他們傳授大圓滿前行和正行法要。

第六世佐欽法王吉扎・向秋多吉比我大五歲，是一位具足俱生功德的大德。他尤其精通續部義理，善於修持傳承法門，我從他那裡接受了《大集經》和《如意寶瓶法》等眾多法要的灌頂開示。我還和佐欽法王一起從擁丹貢布上師和蔣揚欽哲・秋吉羅卓大師兩位聖尊那裡，接受了眾多深密心法的灌頂開示。我和佐欽法王不僅有師徒關係，還有金剛兄弟的關係。我們多次一起到蔣揚欽哲大師那裡學法，並且每次都要住上一至兩個月。在那裡，我們共同接受和學修了很多深密心法。

蔣揚欽哲・秋吉羅卓大師的前一世曾經是佐欽・白瑪班扎的徒弟，也是第五世佐欽法王的上師。蔣揚欽哲大師本人又曾依止過第五世佐欽法王，第六世佐欽法王吉扎・向秋多吉誕生之後，他成了第六世佐欽法王和我的上師。我們在蔣揚欽哲大師那裡接受灌頂時，在灌頂壇城中，我還看到了噶陀司徒和莫紮活佛等眾多大德。

蔣揚欽哲・秋吉羅卓大師的明妃康卓・慈玲・秋瓏是拉嘎家族的千金。拉嘎家族是與佐欽寺有著特殊關係的施主大護法，拉嘎家族的出家僧人一直就在佐欽寺門下，因此，我們與蔣揚欽哲大師門下也有著特殊的親密關係。藏曆火兔年，即西元一九五六年的夏天，就在桑耶寺三界銅宮洲附近的園林中，一頂遮陽帳篷下面，欽哲．秋吉羅卓大師、佐欽法王和我三人相聚在一起，在愉悅的交談中度過了難忘的一天。隨著世事巨變，這一天竟成爲我們師徒最後見面的時刻。

朝聖之旅

一九五六年的某一天，第六世佐欽法王、上師擁丹貢布和我，還有隨行的僧眾來到聖地拉薩，我們一起繞轉了大昭寺的覺沃佛像。如果我沒有記錯的話，就在我們頭碰佛像寶足的那一刻，一位陌生的喇嘛將一個紙包遞到佐欽法王手中，紙包裡散發出的香味十分誘人。當時佐欽法王把紙包交給了我，我用手接過紙包時，感覺到有一股熱流還在紙包上。由於第二天是非常吉利的初十，我們在當地舉行了盛大的薈供法會。在法會上打開紙包時，發現裡面有一尊四指高的蓮花生大師大樂身像、黃頁密示文、藥寶苦參和一些充滿奇異香味類似黃丹的妙藥。

這些身、口、意的聖依都是稀世珍寶，那尊被稱爲「成就來源之替身相」的蓮花生大師像，是由紅沙茵陳和顆粒與粉狀的金銀寶石鑄造而成，是一尊非常奇妙難得的佛像。口依黃頁密示文寫有深密空行示字，意依藥寶苦參和散發出奇異香味的藥物，都是難得的奇珍異寶。

就在那一天，我還有幸親眼目睹了由伏藏主把伏藏品奉獻給伏藏大師的掘藏過程。另外，佐欽法王和擁丹貢布上師還從法藏天宇意界掘示了眾多深密心法。朝拜吉祥雜日聖山時，在清淨水晶山頂，我們師徒都下馬徒步禮轉了聖山。當到達紅色血海之邊時，上師擁丹貢布興奮地跳起了馬步舞，雙手做出各種手印姿勢，嘴裡還自然唱誦出金剛道歌。就在此時此刻，我又一次親眼看見了上師平息山神興狂風降暴雨搗亂的奇妙之事。上師擁丹貢布正要走進海中間時，驚慌的僧眾立即抱住他的腳不放。對此，當時在場的佐欽法王的父親、我的大舅舅阿卓大學士阿旺羅布很不滿意，他說：「這是應化眾生的不幸，緣兆很不圓滿。」

我們師徒三人還分別在托嘎寧貝雪山、雅隆水晶岩、兆地岩洞、耶瓦月洞、青樸紅岩洞、雪朵迪卓薈供堂、格日央宗等聖山聖地，修了規模不小的薈供法。佐欽法王獨自一人在青樸祕密花洞和央宗蓮花生修行密洞等地修持了深密心法。在桑耶查珠聖地，以我們師徒為主的百餘名僧眾修了經集法海壇城，在具足修、大修、誦修、近誦修等修誦四支法的基礎上，大法會圓滿修成。之後，我們還修了十萬遍薈供，結束時修了燈供發願、壇沙入河等，為佛法興盛和大德聖人長久駐世作了有力的祈禱。就在我們修持薈供法的過程中，眾人親眼目睹了修供食子（朵瑪）中降來甘露、修供碗中甘露沸騰、殊勝的藥香飄至一哩之外等奇蹟。

一般說來，修供食子中降來甘露是佐欽派傳承法門的殊勝之處。佐欽寺年年舉行正月大法會時，三根本修供食子和供品食子中經常會降來甘露，這個殊勝現象至今仍然沒有改變。

一九九六年，我在佐欽熙日森五明佛學院主持第一次大修四月文殊萬供法會時，雖然因種種緣由，法會並沒有達到預期的規模，但是修供食子中仍然降來了甘露。此外，歷代佐欽大師們修供的蓮花生大樂身像（亦稱佐欽紅喇嘛），如果被人掛在身上，身像會保佑此人脫離病魔邪障和非時死亡。這個被藏族人津津樂道的奇蹟傳到海內外之後，無論信奉佛教與否，人人都渴望得到一尊蓮花生大樂身像。

上師的殊勝事蹟

我的不共根本上師擁丹貢布仁波切，沒有任何苦樂和喜怒的心念。恩師具有無限的寬容和慈悲，視一切輪迴作業如同長輩看孩童玩遊戲，任何時候臉上都是威嚴中透著慈悲和祥和。一九五九年時局動盪，戰亂此起彼伏，四月二十五日我的上師騎馬走出戰爭現場，在一處幽靜的聖地端坐入定，示現了圓寂，登上了本原法界佛位。當時有不少人看到天空中佈滿彩虹和光芒。上師圓寂後的第二天，人們發現法體已經不在原位，被空行母迎請走了。直到今天，有關上師擁丹貢布圓寂的神奇傳說，還廣泛地流傳於當地。

第六世佐欽法王吉紮．向秋多吉，也是在一九五九年的動盪中圓寂的。當時法王受了傷，當他發出幾次清脆響亮的「嘿」聲之後，當下就與化身本原密意和合無二，並且隨之圓寂入滅。法王留下的骨舍利一直被我珍藏著，在文化大革命的運動中，我幾乎為此付出了生命的代價。現在，骨舍利供奉在佐欽寺「見解脫菩提法身靈塔」裡（二〇〇三年該靈塔被恭遷至佐欽白瑪唐大圓滿閉關中心的剛堅金蓮花寶殿內供奉）。爲了表達對法王的清淨敬信，我傾力建造了法王的包金靈塔。靈塔裡除了第六世佐欽法王的骨舍利之外，還裝有吉美林巴大師的肉身一塊、吉美·擁丹貢布上師的頭髮和佛祖的再生舍利等。這座裝有眾多殊勝聖物的至寶靈塔，相信會爲濁時前往敬信禮供的眾生帶來無量無邊的福德。對於這一點，我沒有一絲一毫的懷疑。

我在這裡特意述說幾位大德上師的殊勝事蹟，是有特殊意義的。我們想得到意傳證覺，就必須具有傳承上師的加被，這一點非常重要。而想得到傳承上師的加被，一個必須具備的前提就是不能缺少虔誠無僞的敬信。

在此，我可以講述一下大圓滿龍欽心髓法脈中佐欽派的傳承上師。首先，這個法脈來自於法身普賢如來、報身金剛薩埵、化身極喜金剛、熙日森哈和白瑪嘎熱（蓮花生大師）等。法脈傳至龍欽巴·志麥沃色大師時，已經是集三個傳承於一身的心法。這裡所說的三個傳承分別是：和諸佛勝智無二無別、深密不可思議的、大智慧中爆發出的聖意就是諸佛意傳；由龍欽巴大師顯示智慧身之後，三次攝受吉美林巴傳授心法就是持明示傳；口授得聞解脫密法，從口中傳入耳中就是凡人耳傳。龍欽巴大師把殊勝龍欽心髓的三個傳承，都傳授給了弘揚龍欽心法的吉美林巴大師。

吉美林巴大師門下的康巴四無畏之一的吉美·加衛尼固，以及多哲·更桑先盤（多哲欽）、加色．先盤塔耶三位大德，把龍欽心髓密法傳授給了佐欽．白瑪班紮，佐欽．白瑪班紮把法脈傳授給了鄔金．丹增洛布。鄔金．丹增洛布還得到另一個殊勝的近傳承：由吉美．加衛尼固和多哲欽把龍欽心髓密法傳授給第四世佐欽法王美久．囊卡多吉，再由第四世佐欽法王把法脈傳授給鄔金．丹增洛布。就這樣，鄔金．丹增洛布把遠、近兩個傳承的法脈全都傳授給先嘎大師，先嘎大師再把法脈傳授給吉美．擁丹貢布。我的不共根本上師擁丹貢布，以無限慈悲利樂之心，把以上殊勝心髓密法全部傳授給了我。

佐欽．白瑪才旺大師是我的另一位上師，他外表持戒清淨，內心充滿菩提勝心，是位登地菩薩，以及密位修道取得證覺的持明大師。白瑪才旺大師具足賢正善良的功德，長年勤修德法使他成爲一位出世大瑜伽師。我在他身邊，詳細學習了《十三部大論》和相關分支法要。

佐欽．土丹尼紮也是我曾依止過的傳法上師。大師具足聖人九相功德，他的學識才智名揚整個藏區。還有，阿卓．阿旺羅布既是我母親的哥哥，又是爲我傳法的上師。阿旺羅布是修密金剛持身，精通顯密教法，爲我傳授了《舊密續部》，並且詳細講授《功德寶藏法》。教我讀藏文的恩師佐欽．曲覺法師，同樣具足賢正善良的功德，尤其精通《現觀莊嚴論》。一九五八年，曲覺法師被正式尊爲佐欽熙日森五明佛學院第三十三代法臺大堪布。

以上猶如連綿金山般的上師善知識，都是稀有難得的賢正良師，其稀有程度可以與白天出現的星星相比。在講述成就之源具格上師的過程中，我以大篇幅敘說我的上師們，目的就是為了說明具格上師到底應該具備什麼樣的條件。我們找到和以上諸位大德一樣的傳道善知識上師之後，要以恭敬、誠信、精進之心學習上師的善意言行，如果能做到這樣，一定會在此生得到殊勝大成就，對此無須抱有任何懷疑。

在這裡需特別說明的是，當我們得到密宗深密心法的灌頂之後，一定要如法持守律儀和三昧耶誓戒，這是非常重要的大事。在這個十字路口，我們不能有絲毫的馬虎和鬆懈。

上師相應法

知道這些以後，我再來說一說上師相應法。在學習大圓滿龍欽心髓前行法中的上師相應法正行時，首先要瞭解這樣一個法理：《續部》告訴我們，「有人千萬劫之中，觀修十萬本尊佛，不及剎那觀上師。」一心一意渴望解脫的人們，首先要找到一位指明正道的善知識具格上師，這是非常重要的頭等大事。然後要做的一件大事就是依止具格上師，聞受上師所傳的祕訣。最後要做的大事就是學修上師的善意言行，直至達到自己的心境與上師的密意無二和合。尤其在大圓滿離修無上瑜伽之中，正果不是從思慮和理辯思維中求取的，也不是依賴於次第積修共同殊勝成就等厲修儀軌，更不需要做舉例說明二諦義理的開示。這裡要做的僅僅是真正敬信具足殊勝證覺的上師為真佛，並且對上師猛厲祈禱，從中修習，生起現證本覺，從而使自己的心境與上師的密意無二和合。當自己的身心之中生起了領證加被傳承的智慧，就能夠得到修成解脫正果的加被方便法要——上師相應法，這是殊勝至極的無上心要道法。

修習上師相應法時，要這樣觀想福田：自己所在的地方寬廣平坦，所見之處都是清淨佛土，佛土中的寶蓮光明宮廣大無邊、莊嚴無比。光明宮中央，自己變成本性爲智慧海王空行母、外相爲金剛瑜伽母的尊者。金剛瑜伽母法體深紅，一面二臂，獨有的三隻慧眼一直瞻仰注視上師的心際，右手高舉喚醒無明沉睡的鞀鼓在空中搖響，左手握持金剛杵刀柄的斷除三毒彎刀在腰間，赤裸的法體佩戴六種骨飾和花鬘。金剛瑜伽母雖然有形有相，但不是眞實俱在，是見其有而無其實。

繼續觀想金剛瑜伽母頭頂前上方一肘高的上空，由各種寶石做成的萬瓣蓮花寶座上鋪有日輪和月輪，上面端坐本性爲根本上師、外相爲蓮花生大師聖尊。蓮花生上師的法體白裡透紅，雙足顯示帝王坐姿，身披錦緞披風、內穿咒士法衣，頭戴蓮花寶冠，右手在心際顯示期克印並握有金色金剛杵，左手手臂環抱代表明妃曼達拉娃的三尖天杖。周邊五彩光芒纏繞的光網中央，由彩虹形成的光圈內，印度八大持明和西藏王臣二十五尊等三根本勝尊圍繞主尊蓮花生上師就坐，一切顯得莊嚴無比。

接下來以虔誠的敬信心悲呼祈禱，當念誦迎請經文時，觀想銅色吉祥山寶蓮光明宮的能依所依智慧佛眾都降臨到來，並且與自己觀想的修法瑜伽士無二和合。然後，念誦七支祈請文。

七支祈請文

密宗具有多種方便法門，修起來並不困難，是利根聰慧之人所能修習的微妙勝法。修持小乘道法的人在很多個十萬劫中努力積修的資糧，在密宗法門裡可以剎那間修成，並且可以在一生一世中修成解脫正果，而其中最殊勝的妙法便是供養上師。所以，無數積修資糧的法門，最終可以歸入到七支法中。

一、**禮敬分支**：觀想自己變現出無數身體，與全部有情同時做大禮拜。身體充滿恭敬地做大禮拜，口中充滿恭敬地念誦祈禱文，心中充滿恭敬地把一切託付給上師。要在誠心敬信之中，身、口、意同時修大禮拜。

二、**供養分支**：把清淨無染的實物供品和意化供品，以及遍滿天宇大地的天人供品，如水供、洗足水、花、熏香、油燈、香水、神饈、法樂等，還有無量天宮、花園和十六金剛天女等無量供品，依照普賢化供，供養給佛與佛子諸眾。

三、**懺悔分支**：要深刻懺悔自他眾生身、口、意三門積造的所有罪障過患，並且決心今後絕不再造罪業。要在具足四對治力中懺悔罪業，觀想全部罪障變成黑色粉塵堆在自己的舌頭上，從福田諸佛身中放射出無數光芒，光芒照到自己舌頭上而清除罪障黑塵，使罪障清淨無餘。

四、隨喜分支：對於十方如來佛與佛子，還有隨佛與佛子修法的學子們所做的偉業和願心，以及自他眾生曾經做過的、現在正做的、未來要做的全部二諦有漏、無漏善業，生起發自內心深處的眞心實意的喜樂。

五、祈請轉法輪分支：在還沒有開始轉法輪的佛、菩薩和佛與佛子化現的善知識等眾聖尊面前，觀想自己變現出無數身體，把無數金輪和右旋白螺供養給眾聖尊，祈請聖尊常轉適合三部有情意樂根性的微妙法輪。

六、祈請不入滅分支：對於眾多佛國淨土中的眾多佛與菩薩，當施行利業圓滿之後有意要入滅涅槃之際，觀想自己變現出無數身體，祈請眾多即將入滅的佛與菩薩，長駐於世，施行利生事業，直至輪迴空滅。在念誦祈請文時，要隨之觀想文中描述的法義。

七、迴向分支：以現在修行的善業爲主，和自他眾生在三世中所修造的善業合爲一體，在無觀智慧的攝納之中，把善業全部迴向給令眾生得證解脫佛果的事業，並且要學習文殊菩薩和普賢菩薩等佛菩薩迴向善法的方式。如果沒有把善法迴向大菩提，善業就會被罪過消滅，造成僅僅享受一次善業果報後，善業便消失殆盡的後果。如果是經過迴向的善業，那麼這個善業就不會壞失，即使享受善業果報一百次，也不會使善業消失；相反地，善業還會不斷增長。現在，我們世間凡人不能做到無毒迴向，即以迴向對象、迴向的善法和迴向者自己三輪虛空的智慧來迴向善法。但是，學習佛與菩薩們的迴向方法，可以使自己的迴向變成清淨圓滿的迴向。

觀想與上師無二和合

以上七支法念誦儀軌文和觀想法義一起合修之後，再祈請三世諸佛本性和無上慈悲源泉的上師，就可以使願望如意實現。我們要如此觀思：

> 我依止像如意寶一樣的上師，我唯一修供上師，除了上師，我沒有其他皈依對象，祈求上師悲繫垂念我等眾生。之後，心中生起無比敬信之心，並且在激動流淚的當下念誦祈請文，修誦「班雜咕嚕貝瑪悉地吽……」心咒。

接著，觀想無二和合的蓮花生上師眉間，猶如水晶般潔白明亮的「嗡」（ཨོཾ）字放射出光芒，光芒照入自己的頭頂，清除身之三惡業與生身脈障，得到身金剛的加被，獲得寶瓶灌頂，成爲能修生起次第的根器，種下異熟持明的殊勝種子，得到能證化身妙果的善緣。觀想在上師的喉間，猶如紅寶石般發亮的紅色「啊」（ཨཱཿ）字放射出光芒，光芒照入自己的喉間，清除口之四惡業與能生口氣的風障，得到語金剛的加被，獲得祕密灌頂，成爲能誦咒念法的根器，種下壽自在持明的殊勝種子，得到能證報身妙果的善緣。觀想在上師的心際，猶如藍天般的藍色「吽」（ཧཱུྃ）字放射出光芒，光芒照入自己的心際，清除心之三惡業與能生心識明點的明點障，得到意金剛的加被，獲得智慧灌頂，成爲能修樂空拙火的根器，種下手印持明的殊勝種子，得到能證法身妙果的善緣。

再一次觀想上師心際的「吽」（ཧཱུྃ）字中，放射出另一個「吽」字，像箭一樣射入自己的心際，與己意無二和合，清除三門之依阿賴耶業和所知障，得到智慧金剛的加被，獲得句義表示勝義灌頂，成爲能修本淨大圓滿法的根器，種下如意持明殊勝種子，得到能證究竟妙果自性身的善緣。這些觀修要依據前行念誦儀軌，以誦觀結合的方式修煉，最後把自己的心意與上師的密意無二和合，並在其中入定片刻。

當觀修禪坐告一段落時，再次祈請上師，對上師生起充滿親切感的敬信心。觀想蓮花生上師笑容滿面、慈眉善目，心際放射出紅色溫暖的光芒，照入自己觀爲金剛瑜伽母的心際，剎那間令金剛瑜伽母變成一團紅色光球，光球猶如閃射的火花飛躍進入蓮花生上師心際，與蓮花生上師無二和合，並在其中入定片刻。之後，把萬物觀想爲上師的化身，把善業迴向於利生事業中。

上師相應法中的心咒要念誦一百萬遍。具有清淨敬信心和淨護三昧耶誓戒的人，唯一單修上師相應法也能往生於鄔金淨土，入登普賢妙地，這是前輩大師們宣說的無僞眞言。

大圓滿法殊勝至極，無需依靠無數賢劫和多生多世厲修二資糧，是即身即世能夠成就正覺佛果的深密祕訣心法。但是，我們必須從前行法門開始次第修習，直至正行心法，這個過程就像爬樓梯，要從第一個階梯開始次第爬到樓頂。美味佳餚要放在華貴的餐具中，才能顯出美食的價値；同樣地，我們在接受深密心法之前，首先要修習好前行法門，爲修習正行心法打下堅實基礎，也可以說是爲迎接正行心法貴賓而建造華麗的行宮。

前行法門就像護送自己度過恐怖險關的好保鏢，如果沒有這個保鏢，攜帶財寶的人就無法通過充滿怨敵與強盜的險關。同樣地，沒有修習前行法門，就無法接受具有殊勝威力的正行心法，也不能從正行中獲取任何利益。因此，從學修四出離心開始，要分別修習共同與不共前行法門，要把具足前行正行二法中全部深密法要的上師相應法當作心法來修習，這是我對渴望解脫的人們所要說的，也是我認爲很有用、很重要的心裡話。

21
臨終的和合往生

亡靈無法投生善趣的原因

佛祖爲我們宣說了眾多的法門，傳承大師們對佛語經典的詞義也作了大量的注疏論說，這一切目的就在於透過修煉佛法，使人們做到不懼怕死亡，充滿信心的迎接死亡。能夠這樣做的人，我們可以稱其爲佛門中人或修持佛法者。除此之外所謂的佛門中人或修法者，不論他生前能夠輕鬆快速地背誦多少經續祕訣法寶，如果在臨終時想不出任何有用的祕訣，那麼他便是虛度年華，到頭來只是一場空，就像背水的人來到河邊，又背著空木桶回去一樣。

我曾經見過這樣一位臨終者，他已經病入膏肓，即將與世長辭，樣子看上去非常可憐，醫生已經斷定他無藥可救，照顧他的家人和親友也知道他將要死亡。爲了減輕病人的痛苦，醫生和周圍的人都沒有告訴他眞實情況，他的家人和親友只是在暗地裡痛苦哭泣。病人似乎在這種不尋常的氣氛中覺察到了什麼，猜到自己無法度過這一關，但是，家人和他自己都沒有把心裡話說出來。

在這樣持續下去之時，他的呼吸變得越來越急促，脈搏跳動的力量也越來越微弱。在臨死之前，他的兩個眼窩在下陷，鼻腔也在塌陷，牙齒上面已經有了一層污垢，雙手不斷地向外伸出。這時候，我和他的家人都聽到了他最後說的話：「把我抬起來，把我放下……」，這些話有點像夢囈，但這證明他已經踏上了死亡之路。

他的家人開始著手安排後事，醫生和部分家庭成員仍然守在他的病床邊。突然間，那個臨終的人呼吸出現了困難，他用盡全身力氣對醫生和家人哀求道：「不要讓我死去，不要讓……我……」他說話的聲音越來越小，越來越聽不清楚，這聲音好像來自他的上顎深處。聽到那悲傷的哀求聲，與他毫無親戚關係的我也很難過，心痛如刀割。我急切地盼望他能夠活過來，如果有可能的話，當時我非常願意替他迎接死亡。

從他絕望而悲傷的臉上，我能猜得出他在想自己過去因愚昧無知而造下的罪業。他年輕力壯時不知道死亡的可怕，也沒有想到過死亡，而且還奪取過其他有情的寶貴生命，爲無辜脆弱的人造成傷害，破壞過如來佛的身、口、意三聖像，誹謗過微妙佛法與大德善知識。他在回憶往事時，我相信他的心中一定充滿了恐懼和悲痛。想到這裡的時候，我看見那個人終於斷氣了。

如果我具有天眼通的神力，我還會看見那個人死後遇到的種種非常恐怖的場面。但是，平凡的我，只看見那天有個人與世長辭，永別了他的家人和親友，只留下一具可怕的、骯髒的並散發出一股臭味的屍體。他的名字也許能夠留在極少數人的記憶裡，但絕對不會留很長的時間。

幾天後，那個人的屍體也要被處理乾淨。按照當地的習俗，他的屍體也許會被火化，也許會被埋在墓穴裡，也許會下葬在河裡，也許會天葬餵鷹。總而言之，他在人們的心中逐漸失去了蹤影，最後像流星一般徹底消失。那個人死後將遇到什麼樣的陌生世界，我們無從察知，但是在他死亡的那一刻，我聽到他的親友們在祈禱：「我們最可愛的親人已經踏上了往生之路，祈求三寶保佑他脫離中陰世界的恐怖！」當然，也有部分無知的親友像發瘋似地大喊大叫：「你爲什麼要拋下我們，自己一個人到那裡去呀……」他們捶胸頓足，用力扯著頭髮。此時此刻，也許死人的意識已經昏迷，也許已經脫離了身體的束縛，但是無論如何，他們的大喊大叫不僅得不到死人的回應，而且對剛死去的人只有百害而無一利。

西藏有很多地方忌諱叫死人的名字，如果村子裡有個人的名字與死者的名字一樣，那麼這個人會馬上換一個新的名字。這樣做是有一些道理的。如果死去的人不貪戀家園、受用、子女和親友等世間法，並且在生前多有善行，死後又有大量的善法跟隨，那麼此人便會往生善趣或得到解脫，不會有暫時和恆久的痛苦。相反地，如果死去的人在生前沒有什麼善行，死後又沒人爲他修法超度，只是給死人獻花和開追悼會並不能帶給他任何幫助。尤其是死去的人深深貪戀此生世界之後，非福德的罪業會變成直接業因，貪戀迷妄會變成間接條件，從而像磁吸住鐵一樣往生於輪迴世界，再一次復受輪迴痛苦。在這種情況下，用死者的名字呼喊活人，會招致死人戀世後降來的災禍。在佛法興盛的西藏，懂得這個道理的人當然不願提起死者的名字，於是形成習俗傳揚開來。

在西藏，人們如果不得已而談起亡故之人的事情，他們會將其稱爲「安魂者」，而始終不會直接稱呼死者的名字。人們認爲，人人都有命、魂和心識這三個重要的生命組成部分。據說人死亡後，命被敵魔奪取，心識隨業緣投生，魂住在安葬之處。稱之爲「魂」的東西，就是指生命的依所和生命的精華部分，如果魂脫離身心而到處遊蕩的話，丟魂的人便會失去快樂、失去身體外表的光澤，整天昏昏沉沉，始終提不起精神。人死之前，首先受損的就是「魂」，其徵兆是會體受到自己魂脈斷滅的過程。

在藏傳佛教舊密寧瑪派的眾多儀軌當中，有不少是透過修密咒和禪定來招魂勾魂的。人死之後，魂就住在安葬之處。這裡的「魂」，是指本來俱生的某種神或祖先的魂魄顯爲人相者。「魂」雖然不具備任何超越人類能力的大威力，但是，亡魂的安息可以幫助後人平安無事。如果安葬之地遭到破壞而使亡魂不得安寧，那麼後人便會因此遭遇天災人禍等災難，這一切也許正是因緣神聖無僞的本性。俱生魔或奪命怨敵妖鬼會變成死者的模樣來到人世間害人，也有少數鬼妖變成丢魂失魄的活人模樣來傷害生靈。

藏族人的另一種說法是：人死之後，親友不能爲死者哭泣。如果哭個不停，淚水會變成燒鐵大雨而讓亡靈受苦。雖然藏族人的有些說法並沒有多少理論和教法依據，這些說法有一部分是來自民間的古老傳說，但是，我們絕對不能輕視所有的民間傳說。其實，死者的痛苦和恐懼要比家人和親友大很多倍，當沒有依所的亡靈依靠意識之體和食香來度過死後幾天時，他沒有朋友和怙主，獨自一人在充滿恐懼中度過時光，遇到業風追隨，亡靈便會回到自己生前的家中。當亡靈回到家中時，如果沒有聽到開示道法和安慰，只見親人都在痛哭，亡靈就會因此心繫家人而痛苦傷心，從而有可能致使其往生於惡道。如果因爲我們的痛哭而導致亡靈往生惡道，那麼，我們爲亡靈製造的災難和痛苦，就遠遠超出了下幾場燒鐵大雨使其所受的苦了。

如果人死之後，親友先是哭幾天，然後爲爭奪遺產而大吵大鬧，這樣做會給亡靈造成極大的傷害，這種言行是絕對不可爲的可恥之舉。中陰靈識之體的亡靈，因爲脫離血肉塵體而意識特別清醒，其中還具有少量的神通力。所以，家人如果做出對亡靈不盡人情的壞事，亡靈知道後就會因瞋怒過度而墮入惡道，那麼，家人便成了把亡靈推入惡道的罪魁禍首。雖然亡靈與我們之間有很大的距離，但是我們的一舉一動卻能很輕易地影響到亡靈。

頗瓦法可為亡者帶來的利益

知道以上的道理後，我們就可以像藏族人一樣，在死者的遺體邊許諾要爲其除罪修善，承諾修多少個善業，並且要眞正落實自己的諾言。這樣做的結果可以自利利他，一舉兩得，從中還可以完成目前和長遠的大業。尤其是敬供僧眾、施物給窮人、創立法會或建造佛學機構等善行，能夠很快得到利益果報。此外，有人即將死亡時，如果能請一位大德聖人到臨終者的身邊，爲臨終者修往生超度法——頗瓦法，就可以幫助臨終者死後往生到極樂世界。頗瓦法是方便猛厲的深密心法，如果臨終者能夠聽到這個微妙勝法，其價值將遠遠超出世間的任何財寶。對臨終者而言，世間財寶已經不能幫助他脫離死亡；相反地，心意貪戀財寶會引生各種輪迴痛苦。

我們不僅要在臨死之際及時修持頗瓦法，而且還要儘早學會這個妙法。我們應該想到自己無法把握活在世上的歲月，並且死亡向來都是無常的。要是我們白白浪費了最利於修法的人身，就實在是太愚昧了，和惡道的動物沒有任何區別。

往生超度妙法——頗瓦法，是密宗大圓滿法的方便捷徑勝法，屬於無修成佛五法當中的一法。無修成佛指的是無需一劫一生等長時間厲修生起圓滿次第法門，就能快捷輕鬆的修成解脫正果。但我們不能把它理解爲連頗瓦法的觀修次第都不用修，頗瓦法是迅速修煉成就的道法，利根罪障少的人可以在七天之內修煉出徵象。

臨終者如果事先接受過頗瓦法的開示，並且經過修煉之後得有徵象，那麼在即將死亡的時刻，由上師來做引導時，自己就可以在觀修次第中，用虔誠無僞的敬信，重新觀想此前觀修過的內容，依靠上師的加被和自己的觀修力量兩者結合，從而輕鬆的修取解脫正果。就算接受頗瓦法的徒弟是個非常愚鈍之人，而如果傳授者是具有殊勝證覺的上師，那麼上師也完全有能力把受法者的心識，猶如射箭般送入極樂淨土無量光佛的心際，並且令其與無量光佛的密意和合無二。這也是使罪業深重之人得以強行解脫的法門之一。

頗瓦法的開示有多種方法和各種不同的傳承。比如上等法身頗瓦法，要由上師或淨護三昧耶誓戒的道友，告訴和引導曾經修法得正覺的徒弟說：「你已經出現了這樣的死亡徵兆，你的見識即將發生變化，你的這個和那個見識是這樣和那樣的死亡次第現象。因此，你應該用敬信心祈禱，觀修這樣和那樣的禪定。」這樣引導和提醒之後，此人依靠本原立斷和如意頓超的祕訣，就能於此生得到解脫，或者在死後猶如母子相會般體證法身光明，從而得到解脫正果。

中等報身的往生、下等化身的往生和凡人具足三念的往生，根據各傳承法寶祕訣的不同，在時間、心念和解脫方式等方面也不盡相同。攝納亡靈的頗瓦法，是用方便法力把未曾修道學法的大罪人，也能夠強行救度解脫的深密祕訣。修頗瓦法來超度亡靈的上師，必須是證解見道勝義和入登第一地的聖人，因爲修頗瓦法的人如果不具備生起菩提勝心的微妙證覺，就無法超度他人的亡靈。如果是具備以上微妙證覺的上師，就能夠用氣、明、心三無別和合的法力，把亡靈在刹那間送入無上圓明的法界勝義極樂佛國之中。

還有一種頗瓦法是由少數上師，首先把死者的亡靈勾入到物體或靈牌等觀想依境中，然後修頗瓦法觀想次第，把實物形式的亡靈超度送入樂土。第一世佐欽法王白瑪仁增大師帶兩個徒弟去爲一位死者修頗瓦法時，首先由大師本人把死者的亡靈勾入到一個碟子下面，然後大師讓兩個徒弟各修一次頗瓦法。當徒弟發出「嘿」聲時，眾人看見碟子在原地動了一下；而由大師親自修頗瓦法而發出「嘿」聲的當下，碟子突然從原地跳到了空中。這是廣爲流傳的眞人眞事。

修頗瓦法的關鍵時刻

在藏區，爲死者修超度法要修四十九天，因爲死者在中陰世界度過的時間壽命一般爲四十九天。這個四十九天要從死亡那一天開始算起，每過七天之後要修七期超度法。在修七期超度法時，要請一定數量的僧人集體誦修各種儀軌，以達到清除罪障、解說境界和往生超度的目的。修七期法的原因是中陰眾生要在每七天之後，體受一次死亡的痛苦，這個時候修法超度可以幫助死者離苦得樂。

在爲死者修法超度的過程中，最重要的時刻是在外呼吸氣斷滅而內呼吸氣未斷的那一刻，這個時刻通常要請一位殊勝的上師來爲死者修頗瓦法，因爲這是決定死者心識去到哪裡的關鍵時刻。

藏族人非常珍惜這個時刻，牧區的人會把家裡最好的馬匹配上好鞍，外加最好的氆氌衣供養上師，請上師爲死者修頗瓦法。此外，西藏的少數地方還有把火器、吹火筒、鍋碗和食物等生活用品裝進皮袋裡供養上師的習慣。一般情況下，死者死亡後的第三天，是心識從昏迷中甦醒的日子，這一天爲死者誦修解說境界等法門便顯得非常重要。藏族人會在這一天請很多有修證成就的大德上師，爲死者修法做善業，他們對此非常注重。

七七四十九天中的最後一天是超度結束日，這一天還要請一位大德上師爲死者修法，指明往生善道。在七七四十九天之內和修七期超度法時，根據死者家屬的經濟能力，要修《中陰聞教解脫法》《深密寂怒自在解脫法》《金剛薩埵法》《解脫經》《懺罪法》和《普賢菩薩行願品》等。在此基礎上，還要請很多大德上師、活佛和普通僧人爲死者修《大日經》等儀軌中的超度法、寶瓶儀軌和洗禮儀軌等除滅罪障的法門。

在四十九天結束之際或結束後，要對死者的骨灰修金剛薩埵法門中的骨修儀軌，並且用骨灰做成小佛塔。在來年死者祭日那天，還要爲死者修一次圓滿盛大的滿期超度大法。

天葬和火葬

在處理死者的遺體時，根據宗教和地方習俗的不同，而有各種各樣的做法。這裡，我想說一說在佛法興盛的西藏，經常實行的與眾不同的「天葬」。有人聽到天葬中用死屍餵鷲的情形時，或許會覺得恐怖和不人道，這種想法其實是錯誤的。之所以會有這種想法，是因爲自己被深深的我執、我戀心所束縛。人死之後，遺體就像土地和石頭一樣，怎麼處理都不會造成疼痛等痛苦。如果有人硬要說遺體像活體一樣有感覺，那麼把遺體埋入墓穴中也會對遺體造成痛苦。持有這種想法的人，是無法恰當地處理遺體的。

藏人在對遺體做天葬處理時，首先會請一位具足生圓修行和誦修入量的大德聖人擇福地修加持儀軌，然後在福地裝入諸佛寂怒壇城，把屍林修成具足加持力的福地。此外，還要在其中修造如來佛塔和刻經石堆，豎立印有各種經文明咒的經幡，所有這些都必須經過開光加持。在這樣的屍陀林中，一位具足覺證的能斷法大師在實行天葬的前一夜，要用法力把遺體與怨鬼分離，用死喪卜算算出方位和時間。在黎明時分把遺體從清淨之地抬進屍林中，能斷法大師從前行皈依、發心和祈請開始修能斷儀軌。遺體以俯臥的方式放在天葬臺上，要在背上劃出寂靜大格子、忿怒大格子和忿怒王救供等幾種格子紋，把遺體加持成智慧甘露薈供品，迎請智慧業神和世間空行母等諸施業天尊，還要迎請受納餘物的小卒天尊眾，即化現爲鳥類的鷲。對於鷲鳥，還要修持呼鷲觀修儀軌，打鼓、搖鈴和吹骨號，同時把遺體切碎後讓鷲鳥吃得乾乾淨淨。

對遺體做火葬處理時，要修某一尊本尊壇城，迎請與本尊壇城相關的智慧火神，觀想火神融入法師自己修持三昧耶戒的身體裡，並在其中安坐。觀想智慧之火燒化我執蘊身的遺體，以燒施（護摩）的方式把遺體清淨燒滅。

就這樣圓滿修完滿期超度善法，會令後人心安理得，讓死者靈魂安息，並且幫助死者的亡靈在今後的生生世世中，次第進入樂善勝道。我們這樣做，不僅能幫助死者離苦得樂，而且還能爲自己修造進入樂道的善因。臨終時修頗瓦法極能助人，而臨終祈禱發願也很容易如意成就。因此，我們要在臨終時發願：「我爲施行利生事業，願成爲饑餓者的食物、口渴者的甘飲、無助者的助友和無依者的依靠……」並且虔誠祈求三寶，這樣便可以使發願得以實現。

在臨終時，我們要懺悔無始以來所造的罪業，把善業迴向於微妙大菩提。要有這樣的願心：「我要抓住這個死亡的機會，依修密宗頗瓦法來證取正覺佛果，然後把如母眾生從輪迴苦海中解救出來。」像這樣充滿信心和勇氣，即是殊勝密法的優勝之處。

一位老喇嘛的圓寂

我曾遇見過一位孤身一人、身無分文的藏族老喇嘛，這位老喇嘛雖不是勤學顯密經論而博學多聞的大學士，但他從小就勤於禮拜和轉經以除罪滅障。到了中年，老喇嘛依止一位善知識，聞學了大圓滿《空行心髓》前行和正行的開示，並且進行了一定程度的修煉。這位老喇嘛平時喜歡開玩笑，很會說一些既不傷人又能帶給大家笑聲和快樂的笑話，他還會以玩笑的形式告誡不道德的言行和不如法的壞行爲。

老喇嘛臨終時，和平時一樣仍在開玩笑，說笑聲依然那麼響亮。他視死亡猶如從屋裡走到屋外，毫不在意。周圍的人沒有看出他有任何異常的舉動。即將圓寂之際，他很平靜地告訴在場的人說：「世間食物我已經吃夠了，爲了成就微妙因緣，我想喝一碗牛奶。」

老喇嘛接著又說：「把肚子清淨一下再走，也不能不說是一件好事。」

當老喇嘛喝完牛奶，脫掉一身破爛的舊衣服，並取出法衣穿好之後，就雙手結定印，臉上帶著平日常見的笑容圓寂入滅了。老喇嘛圓寂的一刹那，眾人看見他的頭頂生起了一團熱氣，神奇的圓形氣團直飛空中，消失在遙遠的宇宙空間。當時，罪障多的人根本不敢接近老喇嘛的法體；而那些善良的人在接觸老喇嘛的法體時，並沒有絲毫的恐懼。像這樣的奇人奇事在西藏還有很多很多。

老喇嘛圓寂入滅就像上床睡覺一樣，他的法體比平時更莊嚴、更有光彩，他沒有給人帶來任何恐怖和痛苦。沒有人爲老喇嘛的死而哭泣，也沒有人爲老喇嘛修滿期超度大法。老喇嘛留在世間的東西只有一點點酥油，以及能夠吃上七天的合好水的糌粑。我們可以斷定：老喇嘛是一位具有修法功德、貪慾小、易滿足的大德。這樣的大德不可能有一匹好馬供養給上師，也不需要由哪位上師爲他修頗瓦法。但我相信，老喇嘛進入清淨極樂佛土，一定就像人們回到自己的家裡一樣歡喜。

送別慈母往生極樂淨土

我十三歲那年，年僅三十七歲的母親就匆匆離開了人世。那一年，我正好住在佐欽寺附近的長壽谷密境，依止白瑪才旺法師學習《中觀六論》。我的舅舅穆日仁波切特地從故鄉扎曲卡派了幾個人到我所在的長壽谷。他們帶來穆日仁波切的口信說：「要你馬上請一個月的假，儘快回到故鄉去。」

於是我暫停學法，騎著馬急匆匆地趕往家中。經過五天的騎馬路程，終於回到了生我養我的故鄉和舅舅穆日仁波切的駐地。媽媽告訴我她身體的右側腋下部位有些不適，沒有什麼大不了的病痛。從母親的氣色也看不出有什麼重病，甚至像沒有任何疾病一樣。

母親是位遠近馳名的美女，她雖不識字，卻能夠說唱《格薩爾王傳》一百多頁的全部內容。她並不是用一個調子唱誦全部的史詩，而是有分別地運用各種不同的調子，形象生動地唱出嶺國諸位大將的個性。就在她即將離開人世的那段日子，她依然用美妙動聽的聲音誦唱《格薩爾王傳》，和往常健康時一樣歡聲笑語、能歌善說，看不出有任何難過和痛苦。

我們父母兄妹以及舅甥久別重逢的日子正是夏天。牧區夏日的草原美麗如畫，在廣袤無邊的草原上，牛、羊、馬群悠然吃著青草，遠看猶如鑲嵌在綠色地毯上的花朵。那些體形威猛的藏獒則被拴在牧民帳篷的周圍，牠們的毛色有四眼形的、有胸口是白色其餘爲黑色的、有棕黑色雙肩呈現斑點的等等，這些狗個個都高大體壯像頭小犛牛，脖子上都套著紅色的牛毛項圈。被狗包圍著的黑帳篷通常是四方形的，帳篷裡面，右邊是男人的座位，左邊是女人的座位，中間擺放著藏式土灶，裡面的火焰不斷。家庭主婦們在土灶上大顯身手，烹製出很多美味佳餚。帳篷的最深處，堆有大大小小的皮口袋和木箱等，上面通常蓋著一張花紋搶眼的大毯子。

在男人的座位上方設有供壇，供壇上面有佛像、法器和很多油燈等。女人座位的上方則放著盛滿美食的眾多大鍋、盤子和碗勺等，準備隨時爲家人和客人獻上豐盛可口的佳餚。在白色四方形的羊毛墊子上面，男人們通常盤腿而坐，女人們則雙膝著地跪坐，或者是雙膝著地之後，由一隻手支撐著上半身而坐。這些在西藏東北部牧區常見的生活習俗，在我的家鄉也都無一例外地存在。就在那充滿詩情畫意和歡歌笑語的藏北草原——我的故鄉，我們全家相聚在一起度過了一段美好難忘的歡樂時光。直到現在，我還常常在夢中重遊故鄉，流連徜徉於那段美好的時光之中。

我在家裡住了半個月後，遵照舅舅穆日仁波切的安排，隨著穆日仁波切和百餘名馬隊前往老寺等聖地朝聖禮拜。這次出遊朝聖總共花了近一個月的時間。當我們正在返家途中，母親突然病重臥床不起。我和舅舅騎馬涉過扎曲河，飛馳過藏北草原，急匆匆地趕回家。我們是在晚上到達的，就在我家的黑帳篷裡，我看見母親的病情非常嚴重，心知她已經活不了多久了。舅舅快步走到母親的床前，坐在她的枕邊和我一起誦修大圓滿心髓法寶中的往生妙法「頗瓦法」。我一邊隨舅舅誦修頗瓦法，一邊凝視母親的臉，心裡非常難過。

正當我和舅舅修頗瓦法時，母親突然伸出雙手，做出合十禮印，嘴裡還念誦起恰美大師所傳的祈願往生極樂文中的部分偈句。這時，舅舅穆日仁波切發出了五次「嘿」聲，然後，母親的外呼吸便斷了。看到這一切，我被驚呆了，一時之間不知所措。當頗瓦法的儀軌念完之後，我的心神才恢復正常。想到從此就要與慈母永別，一陣從未有過的悲痛幾乎令我的心臟停止了跳動。不過，我又想到母親能有幸接受觀世音眞身穆日仁波切修持的頗瓦法，知道仁波切一定能夠指明正道，送母親的心識到極樂淨土。

此外，我知道母親是曾經做過噶陀阿蕪等眾多大德的上師佐欽·阿卓·索郎曲培的女兒，很多人看見我母親的舌頭上有一個白色的「阿」（ཨ）字，無疑地，母親應該是勝根基善種姓之人，一定不會墮入惡道地獄。想到這些，我的心得到了很大的安慰。後來，我們請第六世佐欽法王吉扎·向秋多吉看母親的超度情況，法王告訴我們超度非常圓滿。法王的話使我們大爲寬心。

像上面所說的死亡，遲早會降臨到你我眾生的頭上，到那時如果想自在解脫，就必須從現在開始想好對策、做好準備。死亡是不會提前通知我們的，如果事先沒有準備，當死亡突然降臨之時，除了心慌意亂、不知所措之外，便是難以形容的悔恨。爲了使有緣眾生不至於突然毫無作爲地死去，在這裡，我想講述一下大圓滿無修成佛五法之一的臨終往生祕訣，即往生無修成佛的開示法要。

往生妙法「頗瓦法」分爲：

- 此生修證大圓滿本性勝義正見之後，臨終在本原立斷勝道中，依靠法界智慧而往生於法身法性之界的上等法身見證往生。
- 此生修煉生起次第瑜伽與圓滿次第瑜伽取得證覺之後，在中陰世界裡生起中陰迷見的同時，往生爲雙運智慧身的中等報身生圓雙運往生。
- 修煉成熟解脫勝道之後，具受中陰往生祕訣的人們，依靠世間中陰化身妙道而往生於清淨佛土的下等化身無量慈悲往生。
- 把中脈觀想爲道路、心識明點觀想爲貴賓、極樂淨土觀想爲想要到達的目的地而修頗瓦法，是凡人具足三觀想的往生，或自利具足三觀想的往生。
- 具足殊勝證覺的聖人，對臨終或中陰界的有情修頗瓦法，是利他悲繫往生或攝受亡靈悲繫往生。

以上多種頗瓦法中，如果自己不具備體證見道勝義的功德，就不能對死者修悲繫往生法。在對死者修頗瓦法時，最好的時機是外呼吸氣剛斷而內呼吸氣尚未斷掉的那一時刻，此時，修頗瓦法就像遊客走路遇到好嚮導，從而可順利到達目的地一樣，能夠幫助死者的亡靈往生。

細說如何修煉頗瓦法

修煉或眞實運用往生妙法「頗瓦法」的正行法要：

在舒適的座墊上，身體以毗盧七法的禪坐姿式端坐，觀想自己的蘊身剎那間變成紅色金剛瑜伽母，聖母一面二臂，右手持舉彎刀，左手托握盛滿紅血的天靈蓋，左臂環抱象徵勝樂金剛的天杖，周身披戴錦緞、寶石和骨衣飾品，右腿稍微彎曲，左腿伸直，顯示大力步，站在蓮花、日輪和遺體之上。法體猶如吹氣的胎盤，或者像撐起的絲製紅帳篷。

自身金剛瑜伽母的身體中央，有粗細如中等竹箭般的空心中脈，形如一根圓管狀的光柱，光色如藍天般湛藍，脈管如蓮花花瓣般細薄，脈光如油燈般明亮，脈形如水柳般筆直，脈內如空心管般空無一物，如此具足五特徵的中脈上端伸入梵淨穴內，向外開口，下端伸至臍下四指寬的部位，緊閉脈口。中脈在心際如竹子生竹節般的部位，有大小像豌豆一樣跳動不停的風性淡綠色明點，明點中央有油燈燈心般明亮閃耀的紅色「啥」（ཧྲཱིཿ）字。

頭頂一肘高的空中，法界勝義無上佛國彩虹照耀、明點閃爍之處，有蓮花月輪寶座，上面坐著與皈依總集根本上師無二無別的無量光佛聖尊。無量光佛法體紅色，一面二臂，雙手結定印之上托握盛滿無滅甘露的缽，身穿三法衣，具足三十二相和八十種隨好的微妙莊嚴，雙足金剛跏趺坐。無量光佛的右邊有觀世音菩薩，左邊有大勢至菩薩，周圍還有諸佛、眾菩薩和三根本佛眾等無數佛菩薩眷眾，都把充滿無限慈悲的法相朝向眾生、慈悲慧眼注視著眾生、慈悲悅意垂念著眾生，他們是把眾生帶入極樂清淨佛土的大嚮導。

在觀想以上內容的同時，要念誦頗瓦法儀軌，心中要產生無比的敬信悲求之心。然後要念誦「世尊如來正等正覺佛……」，要念誦七次，緊接著念誦心要法的往生文「善哉！聖境自見……」。然後內心專注於明智心之依——「啥」字，從上顎深處發出聲音，把「啥」字念誦五遍，同時觀想紅色心性「啥」字被淡綠色風性明點在跳動中從中脈內往上推送，其情景猶如風吹碎紙。當念誦最後一遍「啥」字時，「啥」字已經觸及頭頂梵淨穴，此時此刻用力大聲發出一聲「嘿」，「啥」字猶如箭一樣飛入與上師無二無別的無量光佛心際，並與上師無量光佛聖意和合無二。

接下來又和前面一樣觀想心際有紅色「啥」（ཧྲཱིཿ）字，再一次把「世尊如來正等正覺佛……」念誦七遍。之後，要修煉佐欽派特有傳承的插草頗瓦法。這個頗瓦法易修煉、易得到證覺，可以從梵淨穴中插入一根草。

修插草頗瓦法時，要念誦「禮敬無量光佛……」等長、中、短任意一種往生儀軌文。推送「啥」字的「啥」念誦五遍後，要大聲發出「嘿」聲，從而把「啥」字送入無量光佛心際，這些修法與前面的往生法一樣。然後念誦「世尊如來正等正覺佛……」，接著念誦《天法》中的往生儀軌文「善哉，無比微妙……」，接著與前面一樣推送「啥」字。這樣反覆多次修煉，當修法告一段落，在五身法界印持的時候，要用心把無生「阿」（ཨ）字默誦五遍，接著把「呸」（ཕཊ）字誦一遍。就這樣從「阿」到「呸」重複誦五次，然後在離戲無念法界中入定片刻。

最後，觀想頭頂上方的佛菩薩眷眾融入主尊無量光佛身內，主尊又化爲一團紅光融入自己身內，自己剎那間變成長壽佛。長壽佛法體紅色，一面二臂，雙手結定印之上托持盛滿無滅甘露的長壽寶瓶。世尊法體披戴錦緞和寶石飾品，具足微妙相好莊嚴，其中脈上端由月輪和十字金剛杵覆蓋。觀想從自己心際放射多彩光芒，把有、寂、道三界的壽分以光芒的形式迎入自己身內，自己立刻成就爲無滅金剛之身。同時要念誦咒語：「嗡啊嘛熱那智萬得耶梭哈」，念誦這個長壽心咒百餘遍。此外，還可以念誦其他相關的長壽心咒和儀軌文等。依修此法，可以在消滅壽禍的基礎上破除壽命障礙。

頗瓦法修煉成就的徵象有：頭痛、頭頂流黃水或出汗珠、能把一根草從頭頂中心插入進去等。修頗瓦法要一直修到出現以上徵象。在正式運用中，要在出現無法免去一死的死亡徵兆和必死無疑的時候修煉，除此之外，不能在不恰當的時候修頗瓦法。如果修頗瓦法的時機選擇不當，會造成很大的罪障。

在年輕力壯、四大協調、氣脈明點旺盛的時候修頗瓦法，並不容易修成；相反地，年近古稀或臨終時修頗瓦法，將更容易修煉成就，這個現象就像秋天的瓜熟蒂落。我們可以從現在開始修煉熟習頗瓦法，等到需要運用頗瓦法時，就會有足夠的把握和信心。另外，在遇到大驚嚇時，要把心專注於頭頂，觀想頭頂坐有根本上師。如果遇到突發事件而意外死亡的話，這種做法將會帶給你很大的利益。所以，經常觀想頭頂有上師，是一門眾人稱讚、極爲有益的殊勝心法。

22
死亡徵兆：時間明鏡

預知吉凶禍福的方法

我們備加愛護的這個身體，要經過出生、發育、健壯、染病、衰老等生命過程，最後結束全部的人生遊戲。人生的整個生命過程又可以歸入到生、老、病、死當中，其中的生與死是任何生命物體都無法躲避的，而老與病就不一定是全部生命物體都要去經受的。部分有情會在剛出生，或出生後不久，或少年來不及衰老就突然死去。還有部分有情在沒有任何疾病的情況下，遭遇天災人禍等各種逆緣而死。因此，我們所面臨的痛苦之門——生死二法，非常值得認眞仔細的分析和研究。

如果我們根本沒有生出來的話，就不可能產生眾多的痛苦，也不可能有可怕的死亡。如果我們能夠不死，就不會遭受死亡的痛苦，也不會有再投生而墮入輪迴的悲劇。如果能夠阻止生，自然就可以斷滅死。追尋生的根源時，我們只能追到前世的死亡時刻。今世的死亡不同於前世的死，原因是在今世的死亡中，我們有可能於死後中陰界證得中陰法身。如果有這樣的可能，而且我們也有堅定的信心，那麼就可以滅除整個輪迴迷妄，不再受任何痛苦。這個過程如同水在原有的管道中流動時，若以人爲改變管道，則可以把水引入到新的管道裡。我們從無始輪迴以來一直受到無明的控制，在無明因和貪慾心的牽制下流轉於輪迴世界。今世由明白智慧啓開慧眼之後，可以尋找到一個非輪迴苦道的正道，從而離開輪迴原道，步入解脫妙道。

擺在眾生面前急需解決的頭等大事，就是死亡。如果我們能夠預知死亡的大概時間，就可以做一些準備工作來迎接死亡。就如同兩軍對陣，如果一方知道另一方的兵力、方位和武器配備等詳細情況，那麼知情的一方就可以做好充分準備來克敵制勝。死亡是在壽命、善業和福德耗盡時才會出現。我們如果要預測死亡的時間，可以觀察壽命福祿的依所——身體，以及心裡的感受與夢境兆相等等。

在藏醫學中，透過把脈與察尿的方式可判斷四大協調與否，從中診斷出疾病。同樣地，人們可以經由觀察魂脈和分析七奇脈等方法來預測病情、死期和其他厄運降臨的情況。在預測未來事情時，還可以用占卜、擲問卜團和看圓光等方法。占卜分為念珠占卜、骰子占卜、寶冠占卜、線書占卜和公羊右肩胛骨占卜等，如果細分則又有很多種。根據占卜的內容，可以分為運氣好壞的占卜、教法事業的占卜、世俗政業的占卜、商業經營的占卜、婦女生育的占卜等等很多種。

我們不能夠絕對信賴占卜或擲問卜團等卜算方法。如果一個人爬到九層高的樓頂，然後卜算往哪個方向跳樓最好，結果肯定能算出一個跳樓方向，但若此人相信了而真的去跳樓，一定不會有好下場，此類占卜也就沒有什麼可信之處了。但是，我們也不能完全否定占卜和看圓光等卜算方法的可信度。如果我們把無法預測的事情，沒有絲毫疑慮地祈求三寶來判定，那麼，依靠法性不可思議、有法因果無違和三寶具足眞諦的威力，完全可以得出一個正確無誤的答案。所以，一位大德聖尊在依修本尊後得出關於未知事情的占卜答案，是值得信賴的；同樣地，在依修三寶後所做的金瓶掣簽和食團問卜等卜算，也是值得信賴的。總而言之，當殊勝的方便法、殊勝的儀軌和殊勝的大德結合起來具足微妙無僞的因緣後，就可以正確預測任何未知事情。然而，像小孩子遊戲般隨意占卜，則是自欺欺人的行爲。

看圓光可分爲看心裡現象的心裡圓光，以及看鏡中現影的明鏡圓光兩種。在眾多伏藏法寶中，有多種依修各路本尊後看圓光的圓光法門。一個人接受這些圓光法門的灌頂傳承和開示，並且如量誦修心咒，把圓光法修持成就之後，就可以將其法力用於利生事業。如果不是爲了利益眾生而隨意看圓光，則會造成修此密法之人不能得到成就的嚴重後果。在西藏，還有少數看圓光的人，他們自己不能看出圓光景象，所以當他們修完心咒和儀軌之後，需尋找一位脈路清淨的人來幫助他看鏡中的圓光景象，然後根據此人所看到的圓光現象，判斷出未來的吉凶福禍。

在預測未來的吉凶福禍時，還可以採用一種算術。在這個算術預測中，把需要推算的命、身、祿、運、魂等與五行相結合，並與年齡、八卦、宮、日時、星辰等對列而運算，最後可以得出吉凶福禍的結果和壽命歲數的結論。

此外，還可以從一個人的心理變化中預見到此人的死亡時間。每個人都有與眾不同的性格及心理特點，那些一貫粗暴魯莽並且身心不受善法調治的人，如果性格突然發生重大的變化，便意味著此人不久將會死亡。相反地，那些一貫平易近人、和藹可親的人，若突然變得怒氣沖沖、粗暴魯莽，便可斷定此人的死期爲時不遠。還有，如果人們經常夢見太陽下山和進入夜晚，或者夢見自己很不高興的單獨待在空谷、野外和無人居住的空城裡，或者夢見自己到異地他鄉去尋找住的地方，或者夢見自己身穿紅衣服向西行走，或者夢見與已故的死者相遇並和他說話，或者夢見自己反騎驢子等等，就意味著此人將活不過三年。

綜觀預測未來吉凶福禍的現象，最終都是因爲懼怕死亡而卜問自己是否會遇到斷命的天災人禍。既然想預知死期，那麼比以上任何問卜都好的重要方法就是觀察身體。生和死與身體有著極爲密切的關係。身體是由四大聚合而成的物體，在大圓滿法寶裡講述了觀察「四大」本身現象——「壽命相」的方法，這些觀察方法是從增、減兩方面來觀察死期：從外形方面觀察能不能延長死期，從色相方面觀察魔障。

觀察死亡徵兆的方法

從增、減兩個方面觀察死期的具體方法

天氣晴朗時，獨自一人來到幽靜的地方，赤身裸體或穿一件很薄的衣服，背對著太陽站立，手裡拿一根木棍或一串佛珠，雙眼目不轉睛地盯住前面自己身影的中心部位。當出現眼花的現象時，把視線從自己的身影迅速轉移到對面天空中繼續注視。

這時若看見自己身影的全部輪廓，以及包括手裡所持物品形狀在內的全部影像，便意味

著近期自己將平安無事，不太可能發生自然或意外死亡；如果不能看見手裡所拿物品的影像，那是與所依本尊分離的現象，意味著你將活不過七年；如果不能看見右手的影子，意味著將活不過五年；如果不能看見左手的影子，意味著將活不過三年；如果不能看見右腿膝關節以下的影子，將活不過兩年；如果不能看見全部右腿的影子，將活不過八個月；如果不能看見全部左腿的影子，將活不過一年；如果不能看見腦袋右半部分的影子，將活不過九個月；如果不能看見腦袋左半部分的影子，將活不過七個月；如果不能看見脖子以上腦袋的影子，將活不過五個月；如果不能看見脖子和腦袋兩者的影子，將活不過三個月；如果不能看見全部上半身的影子，將活不過兩個月；如果不能看見全部下半身的影子，將活不過一個月；如果不能看見全身右半部分的影子，將活不過二十九天；如果不能看見全身左半部分的影子，就意味著活不過二十一天。

從外形觀察能否延遲死期的具體方法

在和前面一樣做完盯住身影與轉移視線之後，在觀察影像中，如果能夠看見四方形、扁形、圓形或半月形的影子，就意味著可以用方便辦法來延遲死期；如果看見三角形或屍體被包裹形狀的影子，便意味著無法延遲死期、避開死亡。

從顏色觀察魔障的具體方法

在同樣做完盯住身影和轉移視線之後，在注視對面當空時，如果看見身體的影像爲白茫茫之色，並且從中心部位消失影子，則意味著自己已經被龍類和鬼類纏住；如果看見身體的影像爲黑色，並從右邊開始消失影子，意味著已經被魔類和地母纏住；如果看見身體的影像爲紅色，並從左邊開始消失影子，意味著已經被龍妖和厲鬼纏住；如果看見身體的影像爲藍色，並從腿部開始往下消失影子，意味著已經被龍類和湖妖纏住；如果看見影像爲黑乎乎之色，意味著已經被地母和閻魔王纏住；如果看見影像爲黃澄澄之色，意味著已經被地祇或土地神纏住；如果看見影像爲花花綠綠之色，意味著已經被魔鬼纏住。

以上色相如果發生影像增減和影像變形時，就要認清突然遭遇的魔障，在此基礎上修遮滅法來加以調治。如果影像未增減和影像的外形沒有發生變化，那麼可以斷定其爲俱生魔障。

觀察天地連線的具體方法

在中午時分，面向南方坐在地上，兩腿彎曲，把右手的手肘放在右腿的膝蓋上，伸直右臂，握右拳抵住前額，雙眼從眉間注視右手腕，要目不轉睛地注視。如果看見手腕非常細，意味著自己將平安無事；如果看不見有手腕在遮擋視線或看到手腕已斷，那是死亡徵兆，意味著將活不過十九天。

觀察須彌山上騎獅人的具體方法

當太陽從東方山頂升起時，注視倒映在湖水中牆面上的人的頭部影子。如果看見牆面有兩處上下重疊在一起的黑影，意味著自己將平安無事；如果看見沒有上面一層的黑影，便意味著自己將於此後第十六天的中午死去。

觀察水面浮膜的具體方法

當太陽從東方山頂升起時，在非白非黑的容器裡小便，注視小便中升起的氣體。如果看見氣體爲藍紅色，意味著自己將平安無事；如果不能看見氣體中的藍紅色，意味著將活不過十五天；如果看見氣體爲黑乎乎之色，意味著只能活十一天；如果看見氣體爲紅點點，意味著只能活九天。

觀察僧人之煙的具體方法

當太陽從東方山頂升起時，解大便並觀察大便中能不能升起氣體。如果看見有氣體升起，就意味著自己將平安無事；如果看見氣體爲紅點點，或根本不能看見有氣體升起，就意味著將活不過九天。

觀察須彌山頂太陽落下與否的具體方法

用手指壓住眼角部位，在觀看中如果發現多出一個視線，便意味著自己將平安無事；如果發現沒有多出一個視線，意味著將於第三天死去。

用手指壓住耳朵孔時，如果聽見類似打鼓的聲音，意味著自己將平安無事；如果聽見類似颳風的聲音，意味著將於第七天或第十一天死去；如果根本聽不到任何聲音，意味著將於五天後死去。

從容面對死亡

最明顯的死亡徵兆是地大合入水大時，會感覺到身體特別沉重；水大合入火大時，口鼻中會流出水液；火大合入風大時，身體會失去熱量；風大合入心識時，身體斷滅內外之氣，還會昏迷片刻；心識合入「空」中時，將會入住無念法界；「空」合入光明時，將會領見到智慧光明展現出來。以上就是死亡次第的徵兆。

死亡時時刻刻就在我們前面，對此我們不能掉以輕心。懼怕死亡而不敢談論有關死亡的問題，或者視談論死亡爲不吉祥而避之不提，都是愚昧無知的表現。死亡是無法掩蓋的，提起「死亡」二字並不會使人快死，不提死亡之事也不能避開死亡。所以，我們要大膽地揭開我們面前的「死亡」神祕面紗。

就像我在前面所講的那樣，死亡與我們此生的身體有著非常密切的關係，在研究死亡現象時，許多被醫生用先進的現代儀器全面檢查後，認爲身體健康無生命危險的人，有很多卻因被殺害、或自殺、或遇到意外事故而死。如果我們能夠懂得多種觀測方法，就可以很好地保護此生的身體性命。對於非時意外死亡，可以事先預測避開。即使觀察出確實難逃一死，也有時間做好充分準備。所以，觀察死亡徵兆的學問是很重要的，在修取此生與來世的利樂大業時，是不可或缺的。

23
贖死與延年長生

戰勝死亡的殊勝事蹟

如果有人問我，到目前爲止，這個世界上曾經有人戰勝過死亡大敵嗎？我會非常肯定的回答：「有，有很多人戰勝過死亡。」爲什麼這麼肯定呢？因爲的確有很多人曾經戰勝過死亡，或者沒有經歷過死亡。這個避開死亡的法門，根據不同的修行方法和發心方式而有多種門類，有些人法體虹化後消失，有些人法體化爲微塵後消失，還有部分人沒有放棄身體，有意在累世累劫中長駐不滅。如此眾多的微妙成就，可以透過修持大圓滿極乘深密瑜伽而在即身即世中獲得。

在大圓滿法的三個傳承中，首先是獲得持明示傳的極喜金剛大師，從金剛薩埵那裡接受了六百四十萬部大圓滿密續心法，然後把眾多心要法寶書寫成句義傳承。大師證得無學雙運智慧之後，在印度的旦迪河流源頭，法體化爲光消失了。當時，將巴謝寧大師以無限悲哀的誠心，做了悲呼祈禱，由此從空中降來一指寬的寶匣，得到了「三句心要」的遺法。大師一看到三句心要遺法便大徹大悟，獲得了與極喜金剛上師無二無別的證覺，並且在世間留駐了一百零九年，最後在印度的嗦薩園屍陀林中，法體化爲光消失了。

當將巴謝寧大師化爲光消失之時，熙日森哈大師做了悲呼祈禱，由此降來寶匣，獲得了「六修覺」的遺法，大師經過修持得到大成就，最後在印度的施寒屍陀林中，大師的法體也化爲光消失了。

當熙日森哈大師化爲光消失之時，加那蘇紮大師做了悲呼祈禱，由此降來寶匣，得到了「七釘寶」的遺法，大師把微妙遺法修持成就之後，在印度的叭森屍陀林中，法體也化爲光消失了。

當加那蘇紮大師化爲光消失之時，貝瑪拉密札大師做了悲呼祈禱，由此降來寶匣，得到了「四放置法」的遺法。大師如實修持遺法之後，得到無滅無生的長駐勝身，至今仍然駐於世間。清除業障之人現在就可以目睹大師施行利生事業的聖境。

根據金剛亥母的預言，蓮花生大師從熙日森哈上師那裡接受了大圓滿無上深密空行心要法的灌頂、修持祕訣法本、深密心法大續十七部和其他分支法門。熙日森哈大師特意把教法託付於蓮花生大師，蓮花生大師接受重托之後，在嗦薩園屍陀林中如實修習心法，經過精進密修，得到脫離生死的無滅長生持明，具足神通無礙的法力，是眞正的持明示傳持有者。

大圓滿三部祕訣心法透過修持之後，被傳揚爲凡人耳傳。在這個法脈的傳承過程中，出現了像毗盧遮那大師、邦．米龐貢布大師、安然．向秋將參大師、薩頓．仁欽友大師和庫居．薩衛確大師等成就虹化身，或身體化作微塵後消失的大德，這個奇蹟至今依然有示現。在藏區的多、衛、康各地區，得到這種成就的大德可以說不計其數。

透過修持密宗捷徑道法，不僅出現了帶領天、龍、人等持明眷眾十萬餘名同證正覺佛果、成就清淨大轉光身和長生不滅壽命的蓮花生大師，還有即身即世成就空行身的耶喜措嘉等眾多大成就者，而且還出現了二十五君臣、耶巴和曲俄日的大成就者等諸前輩大師。後來在噶陀寺、白玉寺、協慶寺、佐欽寺等聖地，出現的成百上千名成就虹化光身的大德，以及在藏區各地透過分別修持八大傳承教法而先後出現的脫離死亡怖畏的大成就者，可以說數不勝數、不可思議。以上各大成就者的殊勝事蹟，可以查閱歷史傳記資料。

把握時間修習善法

即使我們不具備上述傳承加被、祕訣法力、微妙見解和殊勝禪定，但是如果此生能有幸學修這樣的妙法，能夠接受灌頂，淨護三昧耶誓戒，再加上臨終的善心發願，就可以使我們的死亡變成快樂的死亡，並且高興的迎接死亡。因此，把死亡改變成善緣，也就是利用方便法門來迎接死亡的挑戰。如果不這樣做，由於在生前曾經造下了各種罪業，到臨終時即使痛哭哀號，死神也不會對你大發慈悲，讓你脫離死亡怖畏。此生此世的權力、地位、武力和武器是無法打敗死神的，也無法用奉承、行賄和拉關係等手段來討好死神。同樣地，我們也無法用金銀財寶來購買此生的依靠和來生的資糧。唯一能夠實現這個願望的辦法，便是修持善法。

即使我們此生的壽命只剩下最後一天，也不要放棄修持善法，因為我們所修的善法，在來生可以受用果報。越在臨近死亡的時候修法，越具有特別的價值。藏族人常說：「臨終的六字大明咒能買良馬。」實際上，臨終之際修持善法的價值，遠遠超出了世間財寶的價值，因為死後能夠受用的唯有善法。能夠修持上述善法的勝身，便是這個具足暇滿功德的人身，這個人身就像渡河之舟，依靠它才能到達解脫彼岸。所以，我們一定要想盡辦法使這個人身避免非時死亡。

修長壽儀軌、放生、佈施

非時死亡的原因有壽終、業盡和福窮三種。

對於壽終者可以修長壽儀軌。長壽儀軌根據新舊續部與修供部，尤其是舊密經部與伏藏部等法寶，修持各種依靠某一本尊的壇城儀軌，直至出現修誦成就的徵象。此外，還可以從獲得灌頂和具足法力的具格上師那裡接受殊勝的無滅長壽灌頂，修法數量要根據修法對象的年齡而定。所以，壽終者要把自己的年齡告訴上師。

短命一般是前世造下殺生罪業的果報，因此，業盡者要多做救死放生的善業。救死放生指的是用金錢把即將被宰殺的動物從刀下贖出來，然後把贖回的動物放回各自生活的自然環境中，讓牠們在陸地或水中等各自的樂園，繼續生活下去。在救死放生的過程中，要和修一般大乘法門一樣，具足初善、中善和後善三法，並且首先要從修皈依法開始接受菩薩戒，念誦七支文，修長壽長咒與短咒。尤其在誦完長壽念誦文之後，要為動物誦聽《懺罪經》《佛菩薩名號》和淨滅惡道明咒等經咒，並讓動物吞食解脫甘露等聖物妙藥。最後，以修誦迴向和發願來結束救死放生的儀軌。放生時，如果能誠心祈願以大德上師為主的十方弘法傳人長駐不滅，不僅有利於整個佛法與眾生，而且有助於自己除滅逆緣和延年益壽。

福窮者要積修福德，積修福德不僅有助於延年益壽，還能幫助我們成就正法和世俗兩方面的事業。如果沒有福德的前提基礎，誰都不能成就任何事業。常言道，「有福之人，心想事成；無福之人，不能如願。」至於福德，可以透過供養和佈施兩個途徑使其積累增長。

根據自己的經濟能力拿出實物供品，把供品清淨無染的供設在壇城中，對供品不能有絲毫的吝嗇和執著。如果拿不出任何實物來供養，也可以用觀想意化的方式，把無量妙欲供品供養於清淨福田。父母、病人、傳法者和補處菩薩，是殊勝的聖境福田，因此對這些殊勝的功德來源尊敬恭禮、承事供養，能在較短的時間內很大程度地圓滿福德。對無助的孤兒、無依無靠的老人和身體殘疾的人廣泛佈施財物，也可以增長福德。福德增長後，可以使我們長命百歲，心想事成，還可以使我們脫離部分死亡逆緣。

可以延壽避禍的積福心法

壽命減少的原因還有：接受密宗金剛乘的灌頂後，不淨護三昧耶誓戒或與違背三昧耶誓戒的人相伴為友，心煩意亂而長期不安寧，經常遭受因失望和悔恨所帶來的痛苦，遭受很大的驚嚇，受到大瞋怒的摧殘，遭受咒師詛咒的傷害等等，都會使壽命減少。

壽命減少的徵兆有：性格和脾氣發生大轉變，無緣無故對身邊的人大發脾氣，經常唉聲歎氣，臉色突然變得難看和臉上失去原有的光澤，行爲不正常，沒有食慾等。當出現以上壽命受損或減少的徵兆時，對壽依破裂、壽依傾倒、壽依破碎與魂衰、魂散、丟魂等情況，要修圓滿勾魂儀軌。

修儀軌時，要在乾淨的木碗中用酥油做一隻生魂羊，然後在生魂羊的肚子裡放置沒有破損的米粒，米粒數量要與修法對象的歲數相同。再把裝有米粒的生魂羊放在乾淨、未生鏽、外面有吉祥八寶圖案、裡面注滿淨水的銅鍋中。接下來念誦心咒，用長壽箭繞轉生魂羊，直至生魂羊面朝他方，而沒有面向修法對象。這樣的儀軌要由具足三昧耶誓戒的瑜伽師，根據儀軌法義如實修行。如果修法成功圓滿，將會出現米粒數量增多，以及勾召壽命的長壽箭比此前更長等成就徵象。

除了以上的儀軌外，還有多種贖死儀軌。如果能夠清除路障、建造咒石橋，也有助於延年益壽。這裡所說的建造咒石橋，指的是在祥瑞的水域，用刻有長壽明咒的石頭或刻有其他各種明咒的石頭，造一條連接河水兩岸的石頭挨著石頭的石頭鏈子，這個咒石橋可以幫助我們遮滅意外的逆緣。

另外，有一個殊勝的贖死積福法門就是在根本上師面前將功補過、供養薈供。其他的法門如空行火供和息、增、懷、誅四業的護摩法，也不失爲深密殊勝的贖死積福妙法。還有，修持生起次第與圓滿次第勝義，修持氣、脈、明點心法和除障祕訣，透過修持大圓滿法的三不動與四放置而入定常駐於止觀中等等，都是殊勝的積福心法。

在大圓滿法中，講述了依修因緣玄機來延遲死亡、延長壽命的方法。其他的延壽方法還有：針對內在的死亡徵兆，要修持寶瓶氣，盡力修善法。針對祕密的死亡徵兆，要多修三倍的善法，要多放生、塑造小佛像、修長壽法等等。

我們的壽命長短是由前世的業因和此生的緣而決定的，當壽命遇到逆緣時，壽依清淨熱氣猶如馬尾毛絲之物在命脈中遭到破損，此時就要修長壽法、煉避穀術、靠醫藥治療等等，使清淨熱氣得以復原增長，這樣才能健康長壽。福德善業也能成爲延長壽命的勝因，但如果壽命、業緣和福德都已耗盡，就再也沒有辦法可以令其復原增長了。

24
無常的死亡之路

所謂的死亡，就是吐出一口氣後，再也不能吸納另一口氣的那一刻；或者是脈搏停止跳動後，心臟不能維持血液迴圈的當下。死亡就像一部電動機器由於電源線突然斷路，而停止了工作。我們都知道，所有的動物都在步入死亡之路中代代相傳，用習慣性不在意的眼光來看待這個平常現象。但如果對這個平常現象做一次認眞仔細的分析，我們將會發現，電動機器的故障可以用換零件等方式來排除，動力電源的問題可以用重新連接電路來解決；同樣地，人體的某些疾病也可以用先進的技術或移植器官等方式來暫時治癒。可是任何醫療方法都不是長久之計，都無法做到最終不死，尤其對無法治好的業果絕症，就算把全世界的名醫都集中起來診治也無濟於事。一個壽終必死的人，是絕不可能在世上多活一分鐘的。

如果有一天我們的心臟突然停止跳動，我們的人生和事業便走到了盡頭，我們精心設計的長遠計畫和未來目標也都落了空。回頭看一看，此前努力所做的一切，到頭來不就是在浪費寶貴的生命嗎？尤其是當我們進入到一個陌生的世界，面對無法迴避的重大事情——生死離別的恐懼和對死後往生投向的擔憂時，我們會想什麼、做什麼呢？對於這個問題的思考，應該是人生最重要的大事，必須放在我們生活和工作的首位。就像量體裁衣一樣，在對人生壽命和事業有正確認識的前提下，生活和工作才是符合科學的。如同明天要辦的事情，今天就該做好準備一樣，爲了順利通過來生之路，我們應該從現在開始做好一切準備，否則就很有可能耽誤大事。無論做什麼事情，事先調查和瞭解是非常重要的。在這裡，讓我們來瞭解一下有關死亡的奧祕。

死亡的奧祕

綜觀宇宙生命世界，只要有生就一定會有死，這是生的本性。最初出生是第一個死亡徵兆，當出生一夜之後，離死亡就接近了一夜，這是一個時間比較長的死亡徵兆。對南贍部洲的有情而言，壽命是無常的，我們不能從老少的角度來判斷有情的壽命長短。當出現各種死亡徵兆而難免一死時，臨終的死亡徵兆便會次第顯現出來，然後就是眾人懼怕的斷滅命根——死亡，於是，我們不敢提起名字的死亡，就這樣不可阻擋地到來了。

臨終中陰

我們的身體是由「五大」聚合而成的物體，當「五大」中的任意兩個出現不調和現象時，身體便會產生疾病；而當「五大」出現相互融合的現象時，死亡就到來了。

死亡到來之時，大的死亡次第是地大合入水大而出現身體沉重、不能起身，色合入聲以後會視線模糊、視力明顯下降；水大合入火大就會流口水、流鼻涕，聲合入香以後會聽覺減退、聽力大不如前；火大合入風大就會出現身體失去熱量，香合入味以後會嗅覺不靈；風大合入心識就會出現眼睛翻白、呼吸急促、手足擺動，味合入觸以後會舌不能品嚐味道。此時此刻，動力風消失以後，身體不能動彈，全身麻木無力，四肢不能自理，說話困難；生光風消失以後，身體和嘴角、鼻孔等處會出現類似煙垢的黑污，口乾，眼角發紅，散發出一股屍臭味；消化風消失以後會沒有食慾，身體失去力量；平火風消失以後，熱量從腳尖和頭頂向中間逐漸散失，直至身體失去熱溫。此時此刻，是大圓滿法修持者解脫成佛的好時機，也是修往生妙法「頗瓦法」的好時機。

緊接著大劫業風消失之後，意識便放任紛亂，支脈中的血液會流入到心脈中。到那時，外境諸相猶如黑夜裡的外景，逐漸模糊不清。明智收縮集中到心識以後，意識便失去清醒。就在此刻，心脈中的第一滴血落入心的中央，導致眼珠翻轉；當第二滴血落入心的中央時，頭頸向下彎屈，「哈」的一聲呼出氣至一臂之長；當第三滴血落入心的中央時，呃逆聲中呼出氣至一庹（注：為成人平伸兩臂，兩手間的距離）之長，頓時斷離外呼吸氣，身體也失去觸覺。

風合入意識中以後，會斷離內呼吸氣。大的氣、脈、明點分散後，小的明、增、得三次第中從生父那裡得來的持命白菩提會降下來，導致意識合入「明」中，出現秋夜明月般白茫茫的景象，並且斷離瞋怒類的三十三種心念；從生母那裡得來的紅菩提會上升，導致「明」合入「增」中，會出現紅彤彤的景象，並且會斷離貪慾類的四十種心念；紅白菩提在心際會合之後，導致「增」合入「得」中，出現秋天黑夜般黑乎乎的景象，並且會斷離愚癡類的七種心念，然後在阿賴耶界昏迷不醒，這種昏迷大約會持續吃一頓飯的時間。如果具有穩定的止定或很好的脈絡，那麼入住阿賴耶界的時間會更長一些；相反地，罪業深重或脈絡不良的人，只能在阿賴耶界入住彈指瞬間。此後通常是三天半內不能從昏迷中甦醒，不會有任何念想。我們稱以上過程為「風頓時合入智慧因中」，此時此刻是心與智慧分離的時刻。

當肺部粗細如麥桿的脈絡裡充滿氣流時，便成了產生所有呼吸氣的根基，這個根基脈絡端正好與心相連。當心中的意識與氣和合之後，「氣」便如同四肢健全的瞎馬，「意識」如同雙眼明亮的跛腿人，兩者配合起來走遍天下無障礙。如果氣流斷離，就意味著心識或心念沒有了可坐騎出行的瞎馬，到那時，心識回歸母體之中以後，本原光明將會展現出來，或者是所謂「心與智慧分離」，即脫離蘊身我執之依以後，由於因緣不具足而智慧明力「心念」歸入智慧母體之中，這個過程就像發自玻璃裡的光回歸到玻璃本身之中。因此氣流斷離之際，便是自在本體光明展現的時刻。

法性中陰

內呼吸氣斷離而昏迷過後，當八種持命氣散離時，會從昏迷中甦醒片刻，這是「法性中陰心識合入虛空」的時刻，智慧光明將會展現出來，本原光明無滅明光也從本原法界展現出來，這個過程猶如晴空萬里的秋天，陽光從太陽中照射出來。本原光明的展現是離戲無邊、頓時顯現的，我們稱其為「本初中陰光明」。

根據修習禪定的熟練程度，本原光明展現的時間有長有短。如果在本初中陰光明裡沒有開悟解脫，那麼極微小的氣心部分將會逆行展現，生覺合入虛空光明之中時，雖無五根識見諸物的現象，但有了識見諸物的思維，從而時光不變而見識有變，到那時，法性淨見境界都呈現爲五光之相，我們所見的五光法相猶如隔著薄紗看陽光，將會見到五彩明亮的五光展現出來。五光還帶有千雷齊鳴般的法性自在聲音，這聲音大得難以形容。

五禪定天

當光明合入雙運中時，五部父母佛分別具有的壇城和壇城中的寂怒本尊眷眾會莊嚴奪目的展現出來，就在五個禪定天的時段中，五部佛壇城和隨之而來的五個智慧將會次第展現出來。

第一個禪定天，呈現出來的是藍色光芒，世尊大日如來佛妃展現在眼前，如來心際放射出清淨明亮、耀眼奪目的藍色光芒，光芒照至自己的心際，把自己和大日如來連接起來。如果能夠認知藍色光芒爲虛空藏智，就能得到解脫。藍色光芒出現的同時，還會隨之照現出不明亮的白色天界之光，如果那時對藍色虛空藏智自在之光產生懼怕，卻對不明亮的白色天光產生愉悅，那麼此人將墮入天界，流轉於六道輪迴之中。

第二個禪定天，呈現出來的是水大清淨本性的白色光芒，世尊不動如來佛妃展現在眼前，如來心際放射出白色大圓鏡智自在之光，隨之還照射出地獄道烏黑之光。

第三個禪定天，呈現出來的是地大清淨本性的黃色光芒，世尊寶生如來佛妃展現在眼前，如來心際放射出黃色平等性智自在之光，隨之還照射出暗藍色人道之光。

第四個禪定天，呈現出來的是火大清淨本性的紅色光芒，世尊無量光如來佛妃展現在眼前，如來心際放射出紅色妙觀察智自在之光，隨之還照射出餓鬼道暗黃色之光。

第五個禪定天，呈現出來的是風大清淨本性的綠色光芒，世尊不空成就如來展現在眼前，如來心際放射出綠色成所作智自在之光，隨之還照射出阿修羅道暗紅色之光。

這裡所說的禪定天，是指人未死之前修煉禪定中的一次性持續入定時間，一次短暫的入定時段也可以說是一個禪定天。從前熟練禪定的人，此時可以把定力用於實際延時之中；未修過禪定的凡人，其禪定天是手臂伸縮一次的時間，或者說是流星閃過的一瞬間。

當雙運合入智慧中時，明力之源——自己的心中，將會展現出上空四智和合的光明，即並排的藍光、白光、黃光和紅光，在此之上分別有與各自光色相同的明亮圓光和圍繞圓光的五個光點，在其上方，將會展現出猶如孔雀開屏般的明亮光碟。

當智慧合入如意成就中時，所有上述智慧光明將會融入上方明亮光碟之中，剎那間，上下四面八方皆為本原清淨法界，其中將會呈現出清淨寂怒本尊、佛國和不淨六道輪迴等。如果不能體認這一切的眞實面貌，並對這一切產生疑惑，那麼此人將再一次墮入輪迴中，得不到解脫。

伴隨大命氣而來的心識，從九門之中的任何一門向外射出後，將會出現兩次中陰即輪迴中陰如夢如幻的現象。在輪迴中陰裡雖然沒有物質實體的五根，但如夢裡能見色相、能聽聲音等具足五根那樣，心識中具有所有的五根，還有些許神通，除了不能進入母胎之外，其餘各界都通行無阻，剎那間也不能安心靜坐，內心充滿恐懼，另外還具有少量的業力他心通。

輪迴中陰的過程

在整個輪迴中陰的進程中，前半部分常見的是前世的身體和習氣，後半部分常見的是往生投胎的身體和習氣。此時，中陰裡的一切只能是生在中陰裡的有情和清淨天眼才能看得見，除此之外，沒有人能夠看見。輪迴中陰有情所具有的少量他心通，就是意識比從前清醒敏捷了許多倍。他們就像風吹毛球般漂泊不定，可以在刹那間到達任何一個目的地。

輪迴中陰的有情如夢幻般地見到家人和親友之後，由於習氣的作用，仍會做起從前所做的事情，但是由於沒有了實物身體，自己的作爲不能對外界發生任何作用。另外，自己雖然能夠看見家人，但是家人並不能看見處在中陰的自己，爲此，中陰有情會感到心灰意冷、生氣、怨恨和緊張。在遇到四大天敵以後，遇風就飄，遇地就埋，遇水就漂，遇火就燒，會產生很大的痛苦和恐懼，並從中認識到自己已經離開了身體，是個已經死亡的人，此時此刻會產生極大的痛苦而昏死過去，幾乎再經歷一次死亡。

在知道自己已死亡之後，如果發現他人在開心地歡笑，再想到自己目前的悲慘境遇，心中會產生無比巨大的忿怒和不滿。對於家人和財物，中陰有情會產生貪戀之心，如果發現自己積攢的財物被他人享用，貪慾心和吝嗇心會促使中陰有情產生無比巨大的瞋怒心。另外，由於各種見聞發生作用，中陰有情的心中會產生各種煩惱。如果受到了煩惱的極大侵害，中陰身不一定能維持到七七四十九天。在一般情況下，中陰身每七天就要經歷一次從前的死亡經驗，還會因苦於沒有實物身體而產生強烈的求取身體的願望。

輪迴中陰的有情將會進入極為恐怖、漆黑一片的世界，其中業力化現的鬼使夜叉手持各種武器，眾口一聲地叫喊「打呀！殺呀！」聲音大得震天動地。還會遭遇狂風四起、雨雪吹打的境況，自己在其中被可怕的猛獸追來追去，還有高山坍塌、海水傾倒、火焰四射和狂風呼嘯等悲慘遭遇。此間，中陰身能短暫入住茅屋、寶塔和廟宇等處所，但由於心識脫離了身體，所以無法靜住很長時間，只要心中有嚮往，便會立刻到達所嚮往的目的地。輪迴中陰的有情，吃的是經過迴向的焦煙，俱生天和齊行魔就像身影一樣相伴不離。煩惱三毒的業相呈現為紅彤彤、灰濛濛和黑漆漆的景象，如果中陰身對此感覺不堪忍受，就會墮入到三惡趣。

受生中陰

投生於天人善道時，會見到一庹或一由旬長的白色光芒，自己在光芒中頭朝上而飄走。投生於阿修羅和畜生道時，會見到黃色光芒，自己在其中橫著飄去。還有另外一個可能是出現狂風雨雪，雨雪的顏色猶如鮮紅的血液。投生於地獄和餓鬼道時，會見到黑色光芒，自己在其中頭朝下而欲走到底。另外有可能會出現類似圓木段和黑毛團般黑乎乎及黑煙等景象。

進入投生道的徵兆有：見到廟宇和園林是投生為天界的徵兆；見到光環是投生為阿修羅的徵兆；見到陰天是投生為平凡俗人的徵兆；見到自己在人群中是投生為暇滿勝人的徵兆；見到地洞和茅屋是投生為畜生的徵兆；見到荒野和溝壑是投生為餓鬼的徵兆；見到黑暗和陰

雲黑夜是投生於地獄的徵兆；見到漆黑一團且狂風呼嘯是投生於寒地獄的徵兆……。諸如此類的徵兆和景象，還會出現多種多樣。

對往生境界產生美好的感覺並嚮往到那裡去看一看，或者是遇到恐怖境象的追逐而躲進往生境界裡，把往生境界當作安全的避難所，這樣便正式投胎轉生了。此時此刻，受生中陰會進入父母精卵結合的生命體中，並在其中稍微享受快感之後立刻昏迷過去，從昏迷中甦醒後會受盡各種痛苦，最後在忍受生的痛苦中來到輪迴世間。此時，自己的身體即使由從前的人變成一條小狗，也沒有辦法復原返回。

缺乏精進的人，臨終可以修持的解脫方式

以上是我簡要闡述從臨終中陰到法性中陰，再到受生中陰的全部過程。關於如何能夠在整個過程中不出現由迷妄引起的恐懼，不再去往生投胎，以及在法身、報身和化身的佛國淨土中取得解脫的深密祕訣，在大圓滿法正行開示的「四中陰」或「六中陰」中，釋說得非常詳盡。其中有：以生處中陰猶鳥入巢般的祕訣、睡夢中陰猶夜點燈般的祕訣、禪定中陰猶子見母般的祕訣、臨終中陰猶王降旨般的祕訣、法性中陰如子入母懷般的祕訣、受生中陰如渠斷接水槽般的祕訣等眾多心法。

學修大圓滿妙法的下根下士，以前沒有好好地修持臨終中陰猶女照鏡般的祕訣，而未能

得到解脫；不具備掌握心識乘風祕訣的能力，而未能做到往生奪捨；在斷離外呼吸氣、心識與智慧分離的時刻，沒能依照永斷中陰的祕訣體證自性；在法性中陰的本體中展現本覺光明時，沒能依照如子入母懷般的祕訣，分辨領悟其本性，從而未能於本原內在大法界得到解脫；在聲、光、色與明點展現爲寂怒本尊身相和聲音時，沒能體知其爲自性之相，對其產生恐懼之後一閃即逝，因此在受生中陰遊蕩時，沒有能力採用如渠斷接水槽般的祕訣，把幻身轉化爲報身，從而解脫成佛。

那些接受了大圓滿法的傳承，而自身未能修好大圓滿法的人，當知道自己步入死亡次第中的時候，在對上師具有敬信心的基礎上，要想到上師所傳的祕訣法寶，一心發願從此自己要入登自在化身佛國。這樣做的結果是依靠法性不可思議的眞諦和上師的加被，能夠往生於自己所發願嚮往的佛國，並在其中從蓮花裡面化生出來。

在自在化身佛國或淨土中，能夠得到解脫的五大佛土功德是：東方妙喜淨土爲化身佛金剛薩埵所在之國，有珍寶水晶築成的無量天宮，飾有寶石牌坊、寶石門窗和寶石階梯等。大地由七寶鋪成，平坦寬廣，無邊無際，美麗如意，光彩奪目。無量天宮的周邊有八功德水，有病的人喝了，能立即消除疾病。八功德水域周邊有八大湖泊，各種珍鳥在湖中高聲鳴唱，湖泊周邊有七寶築成的大城牆。淨土中央由七寶築成的法座上面，坐有化身佛金剛薩埵，初夜宣說因位乘法寶，半夜宣說密宗外部法寶，黎明宣說密宗內部法寶，中午宣說大圓滿乘位無上法寶。

所有入登此淨土的菩薩，往生都能成就正覺佛果。其中的受用可與三十三天媲美，人們的壽命為五百五十年。妙喜淨土中的人一有對飲食的慾望，馬上就能得到如意滿足。在其中因為沒有生、老、病、死等痛苦，所以具足無上微妙的快樂。所有受用都能如意得來，人們用花朵等殊勝供品供養化身佛。同樣地，南方有具德佛土，西方有累蓮佛土，北方有勝業成就佛土，中央有密嚴佛土，各佛土的莊嚴境界和功德都無法思議。在這些佛國淨土中，各個佛陀化身都在為各自的眷眾傳授微妙善法，裡面的人往生後都能成就正覺佛果。能夠往生於以上佛國淨土之中，是學修大圓滿法的下根下士和此生缺乏精進之人的解脫方式。

儘早做好迎接死亡的準備

對待死亡的看法和如何迎接死亡，根據各人的根基不同，以及世界觀和人生觀的不同而顯得多種多樣。在學修大圓滿法的瑜伽士們眼中，死亡正是成就佛果的契機，所以他們對死亡有著特別的興趣。修持善法之人迎接死亡就像野鴨撲入蓮池般喜悅，他們對死亡沒有絲毫的恐懼和悲傷。與此相反地，那些罪業深重之人，越是接近死亡，心裡的恐懼就越大。

人的壽命是不能隨意延長的，就像斷了水源的池子和糧食被運走的糧庫，終將窮盡的本性是無法改變的。被拖往刑場的死囚，每邁出一步就更接近死亡一步；同樣地，我們每個人的壽命正在一刻不停地消耗著，因而與等在前面的死亡也就越來越接近。這個簡單的道理是很容易明白的。

當死亡降臨時，如果希望沒有恐懼和痛苦，就要把握現在充足的時間和難得的機會，從今天開始做好準備工作。要知道今天才想起爲迎接死亡而做準備，已經遲了一些。我們應該爲必須經歷的死亡多加考慮，做一些能切實發揮作用的準備工作。如果不這樣，而是到臨終時捶胸號叫，在永別的溫床上灑淚痛苦，家人和親友圍著你悲傷哭泣……，這些都不能爲你帶來任何好處。

對於步入死亡次第的人，醫生和藥物都無法提供任何延年益壽的幫助，就連讓生命多延長一分鐘也做不到。當死亡到來的那一刻，那些一生都在造罪和痛苦中度過，而且罪業還沒有結束的人，將找不到任何有利於自己的東西。因此，我們不能在爲今世過好日子和長住於世的小作爲中耗盡人生壽命，應該放棄那些沒有意義的事情，儘早爲往生大業做充分的準備。我們要依照認識迷妄自相的祕訣，得到對死亡無所畏懼的把握。

25 除滅二取迷妄頑症

二取迷妄是輪迴苦海的根源

眾有情身、口、意三門的本性，最初都是本原清淨無染的，由於偶然產生的迷妄，才使我們具有了「我」與「他」的分別二取之見。當出現這種二取迷見時，我們的心中便產生了快樂與痛苦、美與醜、淨與染、對與錯等無有窮盡的二取迷妄之見。一生接著一生的迷妄，使我們累積了無始無終的迷妄，從而墮入六道輪迴之中，投胎於不同的身體、說不同的語言、產生不同的念想，並隨之受盡了各種不同的痛苦。這種痛苦是無有邊際的，我們一直就在輪迴苦海的各道各境中生生死死，流轉輪迴。輪迴中的痛苦無邊無底就像大海一樣，所以，我們用形象的比喻稱其爲「輪迴苦海」。能夠從輪迴苦海中解脫，我們稱爲「涅槃」。當然，這種分別好惡的心理和語言，依然是二取迷妄之見。

針對二取迷妄的頑症，在顯教波羅蜜多乘的教法中，用教言和論證闡明了正見，用「人無我」和「法無我」這兩種體證智慧來破除我執，並以殊勝對治法金剛喻定來破除最後細小的所知障習氣，從而證取正覺佛果。在深密大圓滿法中，可以修習多種方便法門和容易成就的捷徑道法，並且在最初的基位、道位中，正果就能展現出來，這是深密心法無比殊勝之處。因此，我們要學修法界唯一明點無分善惡的妙道。

一個人只要染有二取迷妄的頑症，就沒有斷離痛苦之根，就需體受無窮無盡的痛苦。在消滅迷妄惡魔的過程中，首先要分清迷妄與非迷妄，這就好比治療一個精神病患者，先要確診患者的病症及發病原因，才能對症下藥並採取切實可行的治療方式。所以，查明內在病根並對其分析研究是非常重要的。

同樣地，想除滅我們現在的痛苦迷妄，首先要認清迷妄本身，找出迷妄的最大限度，然後把迷妄推向高潮，讓迷妄發展到最高峰，直至迷妄令自己筋疲力盡。到那時，迷妄的過患便會赤裸裸的顯露出來，迷妄本身也會在疲憊不堪中自動消失，不見蹤影。這就是以迷妄來治迷妄，當迷妄消滅後，剩下的就只有非迷妄了。這種治滅迷妄的方便祕訣，在大圓滿法的經典裡稱爲「大分離」，目的是斷滅往後投生於輪迴的根，實際上則是洗除法身唯一明點法界中的二取習氣。

現在，我們即使對以上法義有所體悟，那也只是相對的初步認識，這個粗略的見解就像畫一個圓圈以後稱其爲「月亮」，這個圓圈雖然離眞正的月亮還很遙遠，但是畫出一個月亮的形狀還是能在人們心中留下直接的印象。同樣地，當我們眞實學修正行道法時，比喻說明的法義可以直接被體知，如同常言所說「於身立因緣，證覺心中生」。

依靠現在這樣的前行法要，可以從根本上消滅迷妄，讓迷妄自己毀掉自己，到那時，內心會自然而然生起正確的體證和絕對的開悟。除此之外，就算你在萬卷經書和千百名善知識當中長住，也不會有任何進步，相反地，還有可能墮入無限迷妄的深淵中。儘管如此，猶如初生的幼苗需要精心培育才能茁壯一樣，不管我們多麼會說空性、無二、平等、合一等法理名詞，然而在實際運用中直至脫離這個遇刺就痛、吃糖便甜的迷妄幻化蘊身，在沒有把無法阻滅苦樂感受和經常具有迷妄障礙的世俗諸法體證爲非實假有，以及對此不再生出攀緣執著之前，我們一定要認眞取捨世俗因緣無違的善惡因果，努力奉行積福懺罪之法，這是無法避開的必經之路。

爲了遮滅魔障的侵擾，要觀修護輪等法。在學修大乘內部不共見修法門時，皈依和發心等前行法門應提前修習。

修習身、口、意三門大分離

我們把污穢的三界情器世間稱爲「輪迴」、把清淨的三身淨土稱爲「涅槃」之後，出現了輪迴和涅槃的分別。爲了把污穢三界輪迴的全部迷妄在清淨大涅槃的法界中除滅，或把二取習氣在法界中清除，做到體證赤裸裸的自在智慧，首先要知道應斷罪業的過患，這樣對罪業會自然而然產生反感和厭離心，這是順應輪迴業見來修持善道。因此，從二取執著中解脫，就像用合金鋼來切鋼材，學修用心念來除滅心念的方便祕法，可以如下修習：

在寂靜密修聖地，身體如金剛火焰姿勢的頭頂要觀修上師相應法，或者要披上百字明咒的護身盔甲。上師的法身爲深藍色，顯現爲忿怒相，頭頂束有髮髻，獠牙捲舌。觀想上師的頭頂有黃色的「蘭」（ལཾཿ）字，額間有藍色「哎」（ཨེཾཿ）字，頸部有黃色「思」（སུ）字，喉間有灰色「康」（ཁཾཿ）字，雙乳部位各有一個白色「哈」（ཧ）字，心際有淺藍色「吽」（ཧཱུྃ）字和黑色「呸」(ཕཊ)字，臍位有紅色「讓」(རཾ)字，雙足足心各有一個綠色「央」(ཡཾ)字。觀想當上師心際的藍色「吽」(ཧཱུྃ)字放射出來並進入自己心中時，自己的心際頓時也有一個「吽」(ཧཱུྃ)字，從而使自己身、口、意三門的所有行爲都變成上師身、口、意行爲的幻化再現。這樣觀修以後，要供奉食子使當地的土地神滿意歡喜。

在修習法要的過程中，首先要記住的是：身上除了穿一條短褲外，不能穿其他衣服，要幾乎赤身裸體的跑來跑去、跳來跳去和手舞足蹈，還要跪在地上爬行、臥著擺動和戲舞等。當把心裡所能想到的身體姿勢和動作都表現出來後，再把身體動作轉化爲禮拜、轉經、本尊的姿勢、手印、金剛舞等善舉，然後夜裡睡在舒適的床上，使身心平靜下來。這樣做可以消除對身體的貪戀，減輕或忘記饑渴寒暑等痛苦，生起大樂熱氣，感覺像要飛向空中，這些都是大分離修煉成就的徵象。這個大分離修成之後，能除滅身體的障礙，清除身體的罪障，能解脫成爲化身佛，最終可以成就與諸佛身金剛無二無別的勝果。

接下來，口中要發出天、龍、夜叉、人非人、惡魔及六道眾生的各種聲音，可以唱動聽的歌、念誦字母、發出「吽呸」和「日哩」等大聲音，也可以痛苦地呻吟、悲哀地哭喊、興奮地大笑、憂傷地哀歎，此外還可以學馬嘶、牛叫、羊叫，和發出人的生、老、病、死時的聲音等等。在發出心裡所能想到的所有聲音的過程中，要不時大聲地發出「呸」聲，最後用誦經的聲音結束修習。到了夜晚，在不言不語中入睡後，將會出現偶然說出從前不知曉的法語、道出梵語、不願說話並且充滿快樂等大分離修持成就的徵象。這個大分離修成後，能夠除滅口的障礙，淨滅口的罪障，能解脫成爲報身佛，最後可以成就與諸佛語金剛本性無二無別的勝果。

接下來，心中觀思六道眾生的苦樂、法與非法、輪迴與涅槃等一切所能想到的諸法，可以把心意帶入空中、海底和山岩中，也可以憶想從前到過的地方、想像未曾去過的地方、六道眾生的世界、清淨刹土的樂園、諸佛與菩薩、廟宇和寶塔、敵友或普通人等，讓貪瞋意念任意發展，直至無影無蹤。最後在思維佛法詞文義理中結束意修，並且把心意轉入清淨見、修、行、果的正行中，這樣做可以斷滅心的迷妄之念，能自然而然地生出樂明無念的禪定，自動顯現出猶如天空般的本原解脫證覺。這個大分離修成之後，能斷滅意的障礙，清除意的罪業，能解脫成爲法身佛，最終可以成就諸佛意金剛本性的正果。

這樣三門九修之後，外大分離便修持成就，從此對身體的寒暑冷熱等感覺不會有任何貪戀和取捨，口中會自動說出修持成就的不共智慧詞義，心中會出現明空無滅大樂的覺證。要努力觀修以上法門，如果心中出現了明空無滅大樂的覺證，修法就可以認定爲成功了。照這樣修法而獲得成就後，就可以得到前面講述的全部功德。因此，欲脫離輪迴痛苦過患的人，應該要修習前面講述的那些道法，這是非常重要的心法祕訣。

26 無念氣輪

眾生的心存在於身體中，而身體是在心識的二取迷妄和貪執中產生的。在這一世，身體和心是互相依賴而存在的，但是最初是由於心中出現迷妄之後，才產生了身體。心中出現無明迷妄是直接因緣，父母精卵與中陰意識會合是間接助緣，然後是地、水、火、風、空與智慧等六界聚合，於是就出現了身體。這個身體一開始要經歷皰狀、凝酪狀、塊片狀等次第形成的過程，最後到了分娩的時刻，業風把胎兒倒置過來，然後便出生了。

依附於身體的心識是與氣合在一起的，眾生所見的現象在外面，心識在裡面，連接內外的中間業風成了心識乘騎的馬，心識騎著業風之馬奔馳於二取境界，從而墮入了無窮輪迴無始無終的迷妄中。就這樣，墮入輪迴迷妄中的人們，可以依靠密宗大圓滿法的深密捷徑心法來控制來去的業風，無須像小乘道法那樣長時間在心念識網中，用心從外面探索並依靠思索的禪定，大圓滿中的心法是用猛厲的方便法門在裡面直接體證勝義智慧的祕訣。

修煉「三無念」法門

「氣」分為命氣、上行氣、下洩氣、平住氣和遍行氣等五根本氣和分支氣，這些氣分別發揮各自的功能和作用，在流過身體的所有脈絡之後，生命活動便得以維持。一晝夜十二轉氣中的呼吸次數是兩萬一千六百次，呼吸氣中有業氣和智慧氣兩種。瑜伽士如果能依靠修持功力把業氣淨化為智慧氣的話，就可以即刻得證圓滿佛果。

氣與心識結伴而行時，一個作爲因、一個作爲緣，當因緣會合之後，心識在氣的推送下遊行於五根境界中，從而墮入輪迴世間。純物質實體的氣和明瞭覺知的心識兩者，猶如跛腿人和瞎馬結伴而行，如果能斷滅業氣而把氣都匯入智慧氣中，就可以消滅輪迴迷見，所以，修煉氣行就顯得非常重要了。在這裡，我要講述大圓滿法龍欽心髓中的「三無念」行修氣輪法。

一、讓心專注於樂空無念

在寂靜祥和之地，自己的身體要具足禪定七法的姿勢，觀想體內虛空如吹足氣的空心腸子，中脈猶如水柳枝條般筆直，脈管外膜猶如蓮花花瓣般細薄，其顏色猶如無雲晴天般湛藍，整個中脈猶如點燃油燈般明亮。具足這四個特性的中脈，上端在頭頂部位，上面有白色的「杭」（ཧཾ）字，下端在臍下部位，有紅色的「阿」（ཨ）字。在具足四行修中壓住上氣、提起下氣，觀想從臍下「阿」（ཨ）字中燃燒烈火，火焰令上端的「杭」（ཧཾ）字化成甘露聖液。當甘露下降時，注滿四個脈輪及全部支脈，從中生出樂空智慧。然後，把心專注於心際白色的「阿」（ཨ）字，讓細微的心念在其中斷滅，利用大樂方便法門來促生勝義空性智慧。這個法門要短時間、多次數的精進修煉，直至修煉成就。

二、讓心專注於明空無念

先三放濁氣或九放濁氣，這樣可以放出污穢帶毒的濁氣。接下來吸入空氣時，觀想外在的執著見解都化成閃閃光芒，光芒與藍色天空和合，把這一切吸入體內之後，身體頓時充滿湛藍色。然後，把氣立即壓持在下面，稍微提起少量的下氣，把上氣和下氣會合在一處觀修，這樣能夠生出明空覺證。

在這裡，很重要的一點就是當天氣寒冷時，要把氣觀想爲熱氣；天氣炎熱時，要把氣觀想爲冷氣。這個寶瓶氣是所有功德的源泉，因爲中脈爲無上微妙之脈，因而不能在其中顯現覺見。此處把氣不吐放並吸持以後，氣流進左右二脈，到達中脈下端有咒字的部位，即類似臀部形狀的中脈末端，然後從那裡進入中脈的脈道內，這樣首先能生起正確的心念。當入、住、合三者的徵象分別呈現出來時，中脈的第一個脈結被解開，氣從裡面流入之後會生出第一地的功德，氣心在其中留住之後會生出第二地的功德，氣心在其中全部和合之後會淨滅二取執著的心念，清淨如萬里晴空。

當遍知功德全面擴增時，暫時能助我們延年益壽、減少疾病、身體健康，還能疾走如飛，這些眾多的功德便是寶瓶氣修煉成功而產生的。誠如蓮花生大師所開示：「因爲修氣的功德都要從寶瓶氣中產生，所以修氣應主要修好寶瓶氣。」

三、讓心專注於法性無念

身心要放輕鬆，眼睛停止轉動，在脫離所有的思想執著心念之中，並非專心用力的持住氣，而是要讓氣輕鬆平行，這是微妙深密的心要祕訣。

蓮花生大師開示說：「耶喜措嘉，切聽！身體跏趺坐以後，吸入少量的持命氣，稍微壓住上氣，中行氣置於臍位，這是智慧置於原位的氣修法，將成爲身修生起次第和心修光明法性等所有法門的助友，也是自然而然成就持住明點、引導明點、散佈明點三法的氣修法。它可以自動斷滅二取執著心念，能使心識脫離沉悶、昏聵、放逸三過患，並且會免除視力下降等五根的障礙，免受涎液病和膽病的折磨，能自動消除腹部悶脹，清除所有傳染疾病。這是壽命可與日月等同的氣修法，所以要觀想自身是本尊佛，身體不能搖擺彎曲，把氣平持在臍下部位，兩眼觀注虛空界，把心定在本原法界，這便是『大智慧氣修法』，也稱爲『心智分離氣修法』。在修煉這個氣修法門時，腰要稍微向前傾斜，臍位元部分要向前突出。在吸氣、持氣等過程中，臍位一直要向前突出。能一心一意的修煉這個氣修法門，可以自然而然引來上氣和下氣。在整個修煉過程中，臍位一直要保持向前突出，因爲突出的臍位將能作爲心識的依所。觀想本尊也要在臍位向前突出中觀想，念誦心咒也要在臍位向前突出中念誦，觀修法性無念智慧也要在臍位向前突出中觀修。無論行、住、坐、臥等何時、何地、何種情況下，都不要脫離這個深密大智慧。」

誠如蓮花生大師所開示的，修煉這個平行氣不僅有助於修心，而且還能成爲修取菩提正果中所有勝道的有力助緣，我們應知道其中具有深密重要的意義。

從無始以來一直放逸無束的心，紛亂複雜而且是各種念想的製造者，我們要把這個像野馬、像狂人般的心，以各種方便法門逐漸修煉調伏成可以輕易塑造的心。用三無念法門來修心之後，便可以使心輕鬆入定在任何觀修境界中，使心在無念虛空的境界裡長時間入定靜住，這便是修煉成功的標誌。

27

修煉三門的要法

殊勝的前行法

這個世界上有各種各樣的宗教，除了會傷害他人的邪教外，以利益他人爲出發點的善美教法，都有各自的終極修道目標，這種善美教法對社會和自然環境能夠發揮積極有益的作用。在眾多教法中，能夠發揮暫時和恆久的有益作用，並且經長期分析研究之後，猶如切、磨、煆煉金子一般顯露出絕對永恆眞諦的佛陀教法，在其內部也有大小乘的分類和了義與不了義的分別。總的來說，佛陀傳揚的所有教法都能適合各種化機眾生的多種欲求，從直接、間接和旁及三個方面都可以成爲解脫之因，對此無須抱持任何懷疑。

佛祖宣說的教法廣大無邊、深不可測。濁時壽命極短的眾生，就算利用一生的時間去閱讀佛經也很難全部讀完，想要修完全部佛法更是難上加難，幾乎不可能做到。因此，我們要像天鵝從水乳交融之中吸取乳汁那樣，首先要選好自己喜愛的法門，把法門的要義理解清楚之後，再精進修習法要，直到獲得成就。我們一定要做到能夠分清佛說了義法與不了義法的界線，比如佛祖告訴我們，只要聽到一次無量光佛的聖號便能往生到極樂佛國，這句佛言有些人可以直接如實地理解和執行，但是有些人則要從另外的角度去理解，如此這般的理解方法和分辨尺度，一定要清楚地掌握在心。

僅僅靠自己去分清了義法與不了義法的界線是很困難的，因此，要依靠正宗經論教法，依止具格的指路善知識，才能步入正確的微妙佛道。藏傳佛教等大乘顯密教法，都是能夠修取正覺佛果的殊勝道法，也同樣都是皈依三寶、三根本，爲施行利生事業而修取菩提正果。這些教法不僅目的相同，而且從積福除罪開始，直至修取究竟正果的修習過程也相同。尤其在密宗大圓滿的捷徑道法中，具有多種方便法門可以輕易的修煉成就。這些適合於利根之人修持的道法，能夠在短時間內修積需多劫多世才能累積的福德，出小力可以成就大業，能夠在今生今世修證雙運金剛持的佛果。

大圓滿捷徑道法雖然具備上述多種大功德，但是僅僅接受深密心法是不夠的，還要利用微妙殊勝的方便法門和心要祕訣來修習心法的深密要義，使心法眞正成爲修治自己身心的對治法。「法」都有前行、正行和結行的次第，其中，前行又有前行的前行和正行的前行等不共殊勝法門，所以，諸法必須在次第分明不亂中修習。分清不共與殊勝前行法門後，就能入登自在大圓滿心要光明勝乘的微妙果位，爲此要修煉污穢迷妄三門，使三門從此以後不再迷轉於輪迴世間，並且證得清淨三身正果。能夠實現這一切的，便是殊勝前行法——修煉身、口、意三門的祕訣，所以，修習殊勝前行法是必不可少的。根據大圓滿龍欽心髓的法義，下面就來講述有關殊勝前行法的內容。

身的前行法

身體的舒適與不適，能夠直接使心念發生變化。根據這個道理，我們就要修煉身體，讓心除濁而淨。爲此，我們要在寂靜祥和的修行聖地，身體的各關節伸直而站立，立起的雙足足心會合以後，雙膝稍微向兩側凸起，雙手不觸及頭部在頭頂做合十手印，雙肘稍微向兩邊平伸，這樣，全身上下就形成了三股金剛杵的形狀。

觀想自身爲藍色三股金剛杵，杵頂燃燒著熊熊烈火。這樣修煉時，首先骨肉關節會疼痛而感覺不堪忍受，但在以後能夠生出大樂，那時就會自然靜住於大樂境界中，內心保持無念的狀態。這樣修煉可以斷除心對身體的貪戀，除滅障礙，清除身的罪過。除此之外，還有一個殊勝的作用便是往後不再投胎，從而解脫成爲化身佛。兩者加在一起，將能發揮與究竟佛身無二和合的微妙作用。

口的前行法

口的修煉可分爲印證、修煉、找到對治法後入道三部分。

一、**印證**：印證分爲兩種，第一種是針對外在現象的印證：在寂靜的修行聖地，身體保持毗盧七法的坐姿，觀想在心際有藍色的「吽」(ཧཱུྃ)字。待觀想明瞭之後，把氣、心識和「吽」字三者合爲一體，再從牙與嘴唇互不碰觸的嘴裡拉長聲音唱誦「吽」字。觀想從自己的右鼻孔裡放射出一個接一個的「吽」字，所放射出的眾多「吽」字遍滿四周，嘴裡要一直不停地拉長聲音唱誦「吽」字。此時此刻會出現所有諸境都充滿「吽」字的覺證，心識變得依稀不定。這樣做將有利於正行修習中心識不追隨外境。

印證中的第二種是針對內在蘊身的印證：像前面一樣，觀想從心際「吽」(ཧཱུྃ)字中放射出眾多「吽」字，這些字從右鼻孔裡出來以後，使所有外境都充滿「吽」字，然後外境中的「吽」字一個接一個連續不斷地從左鼻孔裡進入自己的體內融合，這時，和前面一樣，嘴裡要唱誦「吽」字，但唱誦的聲音要相對縮短一些，並且要持住氣。這樣做時會感覺體內充滿「吽」字而悶脹不適，但這將有助於我們在正行修煉時，證悟內在的血肉蘊身爲本性虛無，從而於蘊身束縛中解脫出來。

二、**修煉：**修煉分爲兩種，第一種是針對外在現象的修煉：像前面一樣，觀想「吽」（ཧཱུྃ）字從鼻孔裡連續不斷地向外放射出來，那「吽」字能穿透眼前的一切障礙物，而把字母本身面積的空洞留下來。在眾多「吽」字來回穿過一切障礙物的過程中，嘴裡要大聲唱誦「吽」字，觀想眼前所有的物體都已穿透無餘，一切都虛空如天，然後休息。這樣做將會生起萬法見有本無的覺證，從而有助於我們體證萬法本性空無。

修煉中的第二種是針對內在蘊身的修煉：像前面一樣，觀想猛厲、鋒利、快速的藍色「吽」字出來以後，來回穿過自己的身體，直至把全身穿透成沒有任何物質的虛空之體。這樣做將會出現體內肌肉在跳的感覺，以及身體本性空無的認知，將有助於我們體證蘊身本性空無。

三、**找到對治法後入道：**其一是明心找對治法：在自己的面前立一根木棍等造設觀想對象，身體具足修法姿勢，口中拉長聲音唱誦「吽」（ཧཱུྃ）字。觀想從心際「吽」字裡連續不斷地放射出眾多「吽」字，放射出的「吽」字猶如珠子般串連在觀想對象上，或者「吽」字首尾連接起來，連成一條「吽」字長繩以後，纏繞在觀想對象上。然後繼續觀想「吽」字一個接一個地返回來，「吽」字長鏈或「吽」字長繩從觀想對象上消失。其間，嘴裡要不停地唱誦「吽」字。當對身、口、意的執著消失而心識平息靜住，以及對氣、心、「吽」字三者合爲一體的運用有把握時，將能把心識收放自如地定在任何觀想境界裡。因此，在修煉正行法門時能夠任意運用心識以後，將有助於我們的觀想如願成就。

其二是入道：觀想自己的身體與氣、心合爲一體，化作一個一肘高的藍色「吽」（ཧཱུྃ）字，這個「吽」字像螢火蟲一樣獨自來來去去。在這種觀想中進入見境之道以後，逐步深入地投入於其中。接下來觀想「吽」字走遍自己曾經到過的山川大地、東西南北、城市荒野等所有水域和山谷諸地，在觀想「吽」字走遍無限地域的同時，嘴裡要一直拉長聲音唱誦動聽的「吽」字。這樣做將能生出厭離心和無念禪定，由此達到明智如量的覺境。

誠如前面所講述的，當修好口的前行法以後，便可以消除對言語的實相執著，除滅口的障礙，淨滅口的罪過。修煉口前行法的微妙作用是往後口不會再墮入輪迴，令口解脫成爲報身佛，兩者加在一起，將有助於我們的口與諸佛之口無二和合。

意的前行法

意的前行法有解開祕訣要門和意的前行兩部分。

一、**解開祕訣要門**：包括分析以何爲主、思考比喻說明、研究一體與異體三個部分。所謂分析以何爲主，就是觀察和分析身、口、意三門之中誰是主要的。當知道一切萬法的製造者爲「意」、也就是「心」時，我們就認識了「心」這個魔賊。所謂思考比喻說明，就是觀察「心」與四大中的哪一大最相似。地、水、火三大有色有相，能在五根境界裡現見，而心不能見也不能觸，只知其活動且又無滅無阻。心這種能知俱在的特點，很像四大中的「風」。有了這樣的觀察比喻，便是認識了比喻對象。所謂研究一體與異體，就是當心認知外境事物時，心與外境不是一體，因爲如果心、境是一體的話，就會有心不能體知外境事物、外境事物能體知心的兩個錯誤。但是心與外境又不能說是異體，因爲如果心、境異體的話，又找不出單獨具體的心在哪裡。所以，能夠體證心、境非一非異，便是認證了無二勝義。

二、**意的前行**：這裡以觀察分析的方式，從三個角度來研究「意」，也就是「心」。首先要研究心的來源和來者。「心」能夠覺知一切苦樂，像風一樣不停地活動著，由此看來好像有什麼東西就是心，似乎心是存在的，但是要找出具體實在的心卻又找不出來。沒有任何實物色相卻又能覺知和活動的心，最開始來自何處？是從原本俱在的心裡產生出來的，還是原來沒有但偶然產生的？是從外境事物中產生出來的，還是從內在蘊身中產生的？把這些問題一個一個地仔細分析以後，依然找不出心在哪裡。下面再來研究「心」本身，我們可以在前後的刹那瞬間中研究心在哪裡，也可以仔細分析研究尋找心的那個心。當體知這個心無從認知本性和無生無源時，就能助我們體證化身佛。

其次，要研究心的現在住所和住者。這個能夠出現各種念想的心，現在於內、外、中間三個處所中的哪一處住著？是否眞的存在「心」？像前面一樣經過仔細分析研究以後，當體知「心」是假有性空、無根無源、無住無依時，便能助我們體證報身佛。

最後，要研究心的去處和去者。各種念想在這個像風一樣的「心」裡出現以後便會消失，這裡要研究念想消失以後心的去向。當體知心沒有去向和無法指認去者以後，就能體證無有斷滅的無滅離邊，可以領悟明空無有來去，從而助我們體證法身佛。

以上「意」的前行法將有助於我們清除心的罪過，其殊勝作用便是往後「意」不再墮入輪迴，「意」可以解脫成爲法身佛，兩者加在一起，將能助我們的意與諸佛密意無二和合。

置於本體境界

所謂置於本體境界，其中的「本體」指的是本原無有修造的法體，「置於」就是說在本體境界裡輕鬆放置。在這裡，要把身、口、意自在地放鬆，身體不能搖動，口中不能言語，心離念靜住。無論是出現應斷輪迴的法念，或是出現善法的心念，只要把心專注於所明見的法相上觀修以後，就能使心入住於無念境界中。這就像把污濁的水穩定不動地放置以後，污水能沉澱清淨下來，這樣修煉的結果便是三門能夠在本原法界清淨靜住。因此，這樣的修行必將成爲修煉定與止的殊勝妙因。

把置於本體境界的法門修煉成就的徵象有：身靜則無欲動走，口靜則無欲言語，意靜則斷滅念想執著。另外，身靜可以脫離四大不調，脫離四大不調就能不生疾病，從而使身體舒適、心情愉悅、菩提心增長，並且能自然靜住於禪定妙境；口靜可以登住離言勝境；心靜可以自動脫離所有念想，自然入登無念勝義大圓滿不可思議的妙境裡。以上法門的殊勝作用便是三門靜住於本體境界以後，可以體證微妙三身。

28

根除輪迴的污穢種子

宗教的意義

有情識的所有眾生都渴望獲得快樂，並且都在爲得到快樂而奔波忙碌。在我們生存環境的所有動物當中，人類是唯一具有理性思維能力和意識非常敏銳的動物，因此人類自稱爲萬物之靈。其實，我們有別於其他動物的長處，僅僅在於我們能夠創造衣食住所、物質財富和機械電器等外部條件，除此之外，我們並不能阻滅生、老、病、死的痛苦，並無法找到脫離一切痛苦、得到永恆快樂的方便法門，也沒有找到使自己和他人都永不墮入痛苦境地的方便道法。因此，當我們體認到解決永離痛苦的問題是一切事情的首要之務時，便不得不思考和分析很多有關此生和往生的事情，於是就產生了各種各樣的宗教。如果我們沒有生、老、病、死等痛苦，所有眾生都永遠身心快樂，那麼痛苦之因——煩惱，也就不可能存在，如此也不可能產生什麼宗教，宗教也就無所作爲了。

如果人們永不生病的話，藥方和醫生便成了多餘之物，醫學理論也同樣不被需要了。但是在現實生活中，人們就是免不了會生病，也就離不開藥方、醫生和醫學理論。同樣地，對於如何才能斷滅此生與往生的各種痛苦，經過仔細分析和研究後，我們得出了一個結論：要想得到超越外在妙欲享受的恆久殊勝快樂，就必須去研究各種宗教理論學說，除此之外，沒有別的現成辦法可以直接引用。

各種宗教的觀點和見解是多種多樣的，在不能馬上完全皈依某種宗教的情況下，首先應全面徹底地研究和分析未知的生死輪迴等各種宗教的根基性教義，是否眞的存在，從中將會領悟出因緣因果不滅的眞理。

透過以上認眞仔細的研究分析，我們將無法找出輪迴的開始和結束，並且能體知現在所受的這些痛苦，猶如昨夜噩夢般一片迷妄。當仔細查找迷妄的根源時，從出生找到老死，最後會找出一個無明。在除滅迷妄的過程中，一定要清除迷妄的根源——無明，並依靠前所未有的深密微妙智慧，這樣才能自動除滅迷妄，得到猶如睡夢初醒般的離迷覺證。這是我們從分析研究中得到的結論。

脫離迷妄的本覺，就是我們常說的「智慧」。這個智慧可以分爲如所有智和盡所有智等很多種，具足這些智慧便成就了正覺佛果，而成就佛果則是我們佛門中人的究竟修習目標。我們常說的「佛」，就是「覺悟」的意思，是從無明睡夢中「覺醒」過來，「悟」得遍知智慧。那些奉修佛法之人，就是在尋找修行成佛的方便法門。

佛典中雖然宣說了眾多殊勝的方便道法，但是除了大乘顯密結合的捷徑妙道之外，佛果無法從其他教法中修行成就。

成佛是要從猶如沉睡般的無明黑暗中醒悟解脫，自性智慧光明從內心照射出來。要修成佛果，應在體知需要清除俱生無明黑暗的前提下，首先從修習四出離心開始，然後修習外共同前行法與內不共前行法來積福滅罪，由此創造能夠體證內在智慧光明的條件。在此基礎上，透過修持大圓滿即身成佛的深密捷徑道法——殊勝前行法和前後有寂大分離，就可以除滅外在的迷妄緣見。但是，如果沒有斷滅內在的迷妄之因和種子，貪慾等促生煩惱的惡習仍會住在自己的身心之中，一旦遇上助緣，就會招來煩惱和促生煩惱的力量。

這個習氣幻化蘊身自從形成以來，根據能墮入六道的種子、自己長期在六道中入住、在煩惱三毒之因的作用下所造有漏諸業的大小等情況，到了死亡時，氣心會與六道輪迴之中某一道的種子和合，然後往生投胎轉生爲那一道的輪迴有情。

淨除罪障的種子

墮入六道的種子有所依六種子和能依六種子。所依六種子中，天的種子是傲慢；阿修羅的種子是見；人的種子是疑心；畜生的種子是愚癡；餓鬼的種子是貪慾；地獄的種子是瞋怒，這些種子裡都含有所有的隨煩惱。所有的所依六種子都可以由體證無我智慧來除滅清淨，能依六種子可以由「嗡、啊、吽」三字放射的光芒火焰燒盡，或者可以由深密微妙祕訣來淨滅，從而滅除所依業和煩惱的習氣，從根本上除滅墮入輪迴的種子。

除滅應淨罪業的種子時，觀想天的種子灰白色「阿」（ཨ）字在頭頂，阿修羅的種子淡黃色「思」（སུ）字在喉部，人的種子淺藍色「呢」（ནྲྀ）字在心際，畜生的種子深紅色「紮」（ཏྲི）字在臍位，餓鬼的種子灰色「者」（པྲེ）字在密位，地獄的種子黑色「得」（དུ）字在兩足心。其中，三善趣業種子字的字頭是朝上的，三惡趣業種子字的字頭是朝下的。觀想所有導致墮入輪迴的業的種子習氣都聚合在以上六字當中，並觀想能淨三時諸佛的本性，與上師身、口、意三金剛的自性，呈現爲三個咒字：自己的頭頂有白色「嗡」（ཨོཾ）字，喉部有紅色「啊」（ཨཱཿ）字，心際有藍色「吽」（ཧཱུྃ）字。當念誦三個能淨咒字時，觀想自己的頭頂「嗡」字放射出白色光芒，喉部「啊」字放射出紅色光芒，心際「吽」字放射出藍色光芒，這些莊嚴奪目的光芒能夠除滅所有六道輪迴的業種習氣。在除滅的過程中，我們可以根據自己的喜好，選擇觀想是自下而上、或自上而下、或同時全部除滅等方式。在美妙動聽的唱誦聲中，念誦「嗡、啊、吽」三字七十萬遍，並觀想所有輪迴眾生的三處咒字都燃燒著烈火，燒毀滅除眾生分別墮入六道輪迴的六道業種。然後，觀想從自己的三處三字中放射出猶如火焰般的智慧光芒，頓時燒毀全部墮入六道的種子和無明迷妄的習氣，除滅身、口、意的罪障，從而具足諸佛的一切功德。在觀想的過程中，要持續以動聽的聲音誦唱「嗡、啊、吽」三咒字。

這個污穢習氣之身是從三無明因中產生的，因此六道輪迴的種子就在其中，而且本原具在法身的本覺就是三身本身，因此，應淨、能淨都在上述六種子字和「嗡、啊、吽」三咒字中圓滿具足了。

29
無動寂靜的禪定

身、口、意三門當中，意是最主要的。從無始輪迴至今，眾生在塵世中輪迴流轉的主要原因，就是由於在迷心煩惱的直接作用下，使身與口造下惡業惡因之後，墮入三界輪迴的牢獄中。要從這個輪迴中解脫，並且得到永恆涅槃的快樂，不能單靠身與口的積德行善，還依靠意來修煉禪定，這是唯一且最重要的方便法門。如同教言中所說：「意最主要最神速，諸法之前意在行。」另外，身、口、意三門還有著能依、所依的依附關係，所以在修煉過程中，身、口、意都很重要。

首先，身體應毫無動搖地具足毗盧七法坐姿，因爲身直則脈直，脈直則氣順，氣順則明點暢，明點暢順才能使明心自在，觀修自然。初入佛門之人，在修行過程中，「外」的方面，如經商和種田等行爲要放棄；「內」的方面，如禮拜、轉經等善行要放棄；「密」的方面，如身體一絲也不能動搖。要如下來修煉：

雙足金剛跏趺坐，雙手於臍下結定印，脊背像竹箭一般挺伸筆直，腹部貼近脊背，頸部稍微向前彎曲，舌頭緊貼上顎，眼睛從鼻尖方位注視虛空，以上是修身姿勢。在大圓滿心髓法中要求在唇齒未合的空隙裡呼吸空氣，這是祕訣要門。除此之外，還有眾多的身體坐姿、眼觀方法和幻輪身姿等，將會在正行祕訣中揭示，到時候可以一一學習和修煉。

至於口修，要停止外在言語和亂說話，要放下內在誦經和善行，也要放棄祕密念咒和唱誦，由此斷除口中的發音和言語。

至於意修，要停止所有外在世俗迷念，放下觀修內在本尊佛眾，放棄修持祕密見修法要，讓心自在坦然、寂靜安住。就這樣精進修煉身、口、意三門，直至三門平定寂靜。

在大圓滿祕訣開示中，有寂止和勝觀兩個開示法要。

修「止」

修煉魔障較少的寂止中的「止」時，對初修者而言，心識猶如一匹烈馬，當烈馬在瘋狂奔跑中失去控制時，很難強行馴服，只能採用各種方便之計來引誘馴服。同樣地，對於這個像烈馬、像狂人一樣的心，如果強行加以控制，各種念想便會越來越多、越來越亂，因此，我們必須採用各種方便觀想之計，使心逐步平定寂靜，並由此產生具格入法的「止」。

在修「止」之初，要有為利益普天眾生即身即世得證無上二業任運成就的佛果而修煉大乘法門的發心，並且要修上師相應法。在修完發心和上師相應法之後，再開始修習有相止。

修習有相止時，在三門寂靜和身體具足毗盧七法坐姿的基礎上，在眼前放置一根短木棍或石子等小東西，眼睛盯住那個東西，同時心也毫無散逸地觀注它。過了一段時間後，讓心脫離全面專注而放鬆，並且繼續在不散逸的前提下自在專注、自然入定，就在輕鬆安定的狀態中輕輕放棄修習，然後休息養神。在休息過程中，不能讓各種念想在心中一個接著一個地出現，而是要把心繼續置於前面那種毫不散逸的境界裡。這個修「止」過程是短暫的，所以在修煉過程中不會出現沉悶、昏沉和心念外出、心意散亂的魔障。當反覆多次地修煉這個修止法以後，會產生很不錯的觀修功德，所以要堅持多修多煉。

當修煉告一段落時，在不放逸的基礎上繼續保持觀修狀態，把觀修與一切行爲結合起來，從中修持道法。就算觀修得到了嫻熟的成就，還是要像前面一樣分座次、三門保持寂靜和具足坐姿，然後觀想自己的眉間有一明點白毫，白毫潔白、清淨、明亮而且發光，大小像一顆豌豆，雖見其有，但非實有。讓心毫不散逸地觀注明點白毫，並且在觀修的狀態中，像前面一樣讓心放鬆下來，使心自然自在靜住，不要讓念想去阻擾心的寂靜自在。觀修暫停一會兒之後，再重複觀修明點白毫，就這樣短暫而多次的修煉下去。

接下來要觀想自己的體內一片虛空，在心際氣心和合的本體呈現爲紅色光點，此光點猶如中等油燈的火苗一樣閃閃發光，光芒明亮而且湛藍，光中散發著熱氣，讓心專注於光點。當觀修結束時，要和前面一樣放鬆自在。

如果前面的觀修方法都修完後，仍不能產生具格入法的「止」，那麼就要觀想對面當空有一尊一肘高的金剛薩埵，金剛薩埵雖見其有，但非實有。聖尊白色的法體閃耀著光芒，莊嚴之相無與倫比，把心專注於金剛薩埵的心際。這個觀修法門也要和前面一樣短暫而多次的修煉下去。

或者也可以觀想對面當空有佛祖釋迦牟尼，法體閃耀著金色光芒；或者觀想觀世音菩薩，法體潔白、明亮，菩薩心際有白色的「啥」（ཧྲཱིཿ）字。

修煉以上法門時，最初念想有增無減，然後念想會逐漸減少，這是修煉稍有成就的徵象。無論怎樣觀修，如果心中的惡念習氣像無法伸直的卷紙一樣不能阻止，就要在出現貪慾和瞋怒等任何一種惡念習氣的當下讓心放鬆。其間再出現一個心念時，要在認識清楚後讓心念自然解脫和消失，直至無影無蹤。如果再出現一個心念，還是在認識清楚後，心不要再執著，也不要去追隨，讓心念自現自滅。然後，讓心在無有造作的自性境界中自然放鬆，由此除滅心念。這個祕訣要多修多練，直至得到非常嫻熟的成就。

接下來修煉氣：首先身體具足毗盧七法的坐姿，然後要放出氣毒，從右鼻孔放出三次瞋怒之氣，從左鼻孔放出三次貪慾之氣，從兩個鼻孔放出三次愚癡之氣，這便是九放濁氣。另外，還可以從右鼻孔放出一次瞋怒之氣，從左鼻孔放出一次貪慾之氣，從兩個鼻孔放出一次愚癡之氣，這便是三放濁氣。在放氣的同時，要觀想所有的罪障呈現爲蠍子紛紛排放出去，並在對面當空被燃燒的智慧火焰燒滅乾淨。把氣吸納進來時，讓氣流入臍下部位，在那裡盡力持住後放出去。

接下來修煉三字無生金剛誦：把濁氣放出去的同時，身體保持毗盧七法的坐姿。當吸納氣的時候，要觀想氣呈現爲諸佛身的加被白色「嗡」（ཨོཾ）字，把氣吸納之後壓住上氣、吸持下氣。把上氣和下氣會合起來置於臍下部位，觀想上氣和下氣之間有諸佛口的本性呈現爲紅色「啊」（ཨཱཿ）字，讓心盡力專注於「啊」（ཨཱཿ）字，把氣盡力持住。當把氣放出去時，觀想氣呈現爲諸佛意的本性藍色「吽」（ཧཱུྃ）字，成爲利益眾生的無盡化身。就這樣，吸納的氣呈現爲「嗡」（ཨོཾ）字，持住的氣呈現爲「啊」（ཨཱཿ）字，放出的氣呈現爲「吽」（ཧཱུྃ）字，讓心毫無散逸地觀想這三個字，這樣的修煉就叫做無生金剛誦。一個沒有任何疾病的人，一天的呼吸次數是兩萬一千六百次，這樣，一天便可以修煉三字無生金剛誦兩萬一千六百次，從中得到的功德是不可思議的，所以要經常堅持修煉。

接下來是觀修無相止：身體具足毗盧七法的坐姿，眼睛盯住對面虛空，在沒有任何觀修物的基礎上，明心一直關注對面虛空，並且就在觀注虛空的當下休息養神。這中間要不時地查找觀注者——「心」是個什麼樣的東西，然後繼續像前面一樣觀注虛空，又再查找觀注者「心」，就這樣輪流修煉。當修煉結束後，一切行爲之中必須具足正念，不能讓心散逸紛亂。當修煉告一段落時，眼睛要向下觀看，身體和心都要放鬆，讓身心在沒有任何修煉觀思中靜住安定。當心在沒有散逸和觀修的自在本性境界裡遠離修習而靜住時，再一次打破其寂靜的狀態，然後和前面一樣放鬆安定，其間要不時地觀察觀注者和打破者。當發現觀注者和打破者都是「心」時，就在觀注「心」的狀態中放鬆安住，直至產生良好的輕鬆安住。要精進且持續的修煉以上法門。

接下來時而讓心毫不散逸地凝神觀注，時而讓心輕鬆開放地自在安住，在這樣輪流觀注和放鬆之中，眼睛也要輪流注視上下左右。另外，有時候要把心置於內心中央，有時候要讓心海闊天空地遨遊，就這樣輪流修煉和眼睛輪流注視各方以後，會出現明心能隨處觀注安住和到處流放自若等可以任運收放的功力，到那時就已經產生了具格入法的「止」。在修法過程中如果生出昏沉和掉舉（散亂）的魔障，就要根據祕訣法要和上師的開示加以滅除。

修止的利益

無過具格的「止」，就像沒有風吹的油燈，明心會在所觀想專注的境界中毫不動搖的靜住，它會因爲脫離魔障而清醒明白，因爲脫離偶然生出的念想而平靜安穩，就像水未被攪動時清淨透明一樣。當三門在本原法界清淨無染後，就可以在身體無欲動搖、口中無欲言語和心意自然脫離念想的禪定境界裡，自然而然地安住下去。

這個具足樂明無念覺證的殊勝妙「止」，在身心之中產生以後，可以消除大的痛苦和煩惱，從而能夠阻滅此生四大不調的疾病。當蘊、界、入等本位靜住以後，可以助我們增長菩提，並且在妙觀本原法性大圓滿不可思議的境界裡自在靜住。所以，希望次第修煉道法後取得正果的人們要精進修習以上法門，這一點非常重要。

30
脈、氣和明點的作用

脈的作用

在講述依附於金剛身而安住的脈、流動的氣和散佈的明點時，我們要知道，心性本原清淨並脫離迷妄污垢者，稱之爲「智慧」；而在迷妄中造業後具備投生的因緣，便是輪迴的由來。父母的精卵和中陰意識三者會合的當下，聚合了地、水、火、風、空五大，於是產生了身、口、意和人的身體。

當五大中的五界聚合後，其中就會潛在住有八識中除了阿賴耶識以外的七識，然後從阿賴耶識中生出業和煩惱之心，從而生出命氣後開始造作，由此在剎那間產生業氣，然後以和合、彙集和穩固等方式，在娘胎裡從第一個星期開始，逐漸產生身體並發育。到了第五個星期的第一天，形成與母親連結的命脈，第二天形成心脈及心脈的全部支脈，並且有了產生氣的處所，如此逐步生長發育至懷胎九個月時，七萬兩千條脈就全部形成了。

三脈五輪之中的主脈——中脈，有遍動、命脈、鴉面等多種名稱。這個中脈是命氣的依所，上下連接著頭頂和密位，其上端覆蓋了自性爲「杭」（ཧཾ）字的白菩提，下端在臍下部位由自性爲「阿」（ཨ）字的紅菩提塞堵，中間阿賴耶識的依所藍色命氣遍滿全脈。據說這個中脈還可分爲住脈和修脈兩部分。右邊白色的「若瑪」脈和左邊紅色的「江瑪」脈，是從臍下部位的三脈會合處延伸上去的，三脈之中有了「嗡、啊、吽」（ཨོཾ、ཨཱཿ、ཧཱུྃ）三字以後，在污染時成爲三門和三毒的依所而造下了三界業種，在清淨時成爲三身的依所。右脈瞋怒的依所裡，可以生出明白微妙「方便」；左脈貪慾的依所裡，可以成就大樂「智慧」；遍動中脈愚癡的依所裡，可以成爲生現無念雙運無二的源泉。

四個脈輪分別在柱子形的三脈上下像傘架一樣張開著支脈，這些支脈構成了遍及全身的複雜脈網。脈網分成四部分，其中有三十二條支脈的頭頂大樂輪、有十六條支脈的喉間受用輪、有八條支脈的心輪，和有六十四條支脈的臍位幻化輪等四個脈輪。這四個脈輪是四身五智的依所，每個脈輪中央分別有能淨智慧咒字「嗡、啊、吽、嗦」（ཨོཾ、ཨཱཿ、ཧཱུྃ、སྭཱ），加上密位護樂脈輪中央的「蛤」（ཧཾ）字，共有五個咒字。另外，還有所燃火輪持火六脈和能燃風輪淨風六脈等。這個金剛身中，總共有七萬兩千條脈和無數根能生汗毛的微細脈。

氣的作用

在安住的脈中有流動的氣，氣的本質是五大之中的風。「氣」分爲五根本氣和五分支氣，五根本氣中的持命氣或業氣，在心際與明心合爲一體而存在，可以生出二取念想，這個氣受破壞後會出現昏迷或發瘋，甚至有可能因此而死亡。上行氣存在於上半身，使我們呼吸空氣和發音說話，這個氣受破壞後會出現上半身發生各種疾病；下行氣存在於下半身，控制著大小便等排泄功能，這個氣受破壞後會出現下半身發生各種疾病；平住氣存在於腹部，使我們消化食物，吸收食物中的精華養分，這個氣受破壞後會出現腹部生病；遍行氣遍佈於全身，使我們健壯有力，這個氣受破壞後會發生手足僵化等疾病。留在有形的五根中的五分支氣中的龍氣可以執色，龜氣執聲，蛤蚧氣執香，天授氣執味，財神王氣執觸，這些分支氣受破壞後就會發生與各分支氣功能相反的疾病。

以上各根本氣與分支氣都要透過全身的脈絡和臍間十二宮來發揮作用，然後流過鼻子。一個健康而四大協調的人，外呼吸氣在一晝夜的十二轉氣時間裡可以呼吸兩萬一千六百次，在體內微細脈中流動的氣總共有十二萬零六百次。在一次大轉氣的時間裡，智慧氣會流動五十六次；而一次小轉氣的時間裡，智慧氣流動的次數是大轉氣的五分之一。

明點的作用

在流動的氣中有依靠的明點，那散佈的菩提明點就像菜籽油一樣遍及全部脈絡。右邊「若瑪」脈中的月亮或白菩提從「杭」（ཧཾ）中倒置降落以後，能夠造出身體的元氣、腦、骨髓和骨骼。左邊「江瑪」脈中的太陽或紅菩提從「阿」（ཨ）中降落以後，能夠造出血、肉和黏液。中脈的精華呈現爲光明明點，光明明點是在心中的血的精華裡，以光體的形式存在。中脈在心中分出兩支支脈，與雙眼連接在一起。中脈的本性具足明空無滅三身，其外在現象中經常能見的萬物不離空性是法身的標誌，五根境界裡眞實覺見法性明力是報身的標誌，六聚境界裡萬物分別照見是化身的標誌。明心本身的智慧與三身現象相連的心性本體是離念離迷的。在根本氣修煉成就的基礎上把精華明點修好之後，可以從內部展現出體證遠離煩惱的清明無念勝義智慧。

白菩提在中脈上端的頭頂部位以「杭」（ཧཾ）字的性相俱在，紅菩提在臍下三脈會合的部位以「阿」（ཨ）字的性相俱在。所有日常飲食的精華通過肝臟四脈以後變成了血液，血液中的精華變成了肉，肉中的精華變成脂肪，脂肪中的精華變成骨骼，骨骼中的精華變成骨髓，骨髓中的精華變成精液，精液中的精華變成身體的元氣。飲食中的其餘污濁糟粕，變成大小便等排泄物而排出體外。女人的左右二脈恰好與上述左右二脈相反。

勝義菩提心明空法身本體存在於世俗凡心裡，菩提心依附於物質形式的菩提，物質形式的菩提依附於氣，氣依附於脈，脈依附於身體，就這樣，自己的身體從一開始便圓滿具足了清淨諸佛壇城。身體是脈的壇城，脈是咒字的壇城，白菩提是甘露的壇城，氣是智慧的壇城，明心是菩提的壇城，這一切在大圓滿的微妙法寶裡是這樣講述的：足心風、胯下火、腹中水、心際地的存在，使身體具足了四大。這個具足四大的身體是諸佛壇城無量天宮，它還有城牆和裝飾物等，心際氣在裡面流動的四脈爲無量天宮的四門，心識爲忿怒本尊，八識爲八大山，八境爲八魔女……。這個具足三位壇城的清靜本體——金剛身，在精進修煉的過程中如果把脈、氣、明點當作妙道來修持，便可以體證究竟正覺佛果。

脈、氣、明點合一的修煉

總的來說，必須修持所有的前行法門，特別是要把上師相應法當作微妙殊勝的道法來修習，並且在虔誠敬信的基礎上，從上師那裡接受四灌頂。然後，把自己觀想爲持明金剛，把體內具足四性相的中脈觀想爲法身，右脈觀想爲報身，左脈觀想爲化身。左脈和右脈在臍下中脈下端與中脈會合在一起，左右二脈從三脈會合處延伸上去後，上端從腦後部位彎下來分別插入兩個鼻孔，這樣，我們就可以從左右兩個鼻孔裡把業氣分別吐放七次。

把五大和五毒的氣毒排放出去後，觀想自己的脈絡裡面清淨無染，接下來休息養神，讓明心自在坦然、寂靜安住。緊接著觀想心中坐有藍色普賢尊佛妃，普賢尊入定結定印，大小猶如一顆豌豆，清晰明亮。普賢尊的心際由五色光芒構成的光環中央，有清明無生種子字白色「啊」(ཨཱཿ) 字在閃閃發光，「啊」字雖然細小，但清晰可見。精進修煉四氣以後，可以讓氣、「啊」字、心三者合爲一體，從左右兩個脈道流入心裡。

根據祕訣心要和上師的開示，精進修習此法，就可以把持命氣與下行氣合爲一體，並且讓其流入中脈，圓滿三隱沒次第的功力，從而得到不可思議的功德。尤其是由此解開臍位脈結以後，會生出第一地的覺證，還能眞實體證法性眞義。如果不具備祕訣心要和上師的開示，則業氣流進命脈後會有發瘋的危險。這是圓滿次第的心要妙法。

中脈持住智慧氣，就是無上猛厲火；心性清淨體證爲法身，就是無上光明；破除所見萬法的假相，就是無上幻化身成就；光明晝夜不分地顯現，就是無上夢境化身；三門具足三金剛，就是無上往生成就。因此，大手印微妙六法的心要勝道也都在以上法門之中，而其所講的是密宗的果位妙法。

另外，像前面一樣觀想體內三脈，中脈上端有白菩提的性相「杭」（ཧཾ）字，中脈下端有紅菩提的性相「阿」（ཨ）字。然後，用左右二脈吸氣，觀想臍下「阿」（ཨ）字燃燒起智慧火焰，本性快樂而且自性明亮的熱火火焰燒遍臍位脈輪以後，生出大樂熱氣。接下來觀想頭頂大樂脈輪和喉間受用脈輪等，分別在各個脈輪中持住氣。

當火焰觸及頭頂「杭」字時，從「杭」字中生出快樂，並且使明點燒化以後塡滿整個頭頂支脈，把樂空甘露供品供奉給其脈界的空行勇士和空行本尊眾，從而圓滿二資糧並且淨滅二障。緊接著次第觀想喉間至臍位諸脈輪，像前面一樣塡滿燒化的明點，直至圓滿資糧和淨滅二障。

之後，觀想獲受寶瓶灌頂、祕密灌頂、智慧灌頂和句義灌頂，從而體受喜樂、勝喜和殊喜的智慧。當明點甘露降至臍下三脈會合部位的紅菩提「阿」（ཨ）字上面時，火焰和甘露合二爲一一併燃燒起來，觀想火焰遍滿世間萬法的境界裡，燒滅所有情器世間的執著心念和習氣。最後，自己的身體和火焰一起逐漸縮小，消失在離戲法界，置於明空境界。在除滅魔障時，嘴裡放出「哈」的一聲的同時要抖動身體，並且輕輕拍打身體。

如果能夠把以上法門修煉成功，就可以生出微妙大樂熱氣，從而無須多穿衣服來抵禦寒冷，還可以駕馭五大，清除污濁業氣，得到神力和神通。如果在其中生出執著心念而且沒有修煉除滅魔障的法門，則會誤入魔法而墮入邪道之中，並且在此生會常生疾病和多災多難，有非常大的危險，所以，欲修這個法門的人，一定要小心謹慎。

31

成熟灌頂的重要性

何謂灌頂？

佛家常說的「灌頂」，從表面上看好像可以理解爲一個有權位的人對另外一個沒有權位的人授予權力和地位。一個擁有至高無上的封號和雄厚福業的大皇帝，有一天當他把皇位傳給太子的時候，就要舉行盛大的登基儀式。在儀式上，皇帝要把寶石皇冠等象徵皇位的物品交給太子，人們稱這種儀式爲「皇冠灌頂」，「灌頂」一詞從此就產生了。同樣地，自身已登上法王寶座的具格金剛上師，在爲善根善緣的徒弟傳授成熟灌頂、解脫開示和微妙加被時，佛家就象徵性地稱其爲「灌頂」。

當我們聽到「灌頂」一詞或看到「灌頂」二字時，便會想起四方形的壇城和金銀寶瓶等。寶瓶是工匠用金子或銀子打造出來的，寶瓶中的淨水和聖物只是含有幾種物質成份而已。上師在念咒語和打手印之後，用寶瓶觸碰徒弟的頭頂，並讓徒弟喝下少量的瓶中淨水，這就是我們所說的「加被」。「加被」從哪裡來？在哪裡住呢？人在灌頂前和灌頂後，會有什麼變化呢？我們一定會產生諸如此類的疑問，當對此作詳細的分析時，就是我們常說的「研究」。透過研究，我們可以了知有關問題的詳細情況並得到正確的認識，在此基礎上再皈依佛門和學修道法，才是聰明之舉的利根依法修法。

二因與四緣

如果要接受灌頂，就必須具備二因和四緣。

二因之中的相應因，是徒弟平常心念所見諸法之中，本原無離俱在的心性本體法性，一切心法從來就沒有與自在智慧分離過，體證本原法界心性並不是獲得前所未有的新智慧。二因之中的俱生因，是寶瓶和小佛畫等物質製造的具有證果潛力的灌頂用品，這些灌頂用品從形象上分別與各個灌頂的相應因類同。爲了把徒弟心念假相中的心性本體展現出來，借用心性智慧果法，即諸佛微妙智慧和功德來加持灌頂用品，從而使灌頂用品具有殊勝法力。

四緣之中的因位緣，是阿賴耶中的善業習氣自然覺醒和依緣能夠覺醒、可以根據意根次第灌頂的有緣徒弟；增上緣是從正覺佛金剛持至今，灌頂傳承延續未斷，而且能夠在徒弟的身心之中植入相應灌頂法力的上師；所緣緣是師徒二人依靠具足物、咒、禪定的清淨儀軌，從中可以得到灌頂法力；無間緣是前面的灌頂使身心清淨並打造新的根基以後，可以次第接受後面的灌頂。

灌頂的重要性

灌頂分爲利根頓悟者可以用明力接受的灌頂，和鈍根漸悟者依靠加被接受的灌頂。現在用布畫或彩粉做的壇城圖像來爲有緣徒弟灌頂，並且讓其獲得灌頂法力，是內力成熟的敬信學納灌頂。

能夠接受灌頂的具格徒弟，需具備敬信、精進、智慧、樂於聽說奉修善法、甘爲學法廣施財力，以及忠心守護三昧耶戒等勝根條件。密法要求具格上師要爲具備敬信之人賜予外利益灌頂，爲具備精進之人賜予內法力灌頂，爲能修自業之人賜予聞修灌頂，爲能行他業之人賜予講授灌頂，爲能行自他二業之人賜予金剛王灌頂，爲具備禁行之人賜予深密灌頂。灌頂者，即具格的上師，需具備多聞博學、充滿大智慧和厲行他業等眾多共同與不共功德。

接受灌頂後能夠得到的功德是：依靠清淨殊勝的儀軌接受灌頂後，即使灌頂的當下沒有眞實生出智慧，也可以淨除障礙污垢，或者可以得到「接受法力」的加被。在別解脫戒中依靠清淨無染的白四羯磨而獲得比丘戒後，即使當下沒有生出修道功力智慧，也可以獲得斷滅惡戒的契機。同樣地，在灌頂中獲得密宗誓戒時，即使當下沒有生出智慧，也可以獲得透過修道後能生智慧的潛力，使根基成熟爲可以開出智慧花朵的幼苗。

學修密宗金剛乘的勝根勝緣學子們，要想修取究竟正果——共同成就和不共殊勝成就，必須依靠修煉道法。這裡所說的道法，是由成熟灌頂和解脫開示兩部分所組成，這個道法一定要依靠戒律和三昧耶的根基才能修煉成就。而所有的成熟和解脫，都離不開非常重要的灌頂，因此，灌頂是學修密宗金剛乘道法的入門。

修煉密法時如果沒有接受灌頂，就不可能把密宗心法修煉成就。對此，佛祖在續部寶典中強調：「不依靠灌頂就不能把密法修煉成就，就像沒有船槳的船夫無法把船渡過江河。」類似的說法在《幻化根本續》中也有：「未令上師生歡喜，且未接受諸灌頂，卻做聞學等舉動，定無成就有劫難。」接受了哪一門心法的灌頂，才可以聽聞、學修和講說那一門密法與續部。灌頂不僅是修學道法的入門，也是道法本身和正行，因爲密宗金剛乘的所有道法都是由成熟法門和解脫法門組成，所以，已接受灌頂而未破灌頂命脈——三昧耶戒者，就可以在七生或十六生內得到不共殊勝成就；而具足無上微妙善緣的少數利根勝人，則可以在接受灌頂的當下開悟解脫。

總之，灌頂的本質是由具格金剛上師，即灌頂者，爲已經用前行法門清淨了身心的勝根弟子，亦即灌頂的對象，依靠物品、明咒和禪定聚合的某種儀軌來灌頂後，使弟子體證自己蘊、界、入、境中本原自在具足的圓滿三座壇城，或者是體證自己本原具足的本體圓滿身智壇城智慧，從而清除相應的障垢或減少障垢，並且眞實地生起二次第智慧或植入能生二次第智慧的潛力，以及使本原具有的正果四身種子成熟或開始發揮作用。

接受灌頂的利益

「灌頂」一詞在梵文中被稱爲「阿布肯紮」，意思是「清洗和滅除」。此外還可以理解爲「灌注」，意思是清淨對象，也就是需要修煉的身、口、意三門的所有大小障垢，都被清洗和滅除，使身心清淨無染，並在其中植入或注入能修道法和能得正果的殊勝永恆潛力。

沒有成熟的潛力種子可以令其成熟的灌頂，有四大續部或六大續部的壇城，以及依其而來的經部、伏藏部和正見部的各種儀軌和相應的各種灌頂法門。在微妙極乘無上瑜伽的大圓滿法中，要用有戲、無戲、非常無戲和無上離戲諸灌頂來清淨弟子的身心。

獲得以上灌頂後，守護三昧耶戒便成了一切心法的生命，密宗律儀是在接受灌頂中獲得的。學此密宗道法猶如蛇進入竹筒，出路只有上下兩個筒口，除此之外沒有第三個，學修密法也只有解脫和下地獄兩條出路。對於這樣一門具有很大利害關係的心法，必須慎之又慎！

所有三昧耶戒的根本，是學修從上師身、口、意三門中分類的全部分支三昧耶，以及本原守護離律三昧耶和無有、虛空、任運、惟獨等法要。

接受灌頂的功德有：這一生能夠長壽、富足和心想事成，能除滅修法的障礙和逆緣，具足修法助緣；由於業障消除或業障減少，往生不會墮入地獄；並且在長期受盡善道天人福樂之後，能夠修煉灌頂中成熟的微妙道法，使此生或往生獲得共同與不共殊勝成就，從而輕鬆體證二業圓滿的無上菩提勝果。

32

大圓滿總綱

無上的捷徑道法：大圓滿法

所有乘門的極頂、諸佛勝意的究竟、三身無別普賢尊導師所宣說的光明大圓滿續部中，有很多共許與非共許的金剛境，這些法門首次傳入人間，是由持明大師極喜金剛接受的。極喜金剛大師從金剛薩埵那裡眞實聽取了全部大圓滿法之後，與眾多智慧空行母一起來到鄔金國的北方日明山上，在那裡進行了心法大集結，將大圓滿法集結成兩萬四千部續部，其中共有六百四十萬頌、三萬五千品、兩萬一千卷和一百八十部裝訂本。將巴謝寧大師把所有的大圓滿法分類集結成心識部、法界部和祕訣部三部，其中，祕訣部又被漢地熙日森哈大師合爲四大分部。心識部有十八大續、三總續和二十一續；法界部有黑、白、花三續，其中每一續分爲三分部後，便有了九部法界；祕訣部有分散祕訣、言語祕訣、對症除魔祕訣和續法本文等，這些又分類集結成外分部、內分部、祕密分部和無上深密分部四分部。

貝瑪拉密札大師、蓮花生大師和毗盧遮那大師三位尊者，是大圓滿心法的三大傳人。貝瑪拉密札大師把心識、法界、祕訣三部大法的經續法義集結成無上深密祕訣——光明金剛藏解脫祕訣次第《貝瑪心要》，並做了兩大分類：把此生解脫祕訣歸入講說傳承；中陰自現智慧中解脫的祕訣歸入耳聞傳承。在西藏學朵迪卓地區，蓮花生大師爲耶喜措嘉空行母等十萬智慧空行母傳講了《空行心要》。毗盧遮那大師在藏東嘉絨地區爲佛子玉紮寧波等徒眾傳授了由大師自己翻譯的心識、法界二部之續義和祕訣。後來，龍欽繞江全知大師把續教祕訣中的講說傳承和耳聞傳承法海都歸結起來，以大學士說教的形式著述了《七寶藏論》和《三休息論》等，並且以深密善士說法之舉，創立了心要二母二子的釋說，從而使大圓滿法在西藏弘揚興盛。

如此無上深密大圓滿法的殊勝續、教、祕訣，如果依法典而論，續部方面有十七根本深密法藏大續、十八法界廣明威焰續，加上護法忿怒母續爲十九續；教言方面有金字部、玉字部、銅字部和螺字部四部；祕訣方面有一百一十九個祕訣心要。如此諸多法門的全部祕訣心要，都集結在全知大師龍欽繞江和被大師的智慧身三次攝受的大圓滿平等覺見大師吉美林巴兩位尊者的教法、近傳加被未減，以及「龍欽心髓」的母子法要中。

「大圓滿」這個名詞的涵義可以理解爲不是新修造的，而是萬法在本性法界本原如意具足而圓滿存在。「大圓滿」是本體自然智慧。心性本性中如何圓滿具有一切生死涅槃諸法呢？輪迴萬法就像夢幻一樣見其有而實無其有，而且都是明力執著再現。涅槃法眾就像太陽和陽光一樣，無有分離地圓滿俱在，其心性本身就是遍滿生死涅槃的智慧，所以，我們稱之爲廣大圓滿。

大圓滿法分爲基位、道位和果位。

- **基位大圓滿**：是指所有有情眾生都擁有的心性本體本原無有修造的本性眞相，其性相是空性的，其自性是明瞭的，其慈悲是遍滿的，三者的三個智慧與心性本體無二無別，這便是「基位大圓滿」。

- **道位大圓滿：**是指依靠法門的成熟灌頂和解脫祕訣，使自己的身心成熟和解脫後，就在心性廣大清淨平等的自性中，一切密宗金剛乘的道法圓滿具足了。修煉這樣的道法，便是「道位大圓滿」。
- **果位大圓滿：**是指明見眞性、修得覺證、行無取捨後，眞實體證本原正果本體而使清除迷妄習氣的三門成熟爲三身。得證這樣的勝果，便是「果位大圓滿」。

其中，基位是需要體證的對象，道位是能夠體證的方法，果位是最終體證後的所得。說得具體一點，基位就是本原法性和如意成就，道位是立斷法門和頓超法門，果位是清淨身和智慧的一切功德。這一切就在本原法性如來藏的法界裡本初圓滿俱在，不需要重新出力修造，所以我們稱其爲「大圓滿」。

基位大中觀用正確的見解認證了諸法本性空無，道位大手印眞實體證了自性明空雙運，果位大圓滿悟出了脫離凡心的智慧心性本體。所以，集合大中觀、大手印、大圓滿三種法門的全部深密心要之大圓滿微妙正見，就是指無須修造的無境本初自在心性，在自然無造法性法界輕鬆入住。這裡所說的「無修無造中入住」，是指要入登法性脫離修造的境界。如果僅僅入住於沒有任何念想的空境裡，就會無法避免地步入無記或錯誤的阿賴耶中。

究竟智慧普賢尊的意旨，是無爲任運成就之體，它沒有在佛的加被下得到昇華，也沒有在眾生的染污下腐化墮落。這樣的心性或諸佛本覺勝意，我們從本初開始就具有，只是現在需要由具格上師以明力大灌頂等來介紹給我們，這便是「未見大覺見」。覺見心性本體的內在光明可以體證所見諸法的本性眞相，並且能永遠脫離迷妄黑暗。

初修者觀修法門時，會有眾多念想此起彼伏，其情景猶如一個小孩處在殺聲震天的戰場上。因此，要以修煉和增長功力來發展觀修和穩定觀修，如果僅僅觀注自己所得的那一點見解，那麼觀修會變成意念創設的執著，而我們要修取的諸佛智慧是脫離執取假相的離戲本原心性。

體證大圓滿微妙正見之後，可以自然脫離所有輪迴迷見，並且令一切迷妄無影無蹤。脫離迷妄就是無迷，無明迷妄清除以後，剩下的就只有離迷心性智慧了，這個智慧便是本原清淨無染的智慧，就像天上無論是否有雲，天空湛藍的本色永遠不會改變一樣。

當直接體見心性本性之後，就能除滅疑惑並生出信心，對此堅持修煉下去就會得到穩定的心性覺證，依靠穩定的心性覺證便可以除滅煩惱等障垢，令心性赤裸裸地展現出來。而當所見所聞都變成觀修過程或處在觀修狀態中時，就會產生在黑暗中點燃明燈般的堅定信心。這樣，就能夠在刹那間悟見法身眞相，累世累劫的資糧也可以在刹那間積修成功，所以我們說這是無上捷徑道法。

大圓滿法的特點

今天，我們所能見到的一切萬法的本性都是空的，萬法就在空性之中多彩多姿地展現在我們面前，在心性智慧本體毫無變動的基礎上，一切明力、幻化和莊嚴法相都展現了出來。但是，無論所展現的萬法如何多姿多彩，心性的本性從來就沒有發生過絲毫的增減和變動。另外，勝義的眞諦不是在心識所經驗的範圍裡，所以我們無法用言語和文字來表達明白。但是，就像看水中的月亮可以認識月亮的輪廓，用比喻說明可以道出事物的原形，因此，用造作的言詞即能夠推知非造作的眞義，也是大圓滿法的一大特點。

我們凡人初修者一開始不能悟見眞義，並不是什麼大不了的過患，因爲一切污濁之見可以逐步修煉成爲智慧，原因是佛就在自己的身心之中，不需要向別處求取。這就好比大象在家中時，便無須尋著足跡到森林中去找大象一樣。

依靠三無動和四安置的法門來悟見心性眞相，以及充分熟練眾多的自在安置心法後，所有生死涅槃、快樂痛苦、好與壞、得失取捨等心念，會在法界廣大平等的勝境裡頓時斷滅，這就叫做「立斷」，是大圓滿法性眞現的正見。用法性自生之心觀修大圓滿法性正見，以及令這種觀修增長功力而修煉法門，在這裡稱之爲「行爲」。誠如心法所說：「對見要有勇氣，對行要保持謹愼。」我們絕不能讓行爲等同於正見，這一點非常重要。

學修這門道法的人，在修習比喻說明的智慧而迎接微妙勝義覺證時，失去本性、脫離修造的觀修性相而出現明力迷妄的心念時，善惡因果的利害關係依然是存在的，所以，直至到達圓滿正覺佛的果地，我們一定要遵循世俗諦的因果規律，並且要努力奉行積福滅罪。我們應該想到前面多次提及的教言法義：「唯有積福滅罪的功德和覺悟上師的加被，才是體見勝義俱生智慧眞相的原動力。」明智圓滿而入登本原界地以後成就法身和色身二身，這便是我們要修取的正果。

如此悟知大圓滿有寂本原大解脫見要的無上利根瑜伽士，在持有圓滿解脫本原勝義心要的基礎上，如果日夜不離光明法性和如意頓超法門，修煉成熟而四相圓滿具足，就可以即生即世入登本原法界的恆久果地；中根人士在脫離身體蘊網的那一刻，可以在法性中陰猶如子入母懷般，進入內在法性童子瓶身普賢尊的勝意法界，從而解脫成佛；下根人士可以在自性化身佛土成就現覺佛果。

就這樣，得到究竟正果斷證功德圓滿的佛位後，自業能夠眞實體證法身而於法身法界從不動搖，他業兩個色身猶如如意寶樹和如意寶瓶一樣能夠施行無數應化利生事業，而恆久、遍滿、如意的本性將展現至這個輪迴空盡爲止。這是法性法界萬法能見不滅，諸法自法界展現而滅於法界的唯一法性明點。

【結語】

面對新世紀的話

新世紀的挑戰

步入「新世紀」，只是給時間流逝中的分秒剎那取了一個好聽的名字而已，而時間一直就在前一剎那到後一剎那、今天到明天的過程中不斷地流逝。對於時間流逝的過程，最短者，我們可以稱之爲「剎那」；再長一點者，我們就稱其爲「天」。所謂「新世紀」和「舊世紀」不過是對時間流逝過程的一種說法，而時間本身並不存在任何新舊世紀的劃分。因此，在未來很多個新世紀裡，太陽依然是從東方升起在西邊落下，大江小河依然是往低處流去，大海依然存在，火依然是熱的，水依然是濕的……。四大各自的性質和作用不會在新的世紀中發生變化，人生苦樂摻半的生活也不會有什麼改變，包括我們身邊動物在內的世間有情的生、老、病、死四苦，依然會令其受盡痛苦和折磨。時而出現的短暫快樂會在無常變化中消失，緊接著出現的又是痛苦，這種苦樂輪流出現和變化不定便是無常的本性。

我們經常所見並認爲是恆久不變的東西，其實也在不停地發生變化，因爲無常是諸法的本性。比如，我們眼前流淌的大江大河，雖然看起來幾十年如一日，但是仔細研究便會發現它的前一剎那和後一剎那完全不一樣。同樣地，所有情器世間都有小到一剎那的變化和大到經常性的變化。我們從嬰兒到老人的巨大變化，也是由很多一剎那變化所積累的結果，而不是一天之間突然變老的。由於我們內在的常見習氣和發現不了外在事物的細微變化，使我們產生了迷妄之見而有了常見。如果我們鄭重聲明「昨天的我和今天的我不一樣」，是一點都沒有錯的。除了投胎身體的替換以外，前世和今世都在依靠一個意識流，由此可以看出，包括所有動物在內的意識所依靠的血肉蘊身的生命體是多麼脆弱、多麼沒有自由、多麼值得同情啊！

在我們的眼裡，那些只能活一天的蟲蟻和即將被宰殺的雞、魚等小動物，是渺小而沒有自由的。同樣地，比我們更有力量、更有福氣、更長壽的有情看我們時，也會覺得我們渺小而沒有自由。如果用簡單的比喻來說明這個問題：我們的生活就像電視裡的故事，把這個故事總結概括起來表演，則可以把人生一百年的經歷在一天內演完，人生的幸福快樂時光在每小時裡不會超過幾分鐘，影像圖中的人物也只有手掌般大小，一切快樂的片斷如同兒戲一樣沒有任何意義，這與我們觀看蟲蟻雞魚又有什麼區別呢？

無論科技水準達到什麼樣的高度，或者能夠製造出什麼樣的先進機器，新世紀的人們都不可能依靠這些來找到永遠脫離痛苦的方便路徑。就像火中的熱無法除掉一樣，輪迴的痛苦本性絕對不可能改變成快樂，也沒有任何辦法使其改變。翻閱歷史書籍，我們可以看到人們在自私貪婪的驅使下，多次發動大規模的戰爭，還有部分人登上未開發的新大陸後建立了強大的政權⋯⋯，所有的這些，並沒有使人得到任何快樂，反而造成了生靈塗炭的痛苦。有些人預言說未來發生世界大戰後，這個世界將瀕臨滅亡，有少數人會遷居到別的星球，並在那裡生存繁衍一段時間，然後那裡的後代又返回這個地球，重新建設新的地球家園。儘管這些話戴著科學的面具，但我認爲很難令人信服。

在新世紀的時光流逝過程中，日月四季依舊會存在，而夏季涼爽、冬季溫暖、陽光普照、黑夜消失、並且沒有生老病死的痛苦等美事，仍是無法出現的。但是，疾病、戰亂和饑餓等所有人爲的痛苦，可以依靠人類自己來避免，因爲這些都是人類一手造成的，當然也就可以在人類共同努力下使其往好的方向發展。森林是由一棵棵的樹木形成的，犛牛尾巴是由一根根的牛毛構成的；同樣地，世界也是由你我以及每一個人所組成的，是我們人類共同擁有的世界。因此，我們不能以「濁時惡行」爲由，冷眼旁觀世事百態，這樣於己於人都沒有任何好處。世界幾十億人口中，你我都包括在內，如果我們每個人都是好人，那麼眞正美好的世界也就近在眼前了。

當人與人之間相互接觸時，起溝通作用的是身體和語言所表露的態度。但是，身體和語言都要受心的控制，身與口的一切活動都是在心的指使下進行的。因此，人們的行爲好壞歸根到底還是在於心地的好壞，我們應該特別注重分清心的好與壞。在新的世紀裡，世界能不能和平安寧，就要看你我的心是否具有愛和善。如果這個世界上的自己一方「我」和另一方「你」，都能具有善良友愛之心，那麼一切國防軍備開支從此就可用於發展經濟、保護環境、推廣文化、發展科技和濟貧救苦等事業中，人們就可以共同把地球建設成新世紀的幸福樂園。但是，如果人心都不善良、不友愛的話，世界的前景便會相反。心壞的根源在於貪慾、瞋怒等煩惱，要徹底根除懷惡之心，還得依靠破除煩惱的道法，這就又要回到佛教的經典教法中了。

如何面對煩惱？

在這裡，我並不是有意把話題轉向佛教經典，而是在探討如何在新的世紀建設地球新樂園。綜觀有情世界，人類和其他所有眾生都有或多或少的貪慾、瞋怒等煩惱，因為只要是有情，就不可能沒有煩惱。如果有一個人說自己沒有煩惱，那麼這個人肯定不同於我們，必然具有不同的六根和覺受，此人也就不能算作我們人類當中的一員。我們都渴望能馬上得到幸福，但卻不能立即斷滅痛苦之因——貪慾、瞋怒等煩惱。我們雖然不能立刻得到除滅煩惱的快樂，但如果能夠減少和控制煩惱的話，就可以少一些痛苦。當強烈的煩惱出現時，我們要冷靜地思考一下，找出一個對治煩惱的方法，然後迎接煩惱的挑戰，絕對不能把勝利讓給煩惱。在與煩惱的戰鬥中，如果勝利者是煩惱，自己卻敗下陣來，煩惱就會統治我們，讓我們受盡各種各樣的痛苦。

煩惱的危害隨自己的能力大小而異。一個擁有至高無上權力的人如果被瞋怒煩惱控制，他將無暇思及前因後果和黎民百姓的幸福安危，他會用瞋怒的懷惡之心指揮部下和民眾，製造出毀滅性極強的核子武器和生化武器。這些武器不僅會奪取他人寶貴的生命，還會在剎那間摧毀多年辛苦建設的文明設施，他自己則會在彈指之間埋下大禍根。一個擁有中等權力的人如果心地不善良，就會欺壓手下，使許多人墮入痛苦深淵。一個擁有少量權力的人如果居心不善，也會傷害他人，甚至會奪取別人寶貴的生命。一個沒有善心的平凡小人物，同樣也可以傷害周圍的人，大到毒打家人和親友，小到砸鍋摔碗……。這些人做完壞事後，當心中的瞋怒隨著時間的推移而化解消除，他們又會產生強烈的悔恨之心，但那時卻已無法彌補被破壞的一切，也不能返回到破壞之前的當初。以上所說的便是與毀滅你我的煩惱作戰時，敗下陣來的經驗教訓。

當我們遭遇煩惱大敵時，要依靠猶如利劍般的煩惱對治法來消滅煩惱，或者用方便法門把煩惱之敵轉化爲修道之友，將煩惱視爲修煉道法的助緣。無論如何，至少要避開煩惱或控制煩惱的蔓延滋長。如果不這樣做，從大處來說則世界不能和平安寧，從局部來說則地區會戰亂不斷，從小處來說則是個人會做出違法之事而受到法律的懲治等等，這些都將使人們體受到各種各樣的痛苦。

在未來的新世紀裡，如果人們能夠做到別人罵我我不還口、別人欺我我不報復、別人打我我不還手、別人揭我過失我不反擊等慈悲友善之行，以及不從自私自利出發而傷害別人，就一定能夠建設出一個前所未有的地球幸福樂園。

宗教的重要性和利益

自從有人類以來，世界上出現了各種各樣的宗教，這些宗教的源流各不相同。有些宗教是一個平凡人物對事物分析研究後，得出一個合乎邏輯的總結性教言而創立流傳的，這類宗教在長期流傳的過程中，加進了許多人的智慧和經驗，從而使宗教本身越來越完善和與眾不同；另外有一些宗教是不平凡的聖人，從殊勝的慈悲心中傳出智慧福音而創立弘揚的；還有一些宗教是模仿聖人的教言，並在其中加入自己的少量見解而創立傳播的……。諸如此類的各種宗教，除了帶有傷害他人言行的宗教外，眞正以利樂他人爲出發點的宗教，都將有利於人類社會的文明與進步。我認爲堅持利他主義精神的宗教，絕不會爲人類社會帶來任何危害。當然，我說這句話時，並不包括少數人利用宗教來達到其他目的的事件。

佛祖釋迦牟尼告訴我們：「心念未盡，法乘不斷。」誠如其言，只要眾生的念想依然存在，他們在思維探索中創立的各種宗教就是無有窮盡的。如果現在的科學家們需要一門宗教的話，我認爲佛教應該是最好的選擇。因爲科學理論越是登上高峰，便越與佛教教理相吻合，其中，生命的奧祕、永恆的快樂、無滅勝道等非常深奧神祕的領域，恐怕只有在佛說勝義教理中才能正確說明。在這裡，我可以肯定地說，誰也無法深入透徹地研究大圓滿法和無上深密法要。我這麼說，有些人聽了也許會很不服氣，或者有人會毫不客氣的指責我胡說八道。但是，當你臨近死亡或遇到意外逆緣時，就會深刻領會我說這句話的眞實涵義。如果你是個長生不死或者能活很長時間的人，那麼隨著科學的發展，將來有一天，科學理論和實踐會告訴你我說的話絕對沒錯。

從前在一個人煙稀少的野外，有很多動物在一起生活，其中有一個菩薩化現的動物之王，名叫夏熱巴。夏熱巴身強力壯，具有非常大的勇氣，並且充滿了利他慈悲心。他從不傷害別的動物，只靠吃青草樹葉、喝清泉來平安度日。有一天，那個地方的國王帶著四路兵馬，來到動物們生活的地方進行大規模的狩獵活動。國王手下有一支特別擅長射箭的隊伍，國王騎著馬飛快的跑到狩獵隊伍前面，手持弓箭追射動物之王夏熱巴。夏熱巴雖然有能力抗熱擊國王，卻沒有那樣做，反而以更快的速度跑在國王的前面。當國王追至一道很深的峽谷前時，夏熱巴越過那道峽谷迅速逃走了。

國王的坐騎看到峽谷時，突然停住了腳步，措手不及的國王便從馬背上摔下來掉進了峽谷中。當夏熱巴發現聽不到後面的馬蹄聲時，回過頭來一探究竟，看到峽谷邊站立的馬和空馬鞍，當下便知道國王一定是掉進了峽谷，心中頓時生起無限的慈悲和憐憫，心想：「這位國王從前具足榮華富貴，生活充滿了幸福和快樂，今天卻掉進了峽谷，受盡難以想像的痛苦。雖然國王追殺我，但只要他還有一口氣，我就不能見死不救！」

於是夏熱巴返回峽谷邊，發現國王正痛苦地掙扎著，不禁流下了同情的眼淚，用人的語言對國王說：「國王，你還好嗎？我是生活在你領地上的動物，全靠你國土中的水和草來維持生命。如果國王能承諾讓我們平安的生活，我便可以把你從峽谷中救上來。請國王降旨讓我這樣做吧！」夏熱巴說話的聲音非常柔和，並且充滿了誠意。

國王聽到夏熱巴的話，既驚訝又羞愧，他非常歡喜又有些懷疑的回答說：「剛才我一心要奪你的命，可是你爲什麼卻要救我呢？我可以忍受身體摔傷的痛苦，但無論如何也不能忍受傷害充滿慈悲心的你的悔恨之苦，我的摔傷之痛遠不及傷害你的悔恨之痛。現在，我要向你懺悔訴罪，望你能寬恕我的罪行。」

於是，夏熱巴用法力把人那麼重的一塊石頭放入峽谷中，當石頭接近國王時，夏熱巴告訴國王騎在上面並抓緊石頭。一切準備就緒後，石頭從峽谷深處飛了上來，國王因此安全獲救。接著，夏熱巴把國王帶到了森林原處，此時，國王激動的緊抱著夏熱巴說：「給我第二次生命的救星，我不能把你留在這裡，讓你忍受饑餓寒暑之苦，我要帶你一起回我的王宮。」

夏熱巴以平和的聲音回答說：「對於你這個君主的功德，我應該嚮往和喜悅。如果你想報答我，就請用慈悲心關照這些因生性愚昧而受苦的動物們，從今以後，不要再去狩獵害命了。要知道，眾生都一樣不願受苦、但求快樂。請你遠離有損榮譽和聖人唾棄的種種言行，多做德行善業來增加執掌國政的福德。身爲野獸的我們習慣在森林中生活，無法生活在城市和宮殿中。希望你回家後能斷除傷害他人的想法和言行，要用唯一利益他人的心來學修菩薩行和利樂事業，並以此增加你的榮譽和福德。」

國王認眞聽取了夏熱巴的建言，並當場承諾願意如是奉行。最後，國王依依不捨的離開了動物之王夏熱巴和森林。

作爲世間的凡人，無論是達官顯貴還是平民百姓，人人都無法避免犯下無意的或有意的錯誤。但是，如果我們能夠遇事多加思考和分析，就可以避免犯下大錯誤，甚至不犯錯誤。

當我們分析和研究佛陀宣說的教法時，首先要弄清楚佛陀宣說的教法是不是無垢眞言，其中有沒有攙雜其他言論，是眞佛法還是假佛法。如果我們認定了所研究的是眞佛法，那麼還要分清是了義教法還是不了義教法，並從佛陀應機說法的角度去理解教法，在此基礎上才可以繼續進行深入地研究和分析。爲了配合研究的需要，我在這裡說一說佛教的修取究竟果位在大乘教法的共同宣說中是怎樣闡述的。

如果以前積有白法善業和微妙願心，那麼今生就可以依靠其福力獲得具足暇滿十八法的寶貴人生。不僅如此，還能遇上大乘佛法、對輪迴生出厭離心、具有奉行自他二業的勇氣，以及能夠學修菩薩大行，僅僅這些就可以獲得無量無邊的功德，並且能夠戰勝魔障成爲天人禮奉的對象。然後，次第修習禪定，獲得微妙成就，就可以擁有具足十力、四無畏、十八不共法等功德和相好圓滿的勝身，並且能夠入登正覺佛的果位。這樣便體證了遍滿輪迴涅槃、恆久住於大樂法界果地的法身、無滅明力大幻化三世常駐的報身，以及具備二智中施行利生事業的化身。如果從現在開始學修因法，最終一定能夠體證正覺佛果。當十地功德圓滿以後能得到微妙色身，五道功德圓滿以後能得到法身。

以慈悲心淨除貪欲

以上法理的深入說明非常廣大而深奧，無法用三言兩語說清道明，同時我也無意在這裡說得很詳細。但是，爲了預測和研究未來新世紀的需要，我想在這裡把相關問題再說明一下。

誠如佛說劫末濁時眾生的痛苦無量無邊那樣，我們人類在這個苦樂摻半的世間是無法脫離所有痛苦的。但是有可能在未來某個時期，全世界的人們都使用同一種語言文字，遵循同一個法律體系，並且共同營造幸福快樂的地球大社會。當劫末人的壽命只有十歲時，那時人們的身體只有今天你我的大拇指那麼大，壽命最長的人只能活到十歲，並且會經常發生疾病、戰亂、饑餓等天災人禍。到那時，香巴拉的法王將會降臨人世間，弘揚微妙善法。因此，對於佛教經典中的這些說法，如果能夠避免望文生義，並且可以正確理解其涵義，我認爲即可得出值得信賴的結論。

現在人們信仰的各種宗教，有些與佛陀的教法很接近，有些甚至可以作爲修煉佛法的道基。如果從現在開始，所有信仰二十世紀以前很早就已創立的宗教的人們，在努力防止自己的教法裡攙雜造假邪說的基礎上，做到全世界信教的民眾團結在一起，拋棄區分宗派和排斥異教的想法，共同努力去從事利益眾生、播撒快樂的事業，同時執政者也多從全人類的利益爲出發點而工作，那麼，我們夢寐以求的世界和平將會自然而然地到來。

在這裡有一件非常重要的事情就是：各種宗教的信眾們要樹立正確的典範，要有信心能改變周圍人的不良心念和邪惡行爲。如果全人類百分之八十以上的人具有把勝利與好處讓給他人、把失敗與損失由自己來承擔的利他菩提心，則我們一定能夠迎來與現在完全兩樣的天堂般的未來新世界，到那時，人們的思想和言行一定非常接近佛陀教法。因此，下面我想說說這方面的見解。

人們如果體知爲自己和他人帶來快樂的方法，就具備了智慧勝眼，即可消除一切事與願違的根源——無明。減少了自私貪婪以後，就能夠減緩我執的束縛，從而可以控制貪慾、瞋怒等障垢。以利益他人的善心勤修白法善業後，可以積累廣大福德，而擁有福德的人就能夠心想事成。因此，當人們齊心修造共同的福德後，就可以減少地震、火災等四大的災害。從個人的角度而言，斷除非福德之行能夠少得疾病、少受傷害。當出現必須接受的前世罪業之果——疾病和災禍時，要善於把它轉化爲積修福德的道法，這樣還可以消除偷盜、搶劫等禍害，從而讓世間和平安寧。如果人們沒有懷惡之心而且互相親如父母兄妹的話，所謂軍備和國界都將成爲古老的歷史傳說。

當外界的物質生活條件富足後，人們會思考如何使內心快樂，並會努力尋求消除老、病、死等痛苦的辦法。不過，到那時才努力修煉現今佛法中的勝義究竟妙道，恐怕已晚了一些，因爲那個時候不會像現在這樣圓滿具有全部經典法寶、開示傳承、修習指導和覺受交流等。因此，所有具備智慧的人，應該從現在開始珍惜微妙佛法，把它當作所有重要事情中最首要的大事，要把佈施、持戒等方便行爲法門，以及修好智慧微妙善法後，要積累福德和智慧二資糧，修取無漏內在的快樂，消除老、病、死的痛苦，有些人甚至可以成就永遠不捨離此身的無死長壽持明勝果。

當今世界的人們，無論是物質財富、內在思想、外在言行、還是知識修養，以九層樓房爲例，都只達到一至二層，少數人甚至連這樣的高度都還沒有達到。人們首先會想盡一切辦法填飽肚子，接下來會尋找禦寒的衣物。當吃得飽、穿得暖時，人們會進一步想獲得既美觀又質優的其他更好的東西。在這個過程中，有些人會努力救助別人，但多數人卻很少會想到別人，因爲他們想要達到的很多物質條件還不具足，他們將在努力創造各種物質條件的操勞中，走向生命的盡頭，最後擺在他們面前的全是失敗。爲什麼會這樣說呢？因爲世人終生都汲汲於創造幸福，而且都在未能享受到自己所嚮往的幸福中死去，這便是咎由自取。

我們經常遇到很多不如意的事情，其實就是在沒有找到內在快樂的情況下，向外尋求快樂時遭遇外在快樂變化無常的結果，或者是內在快樂和外在快樂失去平衡的結果。當外在的物質財富達到一定水準時，如果內心不能隨之提升境界的話，貪婪之心便會更加膨脹。假如在此基礎上造下偷盜、搶劫、勒索或詐騙等罪業，就會把此生和往生都引入痛苦和失敗的危險境地。所以，人們在創造外在物質財富的同時，還應該想辦法減少內在心靈的煩惱痛苦，這樣就可以讓內外快樂同步增長，最終達到無須依靠外在快樂，只靠內在快樂就能心滿意足的境界。到那時，還會出現與今天完全兩樣的內在功德，從而可以顯示相應的神通和法力等等。

內在的快樂，才是真正的快樂

心理學及思維活動的研究和發展，對於全世界的人們步入健康快樂之道，有著非常重要的意義。人們都有自己的理想，並且以追求幸福和快樂爲最主要的目標。現在的人們雖然都渴望得到幸福和快樂，但他們並不認識眞正的幸福和快樂。我們不能責怪他們無知，因爲到目前爲止，他們還沒有體受過眞正的幸福和快樂的微妙滋味。舉例來說，當饑餓時吃到一頓美味可口的飯菜是一種快樂的享受，但當吃飽喝足之後就不會去追求吃飯的快樂。如果從此不再有饑餓的話，就再也不需要吃飯的快樂，更不會主動去求取食物了。由此我們可以看出快樂並不在飯菜上面，也不在吃飯的行爲當中，而是在脫離饑餓之苦的境界裡。因此，如果沒有內在的煩惱，就不會有任何的痛苦，而沒有痛苦便是快樂了。

再舉一個前面已說過的例子，當疥瘡發癢時用手去抓就會得到一點快樂，但是如果放棄抓癢而根除疥瘡，將會得到更永恆的快樂。我們現在享用美食靚衣可說是一種快樂，但是勝過它千萬倍的是內在的快樂。如果我們能夠眞正體會到內在快樂，就再也不會把外在物質享受的快樂放在眼裡了。所以，內在的見解和感受可以直接影響到外在現象，或者說外在現象是隨著內在見解和感受的變化而改變的。

當人們心情快樂時，就算來到荒山野谷也高興不已；而當人們心情苦悶時，即便身處花園美景也不會感到快樂，更無心去欣賞。因此，世間的人們在創造外在物質財富的同時，更應該提高內在的精神境界。唯有在微妙善心的指導下創造物質財富，才能使世界和平、共用幸福快樂。我們應該攜手努力，共同在人間建造極樂世界，這樣我們便登上了前面所說的九層樓頂，而這樣的成就是絕對有可能得到的。但這裡並不包括視世間快樂爲沒有任何意義的妙欲誘惑、一心修習深密法義之後得到微妙成就的瑜伽士們。不過，當體知妙欲享受猶如喝鹽水一樣只能助長貪慾，並對輪迴過患生出厭離心，從而修煉深密心法的人將會有很多很多。

這樣看來，佛陀所宣說的未來彌勒佛降臨到人世間傳法以後，眾生的壽命將會增長、賢劫將會再一次出現是完全符合邏輯的。當人們多行非福德之業時，壽命就會減少，疾病就會增多，身體也會變得矮小，臉上將失去光澤，並會頻頻發生戰亂和饑荒。而當諸佛願心的威力和眾生的白法善業重新增長之時，賢劫光明將會展現出來，眾生的疾病和災禍也會越來越少，人們將充滿光彩，具足力量和美貌，受用完全可以與天人相比。

祝福和期許

因果無違是絕對沒有錯的，只要我們能夠正確遵循因果規律，壽命僅爲十歲的劫末濁時也可以人爲地加以改變。不過，現在最令人心寒的是佛祖釋迦牟尼所傳的微妙善法，以及其他賢良正主所傳的利益眾生的教法，都在遭受篡改和假法的侵入，這將對人類的未來造成無法估量的損失。我認爲，人類保護古代文明應該像保護自己的生命一樣，這是非常重要的！在此，我想懇求讀者朋友和全人類，爲了保護先輩聖人們留下的文化瑰寶，請多做一點有意義的事情吧！

在這裡，我站在中立的立場，以研究者的眼光和採用文字語言的方式，分析研究了今天世人所面臨的難題——生命的奧祕、生死輪迴、因果業報、如何創造未來幸福的人類社會等，並且簡要說明了利樂自他的內心甘露——佛法知識、如何調治從苦根我執無明中生出的煩惱迷妄之症，以及殊勝的積福滅罪心要道法等，其中還引用了少數無垢金剛眞言。另外，我還把佛法至今圓滿俱在的世界屋脊——雪域高原的風土人情，作了部分介紹。爲了提高讀者的閱讀興趣，我在書中講述了不少傳奇故事，當然，書中充滿了我自己的世界觀和個人看法。至於我個人，我認爲自己不過是擁有一個「活佛」的名號而已，這有點像驢子披上了豹皮，我很清楚自己是一個平凡的人。不過，從另一個角度來看，給我「活佛」名號的都是大德聖人，而且都具有智慧勝眼，他們說話絕對不會有錯誤，也絕不可能說出毫無根據的假話。所以，如果從這個角度來評說我個人的話，我應該算是具有善良習氣、微妙願心和利他精神的人。我相信我將會繼續完成前輩大德們的宏願大業，並且無愧於大德聖人們恩賜的名號。我也相信自己將能夠爲與我結緣的眾生帶來利益，前輩聖人們的發願就像如意寶珠和如意寶樹一樣，能夠滿足眾生的願望。

在此我發願：

願所有見過我、聽過我的名字和與我結下善惡業緣的眾生，依靠我的福力，都能登入此生和往生的恆久快樂勝地，並且不再受任何痛苦。從今以後，願我成爲饑餓者的食物、口渴者的甘飲、受寒者的衣服、中暑者的涼風、孤獨者的親友、無助者的幫手、無依者的依靠和渡船、橋樑、藥品等，我將不分彼此親疏地利益所有眾生。

這是我經常在晝夜六時中的發願。在這裡，我再一次在書面上寫下來，願它能夠早日實現。

這本書是我在忙於教法復興的緊張工作之餘寫成的，希望我的辛勤勞作不至枉費，希望此書能夠成為未來人類的朋友。我寫此書的目的，是誠心為了利益他人，除此之外，別無所求。

世界屋脊雪域高原的比丘　土登・龍多・丹貝堅贊（白瑪格桑）

於二十一世紀的二〇〇〇年一月一日完成了這本獻給人類的小禮物

如果您想進一步認識藏傳佛法寧瑪佐欽傳承，歡迎您連絡以下：

台灣佐欽大圓滿佛學會

台北市松山區寶清街 31 號 2 樓

Tel：02-2768-9796

taiwandzogchen@gmail.com

香港佐欽五明佛學會

香港九龍土瓜灣馬頭角道 116 號新寶工商中心 2 期 1 樓 11 室

dzogchenfivescienceshk@yahoo.com.hk

橡樹林文化 ❖❖ 善知識系列 ❖❖ 書目

JB0001	狂喜之後	傑克．康菲爾德◎著	380 元
JB0002	抉擇未來	達賴喇嘛◎著	250 元
JB0003	佛性的遊戲	舒亞．達斯喇嘛◎著	300 元
JB0004	東方大日	邱陽．創巴仁波切◎著	300 元
JB0005	幸福的修煉	達賴喇嘛◎著	230 元
JB0006	與生命相約	一行禪師◎著	240 元
JB0007	森林中的法語	阿姜查◎著	320 元
JB0008	重讀釋迦牟尼	陳兵◎著	320 元
JB0009	你可以不生氣	一行禪師◎著	230 元
JB0010	禪修地圖	達賴喇嘛◎著	280 元
JB0011	你可以不怕死	一行禪師◎著	250 元
JB0012	平靜的第一堂課——觀呼吸	德寶法師 ◎著	260 元
JB0013	正念的奇蹟	一行禪師◎著	220 元
JB0014	觀照的奇蹟	一行禪師◎著	220 元
JB0015	阿姜查的禪修世界——戒	阿姜查◎著	220 元
JB0016	阿姜查的禪修世界——定	阿姜查◎著	250 元
JB0017	阿姜查的禪修世界——慧	阿姜查◎著	230 元
JB0018X	遠離四種執著	究給．企千仁波切◎著	280 元
JB0019	禪者的初心	鈴木俊隆◎著	220 元
JB0020X	心的導引	薩姜．米龐仁波切◎著	240 元
JB0021X	佛陀的聖弟子傳 1	向智長老◎著	240 元
JB0022	佛陀的聖弟子傳 2	向智長老◎著	200 元
JB0023	佛陀的聖弟子傳 3	向智長老◎著	200 元
JB0024	佛陀的聖弟子傳 4	向智長老◎著	260 元
JB0025	正念的四個練習	喜戒禪師◎著	260 元
JB0026	遇見藥師佛	堪千創古仁波切◎著	270 元
JB0027	見佛殺佛	一行禪師◎著	220 元
JB0028	無常	阿姜查◎著	220 元
JB0029	覺悟勇士	邱陽．創巴仁波切◎著	230 元
JB0030	正念之道	向智長老◎著	280 元
JB0031	師父——與阿姜查共處的歲月	保羅．布里特◎著	260 元
JB0032	統御你的世界	薩姜．米龐仁波切◎著	240 元
JB0033	親近釋迦牟尼佛	髻智比丘◎著	430 元
JB0034	藏傳佛教的第一堂課	卡盧仁波切◎著	300 元
JB0035	拙火之樂	圖敦．耶喜喇嘛◎著	280 元

JB0036	心與科學的交會	亞瑟・札炯克◎著	330 元
JB0037	你可以，愛	一行禪師◎著	220 元
JB0038	專注力	B・艾倫・華勒士◎著	250 元
JB0039	輪迴的故事	慈誠羅珠堪布◎著	270 元
JB0040	成佛的藍圖	堪千創古仁波切◎著	270 元
JB0041	事情並非總是如此	鈴木俊隆禪師◎著	240 元
JB0042	祈禱的力量	一行禪師◎著	250 元
JB0043	培養慈悲心	圖丹・卻准◎著	320 元
JB0044	當光亮照破黑暗	達賴喇嘛◎著	300 元
JB0045	覺照在當下	優婆夷 紀・那那蓉◎著	300 元
JB0046	大手印暨觀音儀軌修法	卡盧仁波切◎著	340 元
JB0047X	蔣貢康楚閉關手冊	蔣貢康楚羅卓泰耶◎著	260 元
JB0048	開始學習禪修	凱薩琳・麥唐諾◎著	300 元
JB0049	我可以這樣改變人生	堪布慈囊仁波切◎著	250 元
JB0050	不生氣的生活	W. 伐札梅諦◎著	250 元
JB0051	智慧明光：《心經》	堪布慈囊仁波切◎著	250 元
JB0052	一心走路	一行禪師◎著	280 元
JB0054	觀世音菩薩妙明教示	堪布慈囊仁波切◎著	350 元
JB0055	世界心精華寶	貝瑪仁增仁波切◎著	280 元
JB0056	到達心靈的彼岸	堪千・阿貝仁波切◎著	220 元
JB0057	慈心禪	慈濟瓦法師◎著	230 元
JB0058	慈悲與智見	達賴喇嘛◎著	320 元
JB0059	親愛的喇嘛梭巴	喇嘛梭巴仁波切◎著	320 元
JB0060	轉心	蔣康祖古仁波切◎著	260 元
JB0061	遇見上師之後	詹杜固仁波切◎著	320 元
JB0062	白話《菩提道次第廣論》	宗喀巴大師◎著	500 元
JB0063	離死之心	竹慶本樂仁波切◎著	400 元
JB0064	生命真正的力量	一行禪師◎著	280 元
JB0065	夢瑜伽與自然光的修習	南開諾布仁波切◎著	280 元
JB0066	實證佛教導論	呂真觀◎著	500 元
JB0067	最勇敢的女性菩薩——綠度母	堪布慈囊仁波切◎著	350 元
JB0068	建設淨土——《阿彌陀經》禪解	一行禪師◎著	240 元
JB0069	接觸大地——與佛陀的親密對話	一行禪師◎著	220 元
JB0070	安住於清淨自性中	達賴喇嘛◎著	480 元
JB0071/72	菩薩行的祕密【上下冊】	佛子希瓦拉◎著	799 元
JB0073	穿越六道輪迴之旅	德洛達娃多瑪◎著	280 元
JB0074	突破修道上的唯物	邱陽・創巴仁波切◎著	320 元

善知識系列　JB0127

生死的幻覺

作　　　者／白瑪格桑仁波切
責 任 編 輯／李玲
業　　　務／顏宏紋

總　編　輯／張嘉芳
出　　　版／橡樹林文化
城邦文化事業股份有限公司
104 台北市民生東路二段 141 號 5 樓
電話：(02)2500-7696　傳眞：(02)2500-1951
發　　　行／英屬蓋曼群島商家庭傳媒股份有限公司城邦分公司
104 台北市中山區民生東路二段 141 號 2 樓
客服服務專線：(02)25007718；25001991
24 小時傳眞專線：(02)25001990；25001991
服務時間：週一至週五上午 09:30 ～ 12:00；下午 13:30 ～ 17:00
劃撥帳號：19863813　戶名：書虫股份有限公司
讀者服務信箱：service@readingclub.com.tw
香港發行所／城邦（香港）出版集團有限公司
香港灣仔駱克道 193 號東超商業中心 1 樓
電話：(852)25086231　傳眞：(852)25789337
Email: hkcite@biznetvigator.com
馬新發行所／城邦（馬新）出版集團【Cité (M) Sdn.Bhd. (458372 U)】
41, Jalan Radin Anum, Bandar Baru Sri Petaling,
57000 Kuala Lumpur, Malaysia.
電話：(603) 90578822　傳眞：(603) 90576622
Email：cite@cite.com.my

封面設計／周家瑤
內文排版／歐陽碧智
印　　刷／中原造像股份有限公司

初版一刷／ 2011 年 07 月
二版一刷／ 2018 年 08 月
ISBN ／ 978-986-5613-76-1
定價／ 380 元

城邦讀書花園
www.cite.com.tw

國家圖書館出版品預行編目資料

生死的幻覺 / 白瑪格桑仁波切著；-- 二版 .—臺北市：橡樹林文化，城邦文化出版：家庭傳媒城邦分公司發行，2018.08

面　；　公分 . --（善知識系列；JB0127）

ISBN　978-986-5613-76-1（平裝）

1. 藏傳佛教　2. 生死觀　3. 佛教修持

226.965　　　107010244